汪荣祖 —— 著

阅读的回响

——汪荣祖书评选集

文匯出版社

自 序

20 世纪 60 年代初，我负笈北美，老师上课时开出阅读书目之余，要求按时提交读书报告，报告不能仅述书的内容，更要了解作者的背景、著述立说之目的与要点，进而观察论证是否妥帖有据，以及指出议题有无创见。若有可以商榷之处，更应从容提出己见，或辩或驳，最后作出总评。于此可见，读书报告实在训练书评习作。

我们不难发现屈指难数的西方学报，厚厚一大本多半三分之二都是书评，甚至还有专刊书评的学报，不仅刊登一般书评，而且发表长篇的书评论文。此固然显示彼邦学术的昌盛，更说明众多的著作不只是由图书馆收录，置之高阁，而是真有人仔细又认真地阅读。比较专业的学术著作，学报的书评编者通常约请所涉领域的专家学者来评论，不收外稿，以示谨慎。专家的专业评论足可给一般读者与作者之参考，作者不可能也不必完全接受批评，但旁观者的一得之见或能开启作者百尺竿头更上层楼的契机，未尝不是难得的收获。一般读者也可从书评中初步认识到书的内容与性质，决定是否需要费时去阅读原书。书评的作用岂不大矣哉！

然而在华语世界里书评并不发达，无论学报或杂志鲜见书评。我于 2003 年回台湾长住后，每有机会即倡言书评的重要与必要。当时主编近代史研究所集刊的陈永发研究员遂邀我出任书评编辑,因得由言而行,使集刊每期都能刊登几篇书评,定下范例。之后,书评也成为台湾学界评价学报的加分因素,但是直言无忌的评论常常会引起人情上的困扰,尤其对重视人情的华人而言,更难承受。于是愿意认真写吃力不讨好的书评者,并不很多。

其实,古今中外尚无无懈可击之书,即使举世名著也难能白璧无瑕。就史学而言,美国学者费雪(David Hackett Fischer)著有《史家谬误》(*Historians' Fallacies*)一书,列举名家名篇在议题、解释、论证上的各种错失。我国唐代史家刘子玄的《史通》为人类第一部评史专书,虽然"贯穿今古,洞悉利病",仍不免杂芜、妄谬之讥,更因疑经惑古而遭抨击。北宋吴缜《新唐书纠谬》驳正二十类、四百余条讹误,虽深中《新唐书》之病,有功于史学,然博学如钱大昕复能知吴之纠谬犹有未尽要害之处。所以文章千古事,何莫任凭他人评论。

40余年来,我从事教研工作,除发表论文外,亦时而撰写书评,旅美期间多刊载于英美期刊,海归后几全用中文写作,斗换星移,不觉盈筐。其中不少曾刊登于《上海书评》,《上海书评》的出现令我惊喜不已,足可比美《纽约书评》(*The New York Review of Books*),比一般学报书评更为通俗与普及,也更能拥有广大的读者,书评风气必能为之大开。今承《上海书评》特约编辑盛韵博士认为拙撰或有助于写书评者之参考,编录26篇,集为一书,并推荐由文汇出版社出版,谨表衷心的感谢。

汪荣祖

2016年9月于林口大未来

目 录

梦忆里的梦呓

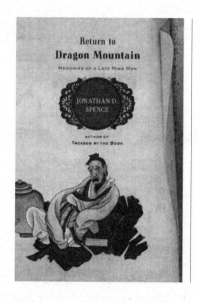

Return to Dragon Mountain: Memories
of a Late Ming Man
by Jonathan D. Spence
(New York：The Penguin Books，
2007)

《前朝梦忆：张岱的浮华与苍凉》
［美］史景迁 著 温洽溢 译
（台北：时报文化出版企业股份有
限公司,2009 年版）

　　擅长讲中国历史故事的美国耶鲁大学教授史景迁
(Jonathan D. Spence)近有一书叙述明末散文家、诗人、史家张
岱(字宗子,1597—1680?),内容计分九章：一、"人生之乐乐无
穷"(Circles of Pleasure);二、"科举功名一场空"(Charting the
Way);三、"书香门第说从头"(On Home Ground);四、"浪迹
天涯绝尘寰"(The World Beyond);五、"乱世热血独怆然"

(Levels of Service)；六、"王朝倾颓乱象生"(Over the Edge)；七、"散尽家产留忠心"(Court on the Run)；八、"繁华靡丽皆成空"(Living the Fall)；九、"寄诸石匮传后世"(Reclaiming the Past)。从这些标题大略可知，史景迁主要在叙述张岱的一生，像他其他许多著作一样，重点不在理论与议题，而在叙事。史景迁的叙事依旧优美，不过读者很快会发现，这本叙述张岱的英文书，很不寻常地翻译了大量的张岱原文，即使不计"覆述"(paraphrase)部分，篇幅亦已超过全书之半，随便翻开第 174—175 页，几乎全是英译张文。

这篇书评因而聚焦于中译英的问题。史景迁所译张岱文，有其妥帖而又雅致的一面，例如译张岱在一篇游记中的一段话："山后人家，闭门高卧，不见灯火，悄悄冥冥，意颇凄恻。余设凉簟卧舟中看月，小僕船头唱曲，醉梦相杂，声声渐远，月亦渐淡，嗒然睡去。"(On the slopes of the hills, the house gates were all closed and people were sleeping deeply, one could not see the light from a single lamp. In the silent darkness, the mood was somber. I laid out a clean mat in the boat so I could lie there and look at the moon; in the prow of the boat, one of my young serving companions began to chant a song. The drinking I had done blurred with the dream I was having, the sound of the song seemed to recede, the moon itself also seemed to grow paler. Suddenly I was asleep.)(见温译本页 33；原书页 28)这一段中英两种文字一样优美。我们注意到史景迁必须用比张岱多

三倍有余的文字来达到相等的美感，但这不是任何英译者的能力问题，只是显示古文比现代文字更具简洁之美。不幸的是，史景迁的译文有太多的错误或可待商榷之处。由于译文所占全书篇幅如此之大，指出其中的许多误译，应非"找碴儿"(nitpicking)；不过，在此仅能举其大者，不及细微，以备读者参考，或也将有功于作者。

　　此书已有汉文译本，译者温洽溢不取直译，书名《前朝梦忆》固胜于《回到龙山》(*Return to Dragon Mountain*)，汉译书名与篇名都比较合乎中文读者的口味，亦甚切题，值得赞赏。译者将英文原著所有汉译部分恢复了张岱的原文，为读者提供了中英文互观之便。史景迁开笔即写张岱居处的乐趣，所谓"便寓、便交际、便淫冶"(温译本，页23)，作者将"便淫冶"译作"有许多性欲发泄的机会"(many chances of sexual adventure，页13)。其实，"冶"指"艳丽"；"淫"形容"艳丽"之盛，若谓"淫雨绵绵"，喻雨水之多，与性并无必然的关系。张岱形容"士女凭栏轰笑，声光凌乱，耳目不能自主"(温译本，页23)，作者误将"士女"译作"年轻男女"(young men and women，页13)，其实士女就是女士，男性无与也。至于把士女们"星星自散"(温译本，页23)，译作"天上的星星散去了"(the stars disperse，页14)，则是闹了大笑话，把形容词当名词了。张岱说："从巷口回视巷内，复迭堆垛，鲜妍飘洒，亦是动人。"(温译本，页24)形容巷子内房舍林立，美观动人，不能将"飘洒"这个形容词翻译作"在风里移动与颤抖"(stirring and shivering in the wind，页15)。

张岱在海宁观潮,形容那惊心动魄的片刻,甚是精彩,史景迁也力图转化为同样精彩的英文,可惜他还是误解了一些句子。如"再近则飓风逼之,势欲拍岸而上"(温译本,页 25),意指当海潮愈来愈逼近时,声势更加浩大,犹如飓风击扬,惊涛拍岸,不是忽然真有"一阵飓风吹来"(a howling gale pushed the wave onwards, 页 17)。

张岱说他父亲虽然双眼已看不太清楚,仍然"漆漆作蝇头小楷,盖亦乐此不为疲也"(温译本,页 62)。蝇头小楷为考试所必须,故虽视茫茫,仍乐此不疲;然而史景迁的理解是"父亲完全无法阅读用小楷写的或印的文本"(Father altogether lost the ability to read texts written or printed in small characters. 页 57)。张岱的堂弟张培虽然眼瞎,仍喜欢听读,入耳不忘,如"朱晦庵的《纲目》百余本,凡姓氏世系,地名年号,偶举一人一事,未尝不得其始末"(温译本,页 64)。史景迁似不知朱熹的《通鉴纲目》是一部书,有百余卷之多,故译为"他(张培听读后)从头到尾记得朱熹历史文摘中所列举的百余种书目"(There was not one among the hundred or more titles listed in Zhu Xi's historical digest that he did not memorize from beginning to end. 页 59—60),又误译了。

张岱的族祖张汝森喜好饮酒,"月夕花朝,无不酩酊大醉"(温译本,页 70),史景迁将前半句解释为:"不论是月宴或花节"(be it at the moon feast or the festival of flowers, 页 70);然而,月夕指晚上,花朝指白天,意即整天,原文中并无宴会与节日的意思。这位族祖也喜欢跟张岱的祖父出游,所谓"杖履追陪"(温译本,页 70)。"杖履"为敬老语,指张岱的族祖追陪张岱的祖父,不是如史景迁所谓"他(族祖)拿起拐杖,穿上鞋子,随他(祖父)而去"(He would grab a staff, put on his shoes, and be off to join him. 页 71)。族祖汝森"卜居龙山之阳"(温译本,页 71),"卜居"早已成为选择居所的名词,不是史景迁所谓"汝森用卜卦来决定在龙山之南建屋"(Rusen used divination to find a site for a house on the southern side of Dragon Mountain. 页 71)。

张岱的祖父张汝霖与汝森相比,酒量很小,故谓:"余量最下,效东坡老尽十五盏,为鼠饮而已矣。"(温译本,页 71)他的小酒量只能效法苏东坡喝十五小杯,比起汝森的酒量,犹如鼠饮,但史景迁不知"盏"是小杯,又误会了,说是"我(汝霖)的酒量很小,与(诗人)苏东坡一口气喝十五杯酒相比,我真是饮酒界的小老鼠"(My capacity for drink is small, and compared to [the poet] Su Dongpo who could drain fifteen wine cups in a row, I am a mere mouse at this drinking business! 页 73)。张岱的祖父是跟他会喝酒的堂弟比,而以苏东坡的小酒量自比,史景迁把整个"文义"弄错了。

张岱祖父的媳妇朱氏是礼部尚书朱赓的女儿,然而朱赓"子孙多骄恣不法,文懿公(朱赓)封夏楚,贻书大父,开纪纲某某,属大父惩之犹我"(温译本,页 85—86)。史景迁不知"夏楚"是体罚的刑木,以至于译为:"朱赓的许多子孙骄恣不法,当他收到他公署的木棍,写信给祖父,列出一系列的规条,授权祖父处罚他们像他自己的子孙一样。"(Many of Zhu Geng's sons and grandsons were arrogant and disobedient. When he received his staff of office, he wrote a letter to grandfather, listing a whole series of rules item by item. He authorized grandfather to punish the Zhu offspring as though they were his own. 页88)其实是张岱的祖父收到朱赓寄来的刑木,并在信中要求祖父处罚这些骄恣的子孙,像对待自己的子孙一样,这样句子才通顺。

张岱外出游山玩水时接触到许多奇人异事,包括来自西洋的利玛窦(Matteo Ricci, 1552—1610)。当比较中西文化的差别时,张岱有言:"其俗,凡读书学道者不娶,中制科为荣耳。"(温译本,页119)所谓"读书学道者",就是像利玛窦那样的天主教神父,当然不娶,也不能娶,然而作者却误译为:"按照他们的习俗,凡读书人皆不娶。"(According to their custom, all those engaged in academic pursuits never marry. 页132)在中国也有读书学道者不娶之例,绝不可能凡读书人皆不娶;接着"中制科为荣耳"明明说在中国则以考科举为荣,而竟被张冠李戴译作:"(他们)认为通过考试是他们唯一的荣耀。"(consider passing the examinations their only source of glory. 页132)

论及写史,张岱认为"拾遗补阙,得一语焉,则全传为之生动;得一事焉,则全史为之活现",于是说:"盖传神正在阿堵耳。"(温译本,页155)"阿堵"是晋代俗话,意谓"这个",或"这里"。大画家顾恺之绘像,数年不点目睛,人问其故,答曰:"传神写照,在阿堵中。"此阿堵,谓眼也。张岱用此典来比喻,写历史也要能画龙点睛,才能拾遗补阙,呈现历史真相,增加文字感染力;史景迁不解其意,只好胡乱译之为:"传神写照要能确认明显的性格。"(The key to capturing the spirit of someone is to identify the salient characteristics. 页 173)张岱的堂弟张燕客性情最为暴躁,"有犯之者必讼,讼必求胜"(温译本,页 161),主词显然是燕客,但史景迁在译文里把主词变成了受词:"被他(燕客)侵犯的人们不得已将他诉之于公所,如果他们诉之于法,他们决计要赢。"(Those people he had violated felt compelled to bring lawsuits against him, and if they invoked the law, then of course they were determined to win. 页 182)

　　张岱晚年在快园回忆往事,随即"命儿辈退却书之,岁久成帙"(温译本,页 202),"岁久成帙"不能译作"岁久成习"(After some time, this became a habit. 页 231),盖"帙"者"书物"也,儿辈们记下他的回忆,久而成册,文义才通。张岱为他五个叔叔写了《五异人传》之后,认为他的高祖以下到他的父亲,都值得写传,所以"自足以传"不是史景迁所理解的"他们足有能力写他们自己的传记"(they were fully able to be their own biographers)。关于祖父的事知道得不够,所以"有不能尽传之者也"(there would still be some things that I would not be able to record completely);关于父亲的事知道得很多,于是"又不胜其传焉者也",即所谓少则不尽,而多则不胜,但史景迁把"不胜其传"解作"我仍然无法写得完全"(I am not yet equal to catching his fullness. 页 234；温译本，页 204—205），然则，"不尽"与"不胜"的差别又在哪里呢？

论及著史，张岱谦虚地说："能为史而能不为史者世尚不乏其人，余其执简俟之矣。"（温译本，页 209）"余其执简俟之矣"，不能译作"彼其执简俟之矣"（He would hold his brush in expectation of their coming，页 241），因史景迁明明是引录张岱自己的话，更何况此话在引号内。张岱有云："非颊上三毫，则睛中一画。"（温译本，页 209）画龙点睛的典故，固不必再说；顾恺之为裴楷画像，在裴颊上加三毛，看到的人立刻说："神明殊胜"，所以都是在比喻如何使文章传神。史景迁不解此典故，故而照字面硬译之为："若不在脸上加上三根好毛，则在眼睛上轻轻一点，就够了。"（If not three fine hairs on a cheek then one light dot on the eye would suffice. 页 241）

张岱于兵燹之后，"讯问遗老，具言兵燹之后，反复再三"（温译本，页 210），说那些遗老们告诉他兵燹后的情况，令他"反复再三"，以喻印象深刻，挥之不去，然而史景迁的错误理解是："他们（遗老）详细告诉我，军队如何焚掠州县，有时还回来好几次。"（They told me in detail how the armies ravaged and burned these communities, in some cases returning several times. 页 243）张岱来到信州，发现该地之人，无论乡村百姓、缙绅先生，或知名文人莫不以不同方式抵抗清朝，史景迁整段翻得不错，却忽然犯了一个大错，把"戴发"误作"剃发"，于是将"乡村百姓强半戴发"，译作"乡村百姓强半剃发以及选择了辫子"（in the smaller rural villages over half the common folk had shaved their foreheads and adopted the queue，页243）。如果这样，怎会"鼎革已十载，洛邑顽民犹故主之思"（温译本，页210）呢？

张岱在欲传后世的《石匮书·列传》中，称颂他的曾祖父文恭"聚徒讲求世务。人才相与籍记之，户外屦尝满；每抵掌，论天下事不为首鼠两端"（温译本，页224）。"籍记"是将人才登记在他的门下，史景迁误译为"他甚至记得他不曾见过的人"（He would remember even those he had barely met）；"不为首鼠两端"，就是直言无忌，甚至要表达极端的意见，史景迁未能解此，故又误译为："他不能容忍极端主义，总是要平衡强烈的意见"（He did not tolerate extremism, always seeking a balance between strong views. 页256），欲求平衡，反而不得不"首鼠两端"矣。

张岱说："祁中丞之死而名之曰忠，则可及也。名之曰敏，则不可及也。"（温译本，页232）明明说祁彪佳的忠，别人可以赶得上，而他的思虑敏捷则是赶不上的，然而史景迁将意义扭曲了，说："祁彪佳之死可说是忠，但不能说是敏。"（As to Qi Biaojia's death, it is appropriate to call him loyal, but not appropriate to call him really shrewd. 页267）祁之"敏"之所以不可及，乃因其可以不死而选择了死，由于他看清楚"除一死别无他法"，所以祁"之忠孝节义，皆中丞之聪明智慧所仓皇而急就之者也"（温译本，页232），也就是史景迁所翻译的："祁彪佳死得其时，他很快作了决断，毫无惧色，他之所以能实践忠，是由于他在危机中的聪敏。"(Qi Biaojia gave his life when he felt it was the right time. He made up his mind promptly and went ahead without fear. He was able to practice moral conduct, because his intelligence was stimulated by crisis events. 页 268)既然如此，怎能说祁彪佳只忠不敏呢？

张岱自问："学问与经济，到此何所施？"(温译本，页 233)此"经济"必然是"经世济民"(statecraft)之意，而史景迁将之译作"经济学的知识"(knowledge of economics, 页 269)。张岱自写墓志铭有云："蜀人张岱……兼以茶淫橘虐【围棋。按，译本原注有误，应为象棋】，书蠹诗魔，劳碌半生，皆成梦幻。"(温译本，页 235—236)而史景迁将"茶淫橘虐"译作"饮茶使他上瘾，橘子使他心荡神驰"(seduced by tea and ravished by oranges, 页 272)，不知橘指下棋，茶与棋一样使他着迷；将"书蠹诗魔"译作"书使他中毒，诗使他迷惑"(poisoned by stories and bewitched by poems, 页 272)，茫然不知"书蠹"喻读书成迷的书呆子，"诗魔"喻爱诗着魔之人，都是张岱的自嘲。张岱又在生前自造墓穴于项王里的鸡头山，自谓："伯鸾(梁鸿之字)高士，冢近要离(春秋时代的刺客)，余故有取于项里也。"(温译本，页 237)史景迁不知张岱死后要与伯鸾及要离为邻，于是作非常离谱的字面翻译："一个孤儿成为高士，墓冢已为这个忠臣准备好，我将前往项王里。"(A lonely orphan can become a lofty scholar, the tomb mound is ready for the steadfast loyalist; thus I am prepared for my journey to [King] Xiang Village. 页 275)

　　以上所举翻译的错误，为笔者阅读时，就所见随手摘录，组织成文，并不是有系统的勘误。像这样的错误不可能是偶然的失察，而是由于阅读古文的功力有所不足；从前西方的汉学家很讲求文字上的训练，相比之下，而今显然逊色。史景迁为当今著名汉学家，其著作不仅在英语世界脍炙人口，在两岸三地读者亦多，且多有膜拜者。书商也趋之若鹜，每有景迁新著，迅即译为中文；盛名之下，岂能不责备于贤者？英文读者不会去看张岱原文，固不知误译所在，而中文读者见译者所恢复的张岱原文，自无误译问题。此书汉文译者虽覆查张岱原文，然未有译注指陈其失，故笔者不惮繁琐，略费日力，写此纠谬书评，以求教于读者与作者。

晚明消费革命之谜

《品味奢华：晚明的消费社会与士大夫》
巫仁恕 著
（台北：联经出版事业公司，2007年版）

　　这本印制精美的学术著作之出版，是"中央研究院"与联经出版事业公司合作的一个成果。这也可说是一种双赢策略，"中央"研究院有充沛的出版资源，但不擅长也无暇于书籍的经营与流通，以至于印出来的书很难在市面上买到，被人误认为"敝帚自珍"，有如"内部发行"（In house printing）。联经出版事业公司在出版界颇有声誉，营销网络广泛，然而学术著作毕竟销路有限,出版商不可能老做赔本生意。现在双方互补,研究院可将研究成果推广出去,而出版社可以在没有后顾之忧下尽量出学术性较强的书籍,各尽其力,各取所得,值得大家欢迎与称道。

这本拿在手里颇有分量的书,其分量也反映在书价上,接近新台币五百元的消费(约一百元人民币),对一般读书人而言,可能有点"奢华"。作者巫仁恕博士送我一本,不用高消费而得以先读为快,细细品味。读这本书可以感觉到作者对数据收集之勤勉以及对国内外学术讯息的熟悉,也可以想见作者对此大著出版所感到的欣慰。这篇书评尽量提出拙见,未必有当,仅供读者参考,并报作者赠书的雅意。

先从书名说起,醒目的大标题"品味奢华",虽有卖点,但品味与奢华是两件事,不是一回事,应该有个连结字。其实,这本书的重点并不是要讨论品味与奢华之本身,而是与消费相关的论述,而品味与奢华并不能概括晚明所有的消费,所以真正的主题是本书的副题"晚明的消费社会与士大夫",但这个副标题也有点语病,消费社会是个整体,士大夫是消费社会中的成员之一,比较合乎情理的提法应该是"士大夫与晚明消费社会"。读完全书后,又感到在书名上见不到商人,而商人与晚明消费社会关系之大,似乎不在士大夫之下。

此书的导论把消费议题都提了出来,包括检讨前人研究的成绩,并表出作者用心之所在,以及书内各章之简介。不过,诚如作者在后记中所说,除了第一章与结论之外,其他各章基本上都是已经发表论文的收录;换言之,作者只是修饰与装点旧屋,而非拆除旧屋之后重盖新楼,因而整本书的结构,仍然不能完全摆脱论文集的影子。这不能怪作者,晚近学风如此,将几篇论文凑合成书,屡见不鲜。

新写的第一章从衣食住行各方面,旁征博引,畅述晚明风气如何的奢侈,以及奢侈消费的如何"普及化",甚至"波及社会下阶层",以致形成了比西方还早一两百年的晚明"消费社会"(consuming society)。此论如果能够成立,无疑是极可令人振奋的重要发现。但若稍作分析与思考,立即会引起常识性的疑惑:如果连下层社会的穷人都有能力奢侈消费,那还了得,岂不是晚明已经达到连今日美国犹未可及的均富社会吗? 18 世纪消费社会在英国的诞生,是由于整个英国社会的商业化;商业化的结果大大提高了英国人的收入,除了饱暖之外,有更多的余款来消费非必需品,因而才有消费革命的发生以及消费社会的诞生。从作者所列举的数据来看,晚明少数达官富商极尽奢华之能事,固无可疑,但中产以下似乎并不真正宽裕,如作者引清人叶梦珠所说:"或中人之产,营一饰而不足,或卒岁之资,制一裳而无余。"(页 31)用整年的收入去做一件华丽的衣裳,便没有多少余款,虽追逐奢侈的风气,但消费的能力实在有限,也就是作者所引张翰的话:"强饰华丽,扬扬矜诩,为富贵容。"(同页)为富贵容者,只是装出有钱的样子;打肿脸充胖子,又能胖多久呢?作者虽有一节谈"家庭收入的提高"(页 49—52),但并无数据可征,也不提新增的收入如何作消费上的分配。笔者怀疑有能力奢华的庶民仅仅是富商,所谓有钱的"庶民"或"平民",也很可能指少数的商人,因多数的庶民不太可能富得起来。所谓消费社会,最主要靠消费能力,晚明社会整个消费能力到底如何? 似乎还值得再细加斟酌。作者拿 18 世纪英国的消费社会来相比,毕竟英国的消费社会导向工业革命,而晚明没有,不是简单地说消费社会不一定会导致工业革命,就可以解答这个"没有"的问题,必须要深入研究这"没有"的原因,其结论很可能是晚明的消费社会与英国相比,看起来"类似",其实貌同心异耳。

我们可以体谅作者,由于史料不足,难以获致消费社会的必备数据,只能依靠当时人对奢侈风气的描述,而这些描述有时不免夸大其词,所以只好先认定晚明消费社会之后,再去找消费社会兴起的背景。其中最值得一提的是国内外市场的发展,毕竟消费社会的重要指标是"商业化"(commercialization)。明代原有发展国际贸易的良好机会,如有大规模的贸易,便可大大拓展市场,但由于海禁、海盗、走私的恶性循环,无法有正常而持久的贸易,以发展具有相当规模的商业化,也不可能有足够的市场供需刺激,以及技术上的突破,以致无法导致工业上以及商业上的革命。作者所谓"中国这时可以说是卷入了世界经济(world economy)的体系中"(页 44),但是在海禁政策下,如何进入"世界经济",尚待进一步说明。

商人地位的提高当然也是商业化的一个重要指标,但作者论述"士商地位的消长"(页 63—64),较为简略,有所未逮。商人有钱,仍然是庶民,未必因钱就能提高其社会地位;事实上,明清商人并不想永远做商人,不是靠捐纳入仕,就是如何经由子侄科考使家族转为士人。换言之，商人在下意识里根本瞧不起自己的商人地位，所以想要转换社会角色，以致商人意识与阶级认同，不能够像 18 世纪英国那样发展。至 19 世纪晚期，洋务派人士薛福成开始主张要将士农工商的地位倒转过来，虽被认为是石破天惊之论，但仍然是一种无法落实的理想。至于士人经商，并不会放弃士人的身份转为商人。所以，若谓晚明时期在社会地位上已出现士商消长的现象，以及消费社会在晚明已经形成云云，恐怕仍有商榷的余地。

从第二章到第六章，乃全书的主要内容所在，以衣食住行为例来阐释消费社会，应该是很好的写作策略，然而遗憾的是看不到太多有关消费的直接论述。第二章"以乘轿文化为例"（页 67—118），我们期盼看到晚明人士在"行"方面的消费，然而作者却花了很多篇幅大谈乘轿的历史、身份，乘轿的制度化，乘轿在晚明的普及，乘轿禁令，乘轿的象征意义等，而看不到太多乘轿到底是怎样一种消费，对晚明消费社会的形成扮演怎样角色，很可能是因为此章原是题为《明代士大夫与轿子文化》的单篇论文，主题并不在消费。作者提出乘轿是权力的象征，是有意思的另类议题，然而作者所引何良俊论乘轿，说是做官的穿了命服，如在街市上徒步行走，与商贾"杂于市中，似为不雅"，所以"乘轿犹为可通"，岂可引申为"之所以乘轿，就是为了要与不雅的'商贾之徒'划分清楚身份等级的差异"（页 101—102）？原文是说官员穿了朝服在大街上行走不雅，并未说"商贾之徒"不雅。作者告诉我们，明代中期以后自上至下各类人等莫不乘轿，若谓

"明代后期大城市内充斥着各类人争相乘轿",然则满城都是轿子。可惜作者未暇描绘"轿子北京"或"轿子南京"的场景,否则可比美民国初年的"洋车北京",必定精彩,更可进一步深探乘轿的消费额度。我们尤其想要知道有钱的庶民,在乘轿上是如何消费的,他们的消费对晚明消费社会的形成起了怎样的作用?政府的禁令对乘轿又有何实质影响,不是简单的禁令无效,可以为说。作者在这一章的结论中,借人类学家 A. Appadurai 的理论"来观察明代中期以后的消费",认为"中国在这个时期已出现一个'特许体系'(coupon or license system)的社会——即社会流动停滞、消费上有许多限制以保障少数人的身份地位,转变到'时尚体系'(fashion system)的社会"(页114),但是对这一方面的论证,似乎尚未充实。

　　第三章以服饰来论述流行时尚的形成,点出时尚的流行由于经济力的提升,使"一般大众"能够在服饰上求新求变。但未及见经济力提升与刺激消费以及大众在求变求新上所展示的消费心态与能力之论述,即跳到另一议题,说"服饰不再只是彰显经济能力而已,而是将服饰视为社会身份与地位的象征,甚至是视为政治地位的象征",特别是庶民中有钱的商人,"模仿上层社会的消费,来达到社会流动(social mobility)纵向上升的企图"(页135—136)。且不论模仿上层阶级的服饰是否就能够"纵向上升",有能力模仿上层的庶民显然不是属于大多数的"一般大众",而是少数的有钱商人。作者又指出,模仿不仅是下层模仿上层,也有上层模仿下层,甚至"晚明妇女的流行时装往往是妓女所带动的"（同页）。我们既已被告知下层模仿上层为了提升身份、社会、政治地位以及向上层社会流动，然而上层模仿下层又是为了什么？尤其是上层阶级的妇女肯模仿妓女的服饰，是否也应该有个说法？难不成晚明的妓女竟有现代电影明星的身价？毕竟社会学上的"社会流动"概念似乎不太可能凭服饰来流动的。这一章像上一章一样，将极多的篇幅谈服饰的本身、禁令、僭越、士人对服饰的反应与批评等，极少提到在服饰上是如何消费的，以及服饰在晚明消费社会里的实况与分量，甚至不常见到"消费"这个关键词。

我们在第四章里，只看到旅游文化，旅游风气的兴盛，士人、商人以及大众的旅游、旅游的理论、游记文体、游具等，还是看不到旅游消费的本身，只能想象旅游是要花钱的，却不知道要花哪些钱、多少钱。作者指出，这项消费活动在晚明已经"普及到社会下层"，并且冲击到士大夫的消费文化，如果所谓"社会下层"是一般所理解的平民百姓，则与后续所述就有了矛盾，因为作者又告诉我们旅游是很花钱的，虽然没说花多少，"若无相当程度的财力是无法去旅游的"，即使下层士人也要赞助者才能旅游（页197）。那么，普及到社会下层的财力在哪里？大多数庶民消费得起的证据又在哪里？不过，肯定一般大众也有能力从事旅游活动对作者而言是极其重要的，因为全书的一个主要论点就是要说明晚明已经进入"风尚体系"，也就是消费社会。然而作者从资料中看到"都人士女""居人"等就指为下层庶民，未必确实，而引用文人的夸张描述，诸如"游人如蚁""江舟如叶"等，就断言"大众旅游的盛行",似乎也未必恰当。

作者提出一个有趣的理论,认为消费文化形成一种"社会竞争,也就是透过消费来取得社会身份的认定"(页177)。具体地说,就是士大夫与富商之间的竞争;所谓竞争,则有点斗富的味道。富商固然有能力拥有华丽的画舫,但所引钟惺对秦淮河上一艘装饰极其富丽的灯船的描述,就论断此船为富商所有,因为"这类画舫与灯船的拥有者绝非全是士大夫阶层,事实上大多数都是富商所有"(页196),读来总有点想当然的感觉。又为了说明士大夫与商人阶级的竞争,引了一桩游虎丘因争道而撞船的事件,径指"这艘巨舰很可能就是巨商的画舫","很可能"毕竟只是猜测,而且根据猜测就论断:"至此,旅游活动的消费形式,成为一种社会竞争场域"(页197),不仅将相撞的两船之一定为巨商画舫,以便落实士商之间的竞争,而且将两船相撞视为士商竞争的场域,实在有点牵强。士商之间无论在旅游、乘轿、穿着、家具以及饮食上都要"竞争",且为之"焦虑",虽言之凿凿,却令人迷惘。士商竞争也罢,但翻过一页,又说是"士商相混",士商既竞争又相混的现象,作者在结论里说"士人除了寻求官员的支(资?)助以外,最后可能还是得靠富户与商人的赞助"(页308),既然竞争如此激烈,为什么要"赞助";又说"士人、文人见到商人如'蝇之集膻也'"(同页),如此不堪,尚有"竞争"之颜面耶? 此章中最令人感兴趣的是,晚明已有类似现代旅行社服务业的出现,即所谓牙家(页193),可惜只有短短几行。我们盼望能够多知道一些,牙家是怎样运作的? 有无级别? 消费额如何? 谁来消费？这样才能从消费的角度来看旅游文化。

第五章以家具文化为例，作者苦心找到许多分家簿，列出其中所载家具，桌、椅、床、屏风等。作者还找到变卖家具清册中所附价格，可以估算出各类家具的消费额。读者应会期盼能从这一点线索，探究某氏某户在家具上的购买力以及家具在其总收入的消费额，这样才有助于理解消费社会的形成，但也许由于史料所限，作者并没有往这一方面去探索。作者举出五个分家书的例子，认为"虽然不能完全代表，但也足以反映明代中叶以后，一般大众的家具拥有与消费的实际情况"（页232）。事实上"足以反映"的仅仅是某氏某户所拥有的家具及其价值，并没有反映出"消费的实际情况"，因为这些家具可能是祖传的，或者是请工匠来家制作的，并不一定是从商品市场买来的。至于从严嵩父子因贪污而抄家的清单中来讨论"高级家具的消费"（页233—237）也有问题，一则"贪污"不是自家消费，而是凭权势消费别人，无从确知高级家具的来源；二则严嵩父子是何等贪官，富可敌国，所拥有的许多家具很可能是特制的，在市场上买不到的，似乎不能作为当时在家具方面高消费的例子。作者引用《金瓶梅》，虽是小说，然其中述及家具等实物有其真实性，确实可供参考，但小说的夸张性必不可免，似不可作为"奢华"的依据。作者认为书房的布置与装饰，不再是士大夫的专利，使士大夫在身份地位上面临危机。令人想不通的是，士大夫为什么一定要"独专"书房，才能维护其地位，不再专书房之利，就会面临危机？

饮食自古就比家具更是日常生活的必需消费品，作者为落实晚明是消费社会,势必要强调饮食之趋向奢侈,然作者在第六章所举富家巨室、王侯阉宦宴会的豪华,乃极端的例子(页261),不足以言整个社会的趋向品味与奢华。而作者于所举饮食奢华之例中,已透露巨室"一筵之费,竭中家之产",除了证明极少数富豪的奢华之外,也证实了晚明社会的贫富极其不均。这种奢华既然要倾中等家庭的所有财产,作者如何能说:"这样奢华的宴会风气,不但吹到了富豪巨室与士大夫之家,甚至也感染影响到一般大众,使中产之家也群起仿效。"(页265)中产之家即使想要仿效,又如何仿效得起? 作者于本章中用了许多饮膳书籍或食谱作为材料,占了较多的篇幅,但食谱的内容与理论虽可以呈现饮食的奢华、品味甚至艺术,但并不能正确反映日常饮食消费的实况。

本书的最主要论点,就是要证明16、17世纪的晚明已进入"消费社会",因而能挑战18世纪英国诞生第一个"消费社会"之说。然英国的"消费革命"导致工业革命,而晚明消费社会虽早了一个多世纪,但并无工业革命的发生,所以本书作者必须要修正两位英国史家的理论,认为由消费革命而来的消费社会"'不必然'会导引工业革命的到来"(页304),但并没有说明"不必然"的理由。大凡理论或学说都有其逻辑与因果关系,从"消费革命"到"工业革命"有其严谨的论证,然而"不必然"三字,何以服人? 是否也需要同样严谨的论证? 我们是否也可逆向反证:正因其"不必然"而减弱其"革命性",甚至抵消了晚明消费社会与英国消费社会之间的"类似"性呢?

中国向西迈进：大清征服中亚记

China Marches West: The Qing Conquest of Central Eurasia
by Peter C. Perdue
（Cambridge, Mass.： Harvard University Press，2005）

　　这是一本由哈佛大学出版社出版的有关中国史的学术专著,哈佛大学出版社也经常发行由哈佛大学费正清研究中心出版的作品,但后者无论在印制上或质量上都不如前者,而这一厚本印制得特别精美,不仅纸张考究,而且还有彩色地图、照片与画像,售价又极其公道,值得爱书者收藏。

　　此书主要在于探讨大清帝国之征讨蒙古与新疆以及与沙俄

在绵长边境上的对峙与交涉。作者认为这一题材在英语世界里未曾全面书写过，即使在其他语言的书写里也有不足之处，所以他要根据原始史料、档案文献，以及由多种文字出版的研究成果，写出一本英文读者"几乎闻所未闻的精彩故事"。在汉语世界里虽不至于"闻所未闻"，但除少数专家之外，即使一般文史学者对这一段历史亦未必一清二楚，所以这一本叙事详尽、内容丰富的书，虽然所见或有可商榷之处，仍极有参考价值，值得译成中文。

此书以"中国向西迈进"为名，来叙述清朝征服中亚，显示作者不像许多西洋人把"中国"等同"汉民族"，把中国的满族、藏族、蒙古族、回族以及其他的少数民族视为"非中国人"；不过，他并不以"汉民族"为主的现代中国民族主义史观为然。他批评台湾海峡两岸的中国人将近现代中国的疆域视为当然，将中亚各民族统一于多民族的现代中国视为当然。他理解到现代中国建立于被否定的过去并不特殊，也不愿以善恶来定帝国的是非，并联想到19世纪美国的"西进运动"（Westward Movement）。然而，现代美国疆域之建立也是以征服与残杀为手段，而此运动也具有以"天命"（Manifest Destiny）自许的强烈民族主义色彩，今日美国也是一个多民族的国家。如果这种发展趋势不是"必然的"，不很"自然的"，难道中国分为七块、美国分为五块才是正常的历史发展？

作者濮德培（Peter Perdue）出身哈佛，师承已故名师傅礼初（Joseph Fletcher），现任美国麻省理工学院亚洲文明史讲座教授，为训练有素的专家学者。他于检讨前人研究成果之余，以夹叙夹议的手法，融"结构分析"与"大叙事"于一炉，将全书分为五个部分。他先在第一部分引用边疆理论与环境史的角度勾画出所要研究地区的空间与生态，然后在第二部分呈现草原的三方势力，即清朝的崛起、蒙古的建国以及沙俄的东侵，并着墨于清朝何以能够解决中国长期以来的蒙古威胁。接着在第三部分分析在中亚逐鹿者所面临的经济与环境上的挑战，在第四部分则检视使征服合理化的文化措施与影响，最后在第五部分综说所论，并叙述国家建构在中国以及其他地区的意义。作者视清帝国之征服中亚为世界史上的重大事件，并将中国置于世界史的视野来观察之意图，也十分明显。记得当年李济之曾要求我们治国史者，须把眼光投射到长城以外，这位洋学者显然甚合李济之老师的期盼。

濮德培一再强调大清帝国、准噶尔（Zungharia）蒙古、俄罗斯帝国为中亚草原三主角，但在叙事上仍以大清帝国为主，并追溯到清建国前的朱明与蒙、俄之间的关系。朱明推翻了蒙古人建立的元朝，然而退回草原的蒙古仍然是明朝北疆的威胁，至15世纪蒙古领袖也先崛起，曾于土木堡大败明师，俘虏御驾亲征的明英宗。濮氏对于已故牟复礼（Frederick W. Mote）教授认为也先有重振蒙古的野心，颇有微词，认为无据。濮氏认为也先之所以未乘胜追击，及两个月后才南下进围京师，因为遇到顽强抵抗，即退回草原，归还英宗，显示其殊无前进中原的意图与决心（页59）。其实，濮氏对这一段历史的理解并不充分。也先挟持明帝大举入侵,正见其有备而来。土木大捷原非预期,未立即乘胜追击,未尝不是因为图谋大举,需要应有之准备,至少明方如临大敌,迁都之议甚嚣尘上,幸赖于谦力排众议,才稳定了人心,死守待援;否则,难保不蹈南宋覆辙,故魏源有句曰:"毕竟功成始属镂,君臣远胜靖康秋。"再者,也先之政治运作,颇可见之于对被俘明帝的利用。明廷有鉴于此,立监国郕王为景帝,庶免也先的要挟,而也先即诡称送英宗回京,长驱东下,兵临德胜门,要求迎驾未果,而战又未如预期之顺利,及闻勤王之师将至,遂大掠而归。也先最后放归英宗,亦非示弱,显然欲为明廷制造政治难题,果有夺门之变。濮氏认为牟复礼对也先评价过高,而作者又未免评价过低,而于此段史实之叙述,更多有失误,如当时的关键人物于谦以兵部尚书守卫京师,不是作者所谓的"户部尚书",更不是作者所谓的"监国"(ruling as regent),监国是郕王,亦即是后来的景泰皇帝。濮德培说于谦监国,太不了解传统中国的政治体制了。至于说英宗杀了在位的景泰皇帝而复位,也错得离谱;事实是武清侯石亨等乘景泰皇帝生病时,拥戴太上皇英宗复位,病中的景泰帝被废为郕王,不久病死。

　　北疆的蒙古威胁与明朝相始终,但最后覆明的是清朝而非蒙古。作者对于清朝崛起的叙论多少反映近年西方学者的看法,他们不认同满州从部落到建国是一个汉化的过程,认为满州建立中央集权的寡头政体是由于军事与行政之需要,而非仰慕崇高的中华文化(页114)。这种说法很有趣,就好像说,我们建立现代化的民族国家,是由于富国强兵的需要,而不是仰慕西方文化;不过,无论如何说,大清帝国难免不持续地汉化。

濮德培于清朝长期征讨准噶尔有详尽的叙述。准噶尔原是漠西厄鲁特(Ölöd)蒙古之一部,居西北金山,当明朝衰亡之际,即试图重振雄风,统合各自为政的松散部落,但一直要到 17 世纪后半叶出了强横的雄主噶尔丹才统一成功,将准噶尔扩张成为中亚的一大政治实体。作者将之与东侵之沙俄,与新兴之清朝,鼎足而三,视为草原三大帝国之争霸,自有其独具之眼光。然而值得商榷的是,三大帝国是否能够相提并论? 沙俄帝国之重心远在欧洲,噶尔丹虽强横,然其所领不过是漠西蒙古之一部,无论就规模而言,均非大清帝国之俦,更何况清朝与漠西蒙古早于清太宗崇德二年(1637)即有不平等的朝贡关系,而事实上,作者亦以大清帝国为此书的主要论述。

清朝平定准噶尔过程颇长,作者有"巨细靡遗"的大段论述,生动可读。唯作者以近代殖民帝国的眼光来看康雍乾之扩张,不免于实情有所扭曲,故作者于字里行间,处处认为康熙亲征噶尔丹之出师无名且一意孤行,噶尔丹也就成为康熙"扩张主义"的"牺牲品"了。濮氏既知满蒙关系密切(见页 122,124,127),却忽视噶尔丹破坏满蒙历史关系之严重性,似不相信康熙自谓:"朕因是深知,此人(按: 即噶尔丹)力强志大,必将窥伺中原,不至殒命不止。"(语见《平定朔漠方略御制记略》)一位公正的史家应该理解康熙刻意在北疆建立的安全秩序,而此一安全秩序则是建立在所谓"旗盟制度"之上。"旗盟"是一种"各自管辖","不相统属"的制度,各旗之上虽有正副盟长,然盟长并不能干预各旗之内政，不过是代表清政府监督而已，其目的显然欲以"自治"来收"安缉"之效。所谓会盟，乃定期之集会，以便联络感情，解决问题，亦即是康熙的"柔远"之道，以蒙古为屏蕃，防备朔方，因而不再需要长城作为防御设施；清朝毋须再修筑边墙，而其安全布局之积极性与有效性远胜于边墙。所以康熙长治久安的政策，原本要与蒙古各族和平相处，以便分而治之，更以朝贡贸易来满足蒙族的物资需求，以资羁縻，与喀尔喀(Khalkhas)渊源尤深。喀尔喀有七旗三汗，于清入关前即已臣属，建立了颇为稳固的宗籓关系。康熙元年(1662)清政府派遣理藩院尚书至库伦会盟，宣达康熙谕旨，调解内部矛盾，诸汗一致遵从，大清帝国无疑是漠北蒙古的宗主国。这种政策与布局显然与作者所谓的近代殖民主义大不相同。

然而康熙的布局却为噶尔丹所破坏，此人不仅不听清政府节制，不断向东掠夺侵吞，更介入西藏神权以及与俄国结盟，来鲸吞领地极为辽阔的喀尔喀蒙古，甚至还要煽动内蒙，并遣使传语："圣上君南方，我长北方"，显然要与大清平分天下。至康熙二十九年(1690)又乘虚入侵内蒙，劫掠杀戮，并造成大批难民逃难的现象。清政府闻报即遣军与喀尔喀交战，结兵与之战不利，更增其气焰，乃乘胜南下，距北京城仅七百里，京师戒严。连京师重地都受到威胁，康熙实不得不于 1690 年 7 月 27 日宣布御驾亲征，意图一举铲除噶尔丹的根本。不过，噶尔丹虽然于乌兰布通(Ulan Butong)之役受创，仍得以逃脱，濮氏因而认为此役是不成功的；不过，此役绝对是决定性的一仗，噶尔丹此后一蹶不振,康熙更乘亲征之便,亲自与喀尔喀诸部会盟于内蒙的多伦诺尔(Dolon Nor),重建安全秩序,成果不可谓不大。

康熙于会盟时,曾责备喀尔喀的土谢图汗(Tüsiyetü Khan)与胡土克图(Khutukhtu),所谓"托征厄鲁特起兵,将扎萨克图、得克得黑墨尔根阿海,执而杀之,从此喀尔喀等心志携二,以致国土败亡",显然是被责备的两位喀尔喀蒙古领导人乘讨伐噶尔丹之便,杀害了自己人,破坏了团结,以致国土沦丧。然而,濮德培居然误解为"康熙皇帝在会盟时,公开宣布土谢图汗与胡土克图的罪状。噶尔丹的入侵实由土谢图汗找来的,导致他的国家毁灭与家庭沦丧"(页176)。误把土谢图汗当吴三桂了。

但噶尔丹败遁"乞和"之后不到两年,故态复萌,甚而杀害清政府使臣马迪,要求喀尔喀七旗脱离大清,再度向康熙的布局挑战。康熙遂不得不再度用兵,调动十倍之众,施用绝对优势的兵器,噶尔丹则采取游击式的骚扰战,行踪飘忽,难以追剿,并不仅仅如濮氏所谓由于距离绵长以及补给困难之故。噶尔丹一旦逃脱,又可死灰复燃,卷土重来。故康熙班师回朝三个月后,再度亲征。值得注意的是,清帝展示军威之余,仍以招抚为主,所谓"宣化地方行围"者也。康熙在亲征过程中,不仅招抚了包括噶尔丹部众在内的厄鲁特蒙族人,归蒙古七旗于其故土,而且联合西北归附各族,设哨围困,迫使噶尔丹遣使纳款,康熙也就传令班师。然而,噶尔丹却未如期来降,于是康熙于1692年2月三度亲征宁夏,率师出塞,昭莫多大战后大批噶尔丹部众归服,青海诸部俱降。噶尔丹虽陷困境,俄援不至,仍然拒降,但不久突然死亡。濮氏对噶尔丹之死有所考证，认为其于众叛亲离之余，为其手下毒死，虽无直接证据，却可称为合理的推论。有趣的是，濮氏称之为"险胜"（close call）或"一个奇迹般的胜利"（a miraculous victory）（页189）；试问双方实力如此悬殊，何险之有？何奇之有？不仅如此，濮氏更进而做"事后诸葛亮"，认为噶尔丹若非过于自信，完全可以退回到克鲁伦（Kerulen），让清朝大将费扬古的军队饿死。濮德培显然希望历史能够重写，因而以专节讨论康熙"重写历史"（页190—193），却看不清中国皇帝如何改写历史，此节似乎文未切题。

康熙征剿噶尔丹历时七年，三度御驾亲征，最后才迫使噶尔丹走向穷途末路而亡，代价固高，却终于因平定漠西蒙古，使漠北喀尔喀蒙古更顺服感恩，使喀尔喀蒙古得还故土，遂按内蒙古四十九旗之例，扩大推行旗盟制度，以巩固全蒙古各族的政治统合。制度之外，清帝更以"木兰秋狝"增进与蒙古各藩之间的感情，也就是每年秋天与蒙古王公会猎于承德的木兰围场，建立亲善关系，以藩部作为帝国的屏障，遂使沙漠南北、陕西、甘肃、青海、西藏等边疆地区得享长期的安宁。康熙亲征未尝不是以战争手段来维护其和平机制，他曾给噶尔丹"会阅"的机会，但得到的却是"会盟难自定夺"的回应。而本书作者于康熙之布局与用心理解无多，故将与蒙古会盟说成是两国之间的"和平谈判"，失之多矣！其扭曲之程度或亦不小于以近代民族主义的眼光来看清初之扩张。

康熙晚年进军拉萨，进一步收服西藏，诚如濮氏所说，并非孤立事件,而仍与准噶尔有关。准噶尔强人噶尔丹死后,其侄策妄阿喇布坦(Tsewang Rabdan)对清政府极为恭顺,不仅献上噶尔丹的尸体,而且擒送噶尔丹之子,并非如濮氏所说,准噶尔仍然是独立王国。事实上,既被军事征服,何来独立?正因康熙未施严酷的殖民统治,容其自治,故策妄阿喇布坦于十余年后,又能收集旧部,得以重振天山以北的准噶尔,并攻打哈密,侵占拉萨。清朝入关之前,即已与达赖喇嘛通好;入关之后,更建立了以安定为主的宗教、政治与战略关系。一旦西藏神权与准噶尔结成联盟,遂迫使老年康熙发动"驱准保藏"战争,以维护边疆固有的秩序,出发点是相当被动的。清军于1716年将策妄阿喇布坦赶出哈密之后,驻守西宁。当准噶尔部于1718年之秋,又入藏骚扰掠夺,并攻击驻拉萨的七千清兵,击毙清将鄂伦泰,康熙才命皇子胤禵率师入藏。胤禵与年羹尧在西宁聚集30万众,先头部队于1720年2月出发,9月占领拉萨,立达赖六世,准噶尔蒙兵败遁。康熙建立了西藏地方政府,设立驿站,并留兵驻守,稳固了对西藏的控制,并非如濮德培所说,"清政府之干预西藏,开启了新一轮的竞夺"(页209)。濮德培又节外生枝说,胤禵因远征在外,所以让雍正夺取皇位,以致"史家争论(雍正)继位的合法性,至今不休"(页239)。所谓将十四子改为四子之传说,早为识者所弃;雍正皇位的合法性,已有定论,实不必再三复斯无稽言。

濮德培认为雍正开启清朝扩张的新页,然所叙只见战术上有所进退,并无战略上的重大改变。康雍乾三朝的边疆政策显然有其一贯性，最后才能于乾隆朝彻底击溃准噶尔。濮德培对于准噶尔之亡备致哀悼，如谓："当最后的自由游牧民族被庞大的农业帝国所统治，草原不再，世界史上一则伟大的篇章也就结束了。"（页299）濮氏于乾隆之"种族灭绝"（ethnic genocide）策略，备致谴责，甚至比之于希特勒的"最后解决"（final solution）（页285）。他还引用沙俄在西伯利亚总督的传闻之言："清朝军队屠杀了男人、妇女、小孩，没有一个幸免"；既已死光，何来同一页所说"大批准噶尔人向清军投降"（页284）。濮德培将"剿"译作"灭绝"（extermination），殊不足以等同"最后解决"或日本的"三光政策"。濮氏一方面凸显清朝的暴力，另一方面似乎又在贬低清朝的实力，描述乾隆之"沮丧"（frustration），准噶尔之所以"灭绝"似乎由于其内部分裂，而非清朝之实力。作者叙准噶尔之亡既竟，于接下来的第八章又回叙准噶尔强人噶尔丹如何"建国"的四页，似应移到前面于噶尔丹崛起时叙之，才较为恰当。

　　清帝国经营新疆，终于建省，应该是新疆成为中国一部分的历史过程，但濮氏认为这种"民族主义"的设想有点自以为是（页335），他不认为中国拥有新疆乃历史之必然。任何历史结果或非必然，但结果不可能改变，濮氏曾于叙述清朝向西迈进之余，提到美国之西进运动，加州或德州终于成为合众国之一部分，虽未必是历史之必然，亦不能改变很"自然地"成为美国一州之历史结果。清人虽尚无现代民族国家观念，但控御领土，划定疆界，制皇舆图，其动机何止仅仅为了"安全与自足"（页336）

而已。

依濮氏之见，大清帝国向西迈进并非中原文化向边疆之西渐，因他连满族汉化的事实都否定。他以满汉之分，禁通婚，宗教礼仪，特别是八旗制度乃其统治之基础，来否认汉化之说（页338）。其实，满人以少数民族统治中国必有其自保之政策，然而为了维系帝国，延续中华传统政体，必须开科取士，提倡儒教。所谓八旗，于入关后即难以适应帝国体制。不同文化之间的互动与传授固然是多方面的，边疆地区的文化也必然是多元的，但大清帝国毕竟上承明朝，下开民国，无论政、教、经、社、文化等重大方面，都难以抹去汉化的烙印。大清帝国不仅以中国自称，而且皇帝每年长时间居住曲阜，朝拜孔子。如果没有汉化，何以今日满族及其文化几乎全部融入以汉族为主的中华民族与文化？汉化一如西化，并不随任何人的主观意愿而存亡。

清朝征服中亚的本事于本书前半部叙述已竟，后半部诸章所述，诸如屯垦区与军事殖民、经济发展、收获与救济、货币与商务、旅行与地图、选择性的历史书写、国家建构在欧亚、边疆扩张与清朝兴亡，图文并茂，实属可以独立成篇之专论，节外所生之枝叶繁茂，亦颇值商榷者，然由于篇幅所限，权且从略。附录五篇，亦堪参照。整体而言，此书前半部近似记事本末体，后半部犹如纪传体之书或志，读者必有包揽万象之感，诚为今日难得一见的百科全书式史书。

荒诞的隐士与狡猾的史家

Hermit of Peking: The Hidden Life
of Sir Edmund Backhouse
by Hugh Trevor-Roper
(New York：Penguin Books，1978)

　　2008 年 1 月 10 日中国台北的《中国时报》A12 版大幅报道"慈禧与太监洋人玩多 P 搞性虐"，十分耸动而离奇。其实信息来源于英国著名史家休·特雷弗-罗珀(Hugh Trevor-Roper)出版于 30 多年前一本叫《北京隐士》(Hermit of Peking)的旧书，这位隐士就是巴恪思。此人荒诞不经，早为识者所知，史家特雷弗-罗珀亦指其荒诞，然因其人、其事之诡异，仍忍不住欲效文人之狡猾,写下满纸荒唐言。

公元 1898 年,也就是戊戌变法那年,有一个名叫巴恪思(Edmund Backhouse)的英国人抵达北京。他常住中国,直到抗战结束前夕才去世。死后留下两册回忆录,首先回忆他在欧洲的岁月,然后自 1898 年到 1908 年则是回忆他在中国十年的经历。他在英法时厕身文坛,与诗人、作家颇多交往。来到中国之后,自称华语便捷,得与宫中太监、甚至太后交往。然而他主要的兴趣不是风雅,也不是社交,而是"性趣"(sex)。

他说他到北京后不久,在 1899 年 4 月就由总理衙门的庆亲王介绍到满州贝勒开设的男妓馆"素春堂"享乐,还说庆亲王也是该馆的常客。他毫不掩饰地尽情描述性事的细节,接着,他于 1902 年见到了慈禧太后。由于他在义和团动乱时,主动挽救并保存了六百件宝物、两万五千卷图书,当两宫自热河回銮后,他通过太监总管李莲英亲自归还皇家文物。他说太监感激洋鬼子的诚实,回报说慈禧太后将亲自到紫禁城大门面见归还宝物的洋鬼子。就在这年的 5 月里,李莲英在东大门点收失而复得的宝物,使慈禧大有意外的喜悦,失物中她尤其高兴重获最喜爱的精致玉雕,所以亲切地会见了这个拾金不昧的洋人,赏他三眼花翎、黄马褂、紫禁城骑马、金如意等荣誉奖品之外,还赐给他世代罔替的爵位云云。

巴恪思回忆说,太后让他想起英国维多利亚时代的"名门贵妇"(famous Victorian grande dame and Lady Bountiful)。他说与慈禧会面时,太后主动提及往事,如像珍妃如何因触怒她而被投入井中。此次会见之后，他与慈禧开始有密切的关系。他说1904 年荣禄死后，太后如失依靠，遂于 8 月间由李莲英招他到颐和园。他在路上寻思是否能满足太后的肉欲，结果是多虑的，太后虽然年已七旬，但精力依旧旺盛，更何况可口的饮食、精巧的道具以及适性的春药，都可以补性伴侣在生理上之不足。回忆录中其余的记忆不是与太监的同性恋，就是与太后的性关系。有一次两者合而为一，太后因听他说到同性恋而感兴趣，于是要李莲英回宫后安排玩多 P 游戏。巴恪思还不厌其烦地说，他在北京可能有上千次同性关系，与太后的关系亦有 150 次到 200 次之多。巴恪思的惊人之笔，尚不止于此。他说，1908 年光绪与慈禧都不是自然死亡，太后命两个太监以环套住皇帝的颈子，用枕头慢慢使他窒息而死；太后则是当袁世凯与铁良请求陛见时，被袁举枪击中腹部而亡。

　　这样的回忆录已几近狂想曲，巴恪思"重演"往事时，掺杂了许多虚构的故事。然而因其内容的"精彩"与"耸动"，引起英国著名史家特雷弗-罗珀的浓厚兴趣，亟欲一探那所谓"北京隐士"巴恪思的神秘一生。特雷弗-罗珀不愧为著名的史家，对巴恪思"回顾""精彩"的记忆内容，并未不加考辨就将之搬进历史，而是从考证与比较史料入手。除了巴恪思的回忆录之外，他另掌握了与巴恪思合作的濮兰德（J. O. P. Bland）的文件、莫理循（G. E. Morrison）的文件以及相关人士的日记等。他也注意到巴恪思的两册回忆录为"极其严重的、心心念念而又怪诞可笑的淫秽"之作，并为巴恪思的心态作了言之成理的诠释："巴恪思作为一个不能自制甚可悲悯的同性恋者，在中国得到放纵的机缘，因当时的英国由于维多利亚时代性压抑的伪善律法犹在，只能偷偷地冒险享受这种乐趣。"所以这两册回忆录只能称作"巴恪思幻想的性生活，发生在 19 世纪 90 年代的文坛与政坛，以及发生在慈禧的宫闱"。总之，这位史家承认这位北京隐士的回忆录出于幻想而不可信。

史家特雷弗-罗珀也觉察到巴恪思一生许多举措，如归还清政府宝物诸事，时人竟毫无所悉，也无痕迹，仅有孤证而全无旁证，而其孤证又说已不复存在，因而无从考稽。巴恪思声称，他于景善死后取得其日记以及从李莲英侄孙购得这位太监总管的日记，可以互证其所说云云，但"李莲英日记"并不存在，而"景善日记"已被莫理循等人断定为伪作。我们这位史家亦疑其当疑，认为巴恪思习于作伪，常常无中生有，但仍于字里行间疑其未必全假，如引濮兰德私函中提到粤人指太后败德，早年曾由太监引进面首，虽说不能证实，仍谓"假如早年发生过，为什么老了就不会发生？"忍不住仍然要作假设性的无端猜测。其实，宫闱森严，即皇帝也难有隐私，何况后妃？再说除一面之词外，别无任何线索，乃绝无可能之事。史家明知为"荒诞之淫书"，却仍将"幻想的性生活"详细"重演"在他的历史作品里。他明知所据史料多伪，却说他的主要目的其实不在辨别真伪，而在理解巴恪思的人格与心态。于此看来，这位著名史家似亦不免文人的狡猾，好像声明过这是满纸荒诞言之后，就可大书荒唐史了。

《时报》与晚清改革

Print and Politics: Shibao and the Culture of Reform in Late Qing China
by Joan Judge
（Stanford：Stanford University Press，1997）

　　这本书研究晚清新兴的媒体以及媒体文字所产生的"威力"
（Power）。全书分为三部分：首先，讨论"中间领域"（Middle
Realm）的兴起，内容包括晚清政论性出版物的出现及其发生的
作用，《时报》在"中间领域"之中所扮演的政治与文化角色以及
"中间领域"的理论化。其次，讨论政论家与"民众"如何提升臣
民为国民，如何形成新颖的国民群体，如何为一般民众的利益呼

吁。最后,讨论到政论家与当权者,新兴的"民权"如何与"官权"抗衡,"中间领域"的组织化以及媒体如何作为文化改革的一个基地,并以"中间领域"在近现代中国的"命运"(fate)作为结论。学者们早已注意到晚清报刊的兴起及其所起的作用,但没有像这位作者做这样集中而深入地研究,她对此一议题所作出的贡献是毋庸置疑的。

此书所论"中间领域"主要是研究中国著名报纸《时报》,时间包含清末到民初时代,亦即从公元 1904 至 1939 年该报发行期间,作者译述了大量的《时报》言论,使旧报纸里的死材料又重现人间,并因此建立了清末民初的"中间领域",颇有助于这一段中国近代史之理解。不过,作者的时限虽然是清末民初,但重点只放在清末,因认为民国以后,《时报》已经式微,故觉得无足轻重。但是作者解释式微的理由(见页 195—197),似乎并不充分。作者认为晚清的《时报》在新兴的"中间领域"里扮演了政治与文化掮客的角色,并以改进人民生活、提倡公民教育以提升国民政治意识为己任,不知何以辛亥革命之后,报纸为民服务的使命也会随皇朝消失?事实上,辛亥革命后人民在政治、社会、经济上的苦难,只有较清末更为加剧,何以一张"提倡改革最具影响力的报刊"(见页 1—2)却于此时突然式微?也许《时报》是清末立宪派的喉舌,为当时的社会精英要求清政府给予更多的参政权,得到更多的经济与财产上的保障而呐喊。一旦立宪运动随辛亥革命而告终,提倡君主立宪的《时报》也就由积极而趋消极。

"人民"(people)究竟何指？作者似指穷苦大众。《时报》固然以大众之苦来强调立宪的必要，然而真正为大众说话，又是另一回事。《时报》若真是穷苦大众的喉舌，应该提倡耕者有其田，或其他平均财富的办法；概非如此，不足以改变穷苦大众的悲惨命运。从作者所用大量文献可知，所谓"改革文化"(culture of reform)所代表的利益，社会精英远远多于穷苦大众。《时报》的编者与记者，因无官职，亦自称为民，但并非一般的老百姓，他们对穷苦大众的关怀，似乎与旧中国社会父权式的关怀，没有多大的区别。

作者以很大的篇幅复述《时报》言论，展示这份报纸的遣词用句，来自多种渠道。不过作者所呈现的《时报》内容，包括源自本土或舶来的政治术语，若熟悉晚清变法思想家的言论，并不十分新鲜。作者英译中国人名与专有名词，大都正确，但亦有不少可以商榷之处，如把同盟会的《民报》译作"人民新闻"(People's News，页49)，看过《民报》的人都知道，这份报纸绝非新闻报纸，而是政论期刊。又如，将"宗法"译作"民法"(civil law，页167)，似亦欠妥。作者引用章太炎的意见，认为秀才造反无论在实力、精神、自信上都不如秘密社会(页156)，不引章氏原文，却转引自并不正确之 Don C. Price 的二手会议论文，不幸被误导。康有为于甲午战败后，主张开国会，但在戊戌变法时，因为希望光绪以乾纲独断来推动变法，根本反对开国会，而作者想当然地认为，康于百日维新期间，将其开议会的论点，"更推进了一步"(a step further，页163)！恰恰与实情相反。作者提到许多早期报

纸期刊,却完全没有提到严复的《国闻报》。关于《时报》的影响,
如果能够提供销行的数据,论证就会更加有效。类此未妥之处,
作者或可于再版时考虑修订。

钱穆之学可以用西学诠释么？

《钱宾四先生与现代中国学术》
戴景贤　著
（香港：中文大学出版社，2014
年版）

　　钱穆不像现代的专家学者专治一端，而是一通儒。他也应
是20世纪不可忽略的中国史学家，我曾当面问过《新史学九十
年》的作者许冠三，90年间为何没有史家钱穆？他回话说："钱
穆的史学不是新史学。"这当然是许氏的偏见，当读者看到该书
总结90年来中国新史学集大成的所谓"史建学派"，主导者赫然
是殷海光与许冠三，可见其主见与偏见之深。中国大陆自改革

开放以来,文化热、国学热风起云涌,钱穆也成为受人尊崇的民国国学大师之一。当今论述钱穆的中英文专书虽已为数不少,似尚有进一步公正客观评论的余地。当我收到《钱宾四先生与现代中国学术》这本新书时,欣然披览,始知作者戴景贤乃钱穆先生及门弟子,从钱先生游长达 20 年,师生情谊之深,非同门诸君可及,且著作等身;戴子所著书,已辑为《程学阁著作集》,有 26 册之多,名称既古雅,涉及学术范围亦广,上自先秦,下及明清,有异于侪辈的专家之学,不愧为宾四门人。其著作集将由香港中文大学出版社于 12 年内出齐,洋洋大观可期。现已出版四册,此册即其中之一。观乎《著作集》之缘起,得知各册都是论文集,此册亦不例外。当下学风如此,因学者碍于年度考绩,研究计划多倾向较短期的论文写作,很少人愿意撰写耗费日力的专书。论文渐多之后,结集成册,为了便捷,几无打散诸文、重新写成专书的雅兴。按:"专书"(monograph)有其成规,不仅首尾能呼应,而且章节之间必须环环相扣,使全书论述连贯,俨然一体,自有别于"论文集"(collected essays)之各章,可以独立成篇。此册论述钱穆学术思想,由于是七篇单独论文的结集,以致内容时有重复,连钱穆等人的名号与生卒年也一再重复出现,相同的论点亦一再提出来说。戴书如能据其已发表之论文,另起炉灶,别撰综合而又井然有序的论述钱学之作,则无憾矣。

钱穆生平的各类著作何止等身,戴教授特别举出四本"重要"著作:《先秦诸子系年》《中国近三百年学术史》《国史大纲》《朱子新学案》,推崇备至。此四书确可称为钱穆的代表作,《系年》考论春秋战国时代诸子的渊源、学派的发展与相互关系，以及年代的厘清，落笔细腻，多有建树，早为世人所重；固然书中也有失误，例如考定孙武与孙膑为一人，俟《孙膑兵法》的出土而破功；又如力言庄子在老子前，也难以令人信服，戴氏亦说"其所臆测，诚未能成立"（页86）。然就整体而言，《系年》一书尚瑕不掩瑜，其余三书亦非白圭无瑕。

钱穆撰《中国近三百年学术史》是为与梁启超所撰同名书"立异"而作，戴君直言梁氏书"最大之价值，仍仅限于人物之介绍，与其学术成绩之描述"（页16），难道钱穆亦如此认为？故而介绍清代学者时，颇袭用梁氏原语，或转引梁氏引文，小传照抄梁书之处尤多，若谓船山遗书"得七十七种二百五十卷，此外未刻及已佚者犹多"（钱穆《中国近三百年学术史》，上册，页95），仅改易任公所记"佚者不少"为"佚者犹多"而已。梁氏误记卷数，钱穆照抄而未查书，故而沿误。按：《船山遗书》初刊于1842年，上海太平洋书局1930年重刊，正确的数字是70种、288卷。平心而论，梁氏书的价值绝不限于人物介绍与学术成绩之描述，钱穆论船山之观点，实与梁启超略同。梁推崇船山以治哲学方法治学，"比前人健实许多了"（见朱维铮编校《梁启超论清学史二种》，页182）。钱穆亦以哲学之本体论述王学之能显真明体，并推而演之曰：船山"理趣甚深，持论甚卓，不徒近三百年所未有，即列之宋明诸儒，其博大闳括，幽微精警，盖无多让"（钱穆《中国近三百年学术史》，上册，页96）。唯钱穆严夷夏之辨，虽于论吕晚村一节有所发挥，却未就船山强烈的贵华贱夷之民族本位政治与历史观大加论述，未免失之交臂。钱穆对清初顾炎武、黄宗羲的评价，与梁启超所见亦略同。所异者，梁视汉宋之争为实学与玄学之争，尊汉鄙宋之意显然，而钱绝不能容忍批宋攻朱之论，故虽认可东原考证之精卓，绝不认同其义理，力斥戴震所论为"激越""深刻""诋毁逾分"，颇致憾焉！且不惜借重章学诚之言以批戴震，并张大实斋以抗衡东原。不仅如此，钱穆虽说方东树攻伐汉学"肆口无忌"，仍认为"颇足为汉学针砭""并可绝其病痛者"，尤乐见其"尊护朱子"。钱穆论清学之衰，也一本其尊宋的立场。更可注意者，钱穆在《中国近三百年学术史》书中以专章述论曾国藩，将其学术地位与清代巨子并列，赞褒愈恒，认为其见解"有其甚卓绝者"，尤推誉国藩特重宋学，不仅知经世而且知经术，故而"涤生之殁，知经世者尚有人，知经术者则渺矣，此实同治中兴所为不可久恃一大原因也"（钱穆《中国近三百年学术史》，下册，页587，589，581）。钱穆及其门生皆自命无门户偏见，戴君亦谓乃师"具体达成"破除汉宋门户之见（页17），岂其然哉？钱穆撰《中国近三百年学术史》尊宋黜汉的意识形态无可掩盖，尤重宋儒朱熹，自称"于古今学术略有所窥，其得力最深者莫如宋明儒"（见钱穆《宋明理学概述》序文）。其崇宋尊朱的基本心态，平生始终如一，故毋庸赘辩者也。

　　钱穆的《国史大纲》纲举目张，行文简洁可读，成为当年的"部定大学用书"，谁云不宜？戴书谓此书能达成"时代之需求"（页21），谅系指此书成于抗战期间，意在教育国人的爱国情操，即钱穆自称"欲其国民对国家有深厚之爱情，必先使其国民对国家已往历史有深厚的认识"（钱穆《国史大纲》，台北："国立编译馆"，1960，页3）。于此可见，钱穆也自有其"服膺之历史观点"，固无可疑。至于戴君说钱师此作"能超越其所处时代之限制"（页21），则难悉何意。按钱穆撰《国史大纲》受制于时代，可以理解；若论此书超越时代，真不知史家如何能超越其时代？钱穆论史开宗明义说："我民族国家已往全部之活动，是为历史"（钱穆《国史大纲》，页1），乃对"历史"此一概念做了不可能的界定，盖"已往全部之活动"极大部分已如湖上之风，随风而逝，留下的只是由文字记载的记录，包括史料与史书，而历史知识唯有从史书中获得。换言之，文字发明之前无历史，史前史唯有依赖考古发掘之物证。故现代学人以有文字之殷商为中国信史的开端，不再以史前遗物与神话为上古史的开端。最可议者，《国史大纲》的重点之一是"中国自秦汉二千年来之政治非专制"（页21），而戴氏不仅不以为非，而且曲为师饰，竟谓帝制尚有"制衡"（check and balance）可言（页77），甚至说"'专制'（despotic、dictatorship、autocracy）一词究竟应包有多少内含？不唯学者各人之认知有差距……"（页76）云云。按：despotism、dictatorship、autocracy这几个英文字，意义明确，既然是学者，更不可能有认知上的差距。我们可以体会到当年激越之徒妄自菲薄国史之不当，国史绝非"帝王家谱"，既不"黑暗"，更无西方概念之"封建"，然若亟言两千余年之帝制非专制，殊无必要，谓"秦始皇始一海内，而李斯、蒙恬之属，皆以游士擅政，秦之子弟宗戚，一无预焉"，谓秦汉乃"士人政府"，谓"民权亦各自有其所以表达之方式",谓班固之后,"中国史学已完全由皇帝宗庙下脱出,而为民间自由制作之一业焉"(钱穆《国史大纲》,页 12—15),既违背历史真实,更授人以柄,李、蒙辈之惨死,已足证专制之酷烈。钱穆自己亦不得不言明清"独夫专制之黑暗",然谓"其事乃起于明而完成于清"(钱穆《国史大纲》,页 23),岂其然哉?专制起于秦,至明清愈演愈烈耳。中华帝国的"智识阶层"何来"坚实之自主性"(页 79)?戴君说,钱穆持此说虽遭"极大之批评",然"始终不屈"(页 280),难道是择"善"固执吗?戴君对钱穆的史学评价甚高,认为其"观点,必然将纳入统整后之中西史学,成为其中极具特色之一支"(页 212)。又谓"其说之于现代史学,可谓独树一格"(页 280)。可惜仅见"宣示",未见"极具特色"以及"独树一格"的具体内容与令人信服之论证。

戴君视《朱子新学案》为重要著作,将令不少读者感到疑惑。该书虽长达百万言,但大量抄录朱子原作,再加以分类,仅略为之串连;此乃剪刀与糨糊可办之事,何劳大师出手?此种写法依现代学术标准而言,无论是"学术史"或"思想史",都难作示范。然而戴氏却认为此书极力抬高朱子,"以新的史学方法与眼光","为儒学之历史存在,所提出之新定义"(页 73—74)。事实上,即以中国传统学术而言,此书虽号称"新学案",无论才识,均难望梨洲《明儒学案》之项背,所谓"改进后之'学案'体"(页 87),果如是乎?

就戴君所举的钱穆代表作而言,其师之学术不出国学范畴。然而,戴君极力将钱学与西学相牵连,且喜用西方名词与概念来论述宾四之学，殊无必要，而又因未求深解，时有误会。若谓"因此深入讨论'现代化'，必然将面对'传统的'与'现代的'之一种思想特性上之对立"（页63）。按：西方现代化理论未必将"传统"与"现代"对立，例如日本之现代化得助于其传统，已有定论。唯现代化必须工业化，又怎"应仍维持以'农业'为本之立国形势"（页364）？戴氏并用"观念史"（history of ideas）与"思想史"（intellectual history），然两者取径有异，不能混同。戴说钱穆"抗拒历史定论主义（historical determinism）"，"具有不可磨灭之功劳"（页75），须知历史的"决定论"（determinism）与"自由意志论"（free will）乃历史哲学里各领风骚的理论，尚无定论。要决定"不可磨灭之功劳"，理当要举出钱穆在这两种理论辩论中的具体贡献何在，"抗拒"何用？马克思史观就是一种"决定论"，钱穆固然极力反对，但马克思史学不仅仅行之于共产国家，也是西方学界一大宗派，英国的第一流史家如汤普森（E. P. Thompson）与霍布斯鲍姆（Eric Hobsbawm）不仅用唯物史观治史有成，而且还是共产党员，岂能一笔抹杀？钱穆既不取西方"哲学系统"，戴君又何必以西方哲学名词与概念来解释钱学。戴说钱穆"偏近于'实在论'（realism）之主张"（页91），惜仅有结论而无论证，钱穆所偏近的"实在论"主张者是柏拉图、亚里士多德、阿奎那、皮尔士（C. S. Peirce）、摩尔（G. E. Moore），还是怀特海（A. N. Whitehead）？戴书更无必要将钱穆与斯宾格勒（Oswald Spengler）相牵扯（页207, 209），断言钱穆的历史论述近于斯宾格勒（页251）。斯氏的"文化生物学"（the morphology of culture)比较包括中国在内的八大文化,因各具特有的动能,创造出杰出的成绩;然而当八大文化以及次文化的创造力衰竭时,就会停滞,故此说认为文化也是一有机体,具有兴亡的生命周期。文化既然是有机体,无可避免地衰亡,一如生物之有生死。斯氏之名著《西方的没落》(*The Decline of the West*)既难读,又有争议,钱老夫子绝无兴趣阅读。戴书又指出"钱先生之'文化生机论'"与斯宾格勒的悲观论不同,认为"道德意志力量"可使文化"长久绵延",似比斯氏高明;然则如何能称得"文化生机论"? 凡生必有死也,应作"文化无机论"才对,然而欲成此"无机说",即使不能如斯氏之鸿篇巨制,也不能以寥寥数语带过。最费解者,戴君随后又认为钱穆的所谓"文化形态学""与德国哲学家斯宾格勒《西方之没落》一书之'学说性质'相近"(页290—291),到底是"不同"呢,还是"相近"? 戴著赞赏钱氏之余,还不忘批评斯氏"缺乏足够丰富之有关'义理'之人性论,故于'形态学'(morphology)之历史论述外,并未深入于有关'普世价值'应如何建构之问题"(页251);此评于斯氏名著,显然未求甚解。此外,既然"宾四师于西方近代之诠释学,所知未多"(页262),又何必将钱学诠释为"哲学诠释学"(philosophical hermeneutics)(页240)? 所谓"中国现代学术"若非输入之西学,也是借重或仿效西学,胡适与冯友兰的《中国哲学史》,无论在体裁上或方法上,都学自西方。而钱穆之志业则在西潮冲击下维护传统之旧学,与胡适辈西化派两不相容。戴君为师门说法,却刻意使用西学诠释,屡提"哲学系统""历史哲学""人类学"

"文化学"，实与宾四之学无大干系，其学之长处在国学。窃以为戴书若能聚焦于"钱宾四先生与中国传统学术"，或更有成效；若更能着墨于钱穆如何将国学或儒学作"创造性转化"的业绩与贡献，则功莫大焉。

　　尚可一提者，此书行文晦涩，未能尊孔圣"辞达而已"之教诲，疑难之句读不时浮现，又偶有惊人之语，如说"远古时期亦可能产生伟大之思想体系与价值观"（页 288）。又有怪异的杜撰之词，如"严格之'历史哲学'"（页 288）、"宽松定义之'文化学'"（页 290）。又有并不恰当地将编年与纪传视为"动态之记史"，书与志视为"静态之记史"（页 333）。至于说"钱先生之视历史之过去非过去，历史之未来非未来，过去、未来乃相凝合而为一大现在"（页 338—339，344）。然则，历史研究的对象是"现在"而非"过去"，是无史矣！

"佛法虽高,不应用于政治社会"

The Political Philosophy of Zhang Taiyan : The Resistance of Consciousness by Viren Murthy (Leiden：Brill，2011)

　　这本书的作者慕唯仁(Viren Murthy)以《章太炎的政治哲学：意识的抵抗》(*The Political Philosophy of Zhang Taiyan: The Resistance of Consciousness*)为书名,并无意建构完整的章氏政治哲学,而在评述章氏以佛学为本的政治哲学如何针对"现代性"(modernity)议题,提出意见。他认为李泽厚剖析章太炎,指章氏一方面抓住"封建"余绪不放,另一方面充满小资产阶级的空想,显得保守;也指出我在全面论述章太炎的英文书里反倒认为章是现代的,并追求一个现代的民族国家;一说章"守旧",一说章"现代",皆属一偏,都忽略了章氏反"资本主义现代性"(capitalist modernity)的论点。作者承继日本学者西顺藏与中国大陆学者汪晖的思路,认为章氏源自佛学的反资本主义现代性论点,在中国进入"全球化资本主义世界"(the global capitalist world)的局势里,特别具有哲学意义(页3)。

九年前,"中研院"近史所集刊曾刊载拙作《章太炎对现代性的迎拒与文化多元思想的表述》,作者慕氏似未寓目,故不知拙见认为章对现代性有迎、有拒,一味从佛法中之"无"与"空"的立场替章氏否定一切:否定个人、否定国家、否定现实之存在,当然也就否定全球化的资本主义世界。然而,佛法之中固然有"空宗",也有"有宗",唯识学派尤讲究"有宗",偏向形而上学。其实,章太炎在《建立宗教论》一文里,明言"假令空是绝无,则物质于何安置? 假令时是绝无,则事业于何推行? 故若言无空间者,亦必无物而后可;若言无时间者,亦必无事而后可",又,章氏《菿汉微言》亦有言,"空虚不毁万物为实。"所以太炎的"虚无之道"并非要否定现实的物质世界,而是要破除"法执"与"我执",以臻于至善的心灵境界。然则作者断言太炎由佛学所建构的政治哲学,全然抗拒与否定现实的环球资本主义世界,言过当矣!

作者认为章太炎从反满到反帝,是因《苏报》案入狱三年中接触到佛学,从佛学中领悟到他的"反资本主义现代性"(antagonistic to capitalist modernity,页3)。第三章即讨论章在狱中"改信佛教"(conversion to Buddhism)，并以佛教观点作为评论与对话的基础，发展出对现代性的哲学批判。其实，太炎反帝并非由于入西狱之后的经验，其反满即因清政府不能反帝之故。太炎在 1900 年义和团运动与八国联军侵华之前，仍然提倡"客帝""分镇"，尚未排满；及见八国入侵，清政府束手无策，他才决心割辫革命，若谓"满洲弗逐，欲士之爱国，民之敌忾，不可得也，浸微浸削，亦终为欧美之陪隶已矣"。换言之，清政府不除，中国将沦为西方帝国主义国家的殖民地；所以打倒清政府是手段，抵御帝国主义的侵略才是目的。太炎之反帝，或如作者所言之"反资本主义现代性"，又何待系西狱、读佛典之后？太炎读佛典也，不始于入狱之后，早在入狱之前，即已"阅佛藏，涉猎华严、法华、涅槃诸经，义解渐深"，只是"未窥其究竟"，在狱中三年专修佛书，"乃达大乘深趣"而已。

佛书除帮助章太炎分析与排遣名相之外，也帮助他度过难熬的监狱岁月，得到精神上与心理上的解脱。出狱之后，他东渡日本，主持《民报》编务，先后发表了《建立宗教论》《无神论》《人无我论》等文章，以佛家唯识学来阐述自己的宗教观与哲学见解，所呈现的是一种以"自识为宗"的新宗教观；而"自识"绝非"唯我主义"，而是以"真如"为本体，强调众生平等，旨在建立新的价值体系，摆脱所有世俗威权的束缚、超越名利的局限。然则他所要建立的宗教，实非宗教，而是哲学，诚非佛教所能涵盖。事实上，作者也注意到太炎在日本时，除佛学外，也接触到德国唯心哲学，特别是叔本华、尼采、海德格尔等人的反黑格尔的"德国的后唯心哲学"(post-German idealist philosophy)。章氏如何结合佛家唯识学与西方唯心哲学的政治哲学？其具体内容到底为何？在这本书里未见其详，难道章氏仅仅要解释佛学来批判当时全球资本主义的现代性吗？是否也要深入探讨一下他的政治哲学之全貌，如何上求学理之真，下有益于民生呢？

作者熟悉西方哲学，很容易驱使章太炎与西方哲学家来对话。他不仅仅是两曹的仲裁者，也是双方的代言人。因为既认为章氏反帝、反资本主义，遂令之与同样反帝、反资本主义的马克思进行对话。作者虽未明言章、马臭味相投，但通篇呼之欲出。然而章、马之异，实远大于同，除了章的心学与马之唯物史观南辕北辙之外，两人对革命的观点亦迥然有别。章也从来没有提过马，若谓章在思维上反黑格尔之唯心"目的论"(teleology)，安知他不会以同样理由反对马克思的唯物目的论？更遑论太炎晚年反共产主义之强烈，视马克思列宁主义苏联之扩张无异于资本帝国主义国家。作者从他慧眼独具的马克思观点看章氏哲学，固然是创见，恐难令人信服。总之，他将一连串的现代或当代西方哲学家与章太炎相提并论，相互比附，读来虽感新鲜，更能提升章氏思想在当代环球的重要性，但陈寅恪致刘叔雅函有云："比较研究方法，必须具有历史演变及系统异同之观念。否则古今中外、人天龙鬼，无一不可取以相与比较。荷马可比屈原，孔子可比歌德，穿凿附会，怪诞百出，莫可追诘，更无所谓研究之可言矣。"陈氏良言，可为热衷于中西比较哲学者之参考。

就晚清思想界而言,最明显的影响莫过于"社会达尔文主义"(Social Darwinism),"物竞天择"(natural selection)、"适者生存"(survival of the fittest)等理论对帝国主义与殖民主义有鼓舞作用,而对被侵略的弱小者则有警惕作用,故严复《天演论》一出,无论改良派或革命党都受到"进化论"(按:应作"演化论"较为正确)的刺激,思有所作为。作者第四章聚焦于章太炎之批判进化论,认为章氏以佛学概念否定进步史观,又将章之批判进化论联系到全球资本主义的现代性,如谓章太炎一如叔本华,意在克服与资本主义现代性俱来的压力,并全面否定现实世界的存在(页166)。其实,章太炎并非一开始就批判进化论。他与其他晚清学人一样,深受斯宾塞尔(Herbert Spencer)社会达尔文学说的影响。他推崇严复,以"嵇康之遇孙登"相拟,俨然以师礼相待。他又曾与人合译日文本《斯宾塞尔文集》,并于1902年出版一本以进化论为基础的《社会学》。他根据"物竞天择"的概念,说出"物苟有志,强力以与天地竞,此古今万物之所以变"的话,相信一切生物都受到自然环境的影响,不断在变、在竞胜,明言"自然之淘汰与人为之淘汰,优者必胜,而劣者必败"。此时的他,显然接受"演化"的观点,认为民族经过历史的进化,形成"历史民族"。中国大地上原非一族,久而形成中国的历史民族。他以为华夏民族此一"历史民族",乃是以汉族为主融合其他民族的国家,他视满族为胡虏异类,主要因为,占极大多数的华夏民族不应受少数进化落后的胡虏所统治。

章太炎最初接触到社会达尔文主义时,了解到社会现象一如生物现象,都是由简单演进为复杂、由缺陷演进为完美,并以之为放诸四海而皆准的"公理"。后来才意识到西方的许多学说、学理并非都有如自然科学的定理,并不能成为天地间的公共之理,遂于1906年发表《俱分进化论》。但此文并非如作者所谓完全拒斥进化论,而是对进化思想作了批判性的分析,认为进化能使人类达到尽善尽美的境地,是一种主观的说法,并不是颠扑不破的客观真理。他承认知识在不断地累积,精益求精,但带来的后果不一定趋向善与乐,而是善与恶、乐与苦齐头并进。知识愈发达愈可以做大善事,享受大快乐,但同时也可带来大恶、大苦;然则,进化未必幸福。我们可以说,他接受进化的事实,但并不完全赞同进化的后果。作者称之为"善恶双线发展"(the two track development of both good and bad)(页162),其实仍然是单线善恶齐进;不过,章太炎确实拒斥了乐观的进步论,暴露了西洋现代性的善恶两质。章太炎的结论是,人类的进化远远超过其他生物,但凶恶亦过之,文明人的智慧超过野蛮人,但火器杀人更惨烈于弓矛。他于迎拒进化论之际,从历史经验发现欧洲的进化,自上古以来逐渐趋于平等,社会道德亦渐进于善,然而现代西洋物质文明使人趋炎附势,不免进于恶,虽有宗教,但已少殉道之人,以至于欧洲人"风教陵迟,志节颓丧",遂日进于恶。他也发现明治日本,新旧相参,遵守法度节操,又能禁止私斗好勇,肯为国家赴难,表现社会道德的进步;但是一旦国势稍盛,反而渐失刚毅正大,多了奔走富贵利禄之人,呈现善恶俱进的情况。他更发现中国自宋朝以来,一直有退无进,做官的都是善于阿谀的小人，连有气魄的奸雄都没有。于此，他说明了进化之理在欧洲、日本、中国不同的历史环境里，有不同的进化过程与结果。所以章太炎所想要说明的，不是全盘反对进化，而是进化理论并不像自然规律之必然。本书作者以为章氏用佛教观点彻底否定了进化，岂其然哉？

毫无疑问，章太炎传达了一个重要讯息，那就是现代西方所引以为傲的进化或进步，不仅不一定会带给人类幸福，反而可能带来苦难，现代性具有正反两面性。再者，西方的现代性也不是普世性的，不同地区具有其特殊的性格。各国各地由于历史文化背景的不同，在现代进程中各有其自己的性格。章氏对西方现代性的批判与拒绝，不是盲目的反应，而是对西方有所了解、有所接受后，再经过深思熟虑，所做出具有批判性的反响。如果作者能从此一角度来解释章太炎批判"环球资本主义世界"，或更有说服力。

我最感兴趣的是，看看作者在第五章里如何诠释章太炎自认为一字千金的《齐物论释》。当代学者多认定太炎此书以佛释庄，本书作者亦不例外，并认为以佛所释之庄，提供了取代环球资本主义世界的另类境界。换言之，章氏以道家平等之谈来挑战环球一统的资本主义世界。章太炎此篇写于1910年左右，当时他正积极参加革命，不可能仅从事纯学术性的"以佛解庄"以自娱，而必须面对汹涌的西潮及其所带来的文化问题。至于是否就是针对资本主义世界而发之论，似又未必。章氏所有的思想资源，无论佛、庄、孔、老以及西学，皆可为解决文化问题之用。

章太炎释齐物,意不在庄学的正解,实别有宽广的怀抱,才会使他感到"千载之秘,睹于一曙"。我先简略说一下我的看法。

　　庄子的《齐物论》指出公孙龙"白马非马"是诡辩。章太炎释《齐物论》,更进一步说,马被称为马,乃"越出现量以外"的概念。马是"总相",白马、青骊、黑驹都是"别相",都是概念,所以白马也是马;以此类推,文化是"总相",则中国文化也是文化。如果说文化是普世性的,也就是说文化和文明都是一元的,岂非有如白马非马,中国文化不就成为"非文化"了? 章太炎正要以文化多元论来破解一元论。他所谓之"齐",绝非齐其不齐,而是"以不齐为齐"。明言庄生的《齐物论》"非专为统一异论而作也"。《齐物论》无疑为章太炎提供了对抗一元论的思想资源。他在《原道》一篇中更明言,在人文世界里没有一统的标准,而应相互争胜、并行不悖;又在《原学》一篇中明言,中西文化不必统于一尊,认为今日中国不可委心远西,就像远西不可委心中国。又曾言"凡事不可弃己之长,也不可攘人之善"。他在《齐物论释》中就是有系统地阐发此类观点,所谓"一往平等之谈",乃指不同的文化都有并存的价值,即所谓"无物不然,无物不可";各文化自有其不同的内容,所谓"风纪万殊,政教各异";各文化都应维护其特性,所谓"物畅其性,各安其所安"。总之,他认为各文化风情有异,不论娴陋,都有其价值,所谓"世情不齐,文野异尚",唯有各文化"两不相伤,乃为平等",明显表述了多元文化的思维。中西文化之间也应一往平等,共荣共尊,若"伐使从己,于至道岂弘哉!"从文化多元的观点视之,他并不排拒外来文化,对他而言,拒绝外来文化的"守旧章者","以古非今",与一味仰慕西方文化的"顺进化者",都不合齐物渺义。

不过,章太炎并不否认在科学的物质世界里有许多东西是具有普世性的,如声、光、化、电,并无中外之分,在生物世界里,"大悲心"也人皆有之。但拔除众生苦的方法与途径、学说,则各不相同。在多元的人文世界里也不可能有绝对与永恒的真理,只有相对的主观真理,即太炎所谓"向无定轨,惟心所取"。更具体地说,在人文世界里的任何文化、理论、学术,也不可能一枝独秀,独占真理。风吹山谷发出不同的声音,有许多人吹笙,虽吹同调,好像非常融洽,然因"心界有别",实发出不同的笙声。他处处以比喻来解说文化的多元性格。

章太炎的多元思维还包含了古今之异。古今由于时间的不同,人文思维的不同,所以不能用汉朝的律令来处置殷商的人民,也不能用秦朝的规格来选拔唐朝的官吏,说明在人文界的古今也是多元的,正犹如中外空间之异,不能以外国的规格来议论中国的事情,也不能用古之事论今之情。文化既有时空因素,故必须"随俗雅化"。

章太炎将自然界与人文界的差别,说得很清楚。例如,红是自然界存在的颜色,不论黑眼珠的人或是蓝眼珠的人,看到的都是同样的红色;然而在人文界的语言里,各不相同,汉语说"赤",英语说"累特"(red),"虽指物适同,而现相各异"。人文界众多的独特性格,必然趋向多元。其立足点显然并不排斥异文化,但亦不舍己从人,所谓"世情不齐,文野异尚,亦各安其贯利,无所

慕往"。太炎自称"操齐物以解纷",也就是操《齐物论》以解文化
问题之纷,用今日的词汇来描述,就是文化多元论。

本书作者慕唯仁并不同意我的看法,他指出当代学人论章
氏《齐物论释》,有两极说法:汪荣祖确认章氏讲求个人主义或
"特异性"(particularity),而汪晖则说章氏颂扬社会"群体"
(community)与"普遍性"(universality),而两者各代表极端的
说法。汪晖未必同意作者对他的判定,不过汪晖必不同意"多元
说"则是可以肯定的。他在《现代中国思想的兴起》一书中问说:
"以不齐为齐的合理状态是否像有的人说的那样是多元主义
呢?"他说"有的人",却不直说是谁?他的答案是:"章氏的齐物
思想确有多元论的特点,但是,从本体论来看,章氏对多样性的
看法是由一个超越的观点统摄的,这个超越性的视点是宇宙的
本体和万物存在的原理,从根本上说,他的多元论是一种超越于
人类中心主义的古典宇宙论的产物。"(三联书店版,页1099)这
段玄妙的回答似乎并没有否定多元论,只是在解释章氏的多元
论是一种超越而不可捉摸的"本体"之产物。然而,他又自作主
张,将"多元"解释为多元社会里形而下的自主集团,而后下结论
说:"将章氏的齐物思想等同于作为一种社会政治思想的多元主
义是欠考虑的。"(同上,页1100)他承认在社会政治层次是有多
元主义存在的,但坚持在哲学层次,尤其是章太炎的哲学里没有
多元主义。章太炎回胡适的一段话,好像就是在代我回答汪晖
的质疑:太炎说"万物一元,其实尚差",庄子"不说万物同种,却
说万物皆种,明是彼此更互为种,所以下边说'始卒若环,莫得其

伦'，这就是华严'无尽缘起'的道理。若万物一元的话，古今中外大概不异，只是所指的元不同，都不是庄子的意。你要细看"（《章太炎书信集》，页665）。太炎要胡适细看，汪晖与慕唯仁也不妨细看。

慕唯仁根据波斯东（Moishe Postone）所说，认为特殊性与普遍性之对峙，居于由资本主义制约的现代思想的中心位置，章氏为了逃避此一对峙，将普遍性与特殊性一并否定之（页209）。章太炎否定普遍性（即其所谓的公理），无须赘言，然又如何否定特殊性呢？可惜他对我不同的看法，无多商榷，一味以为佛学之"无"既然否定一切，自然也否定个人或自我。他认为章氏所要表述的是超越特殊性与普遍性，涉及无法以概念表达的、"言语难以表达的"（ineffable）"绝对平等"（页209—210，211），所以章氏"齐物"的平等世界是超越"世俗世界"（the mundane world）的，真是太玄妙了。作者将"特殊性"从"多元论"中孤立出来而避谈"文化多元论"，令我不免有憾。此论非我杜撰，实沿用名家伯林（Isaiah Berlin）的陈词，而伯林则从意大利哲学家维柯（B. Vico）与德国历史哲学家赫尔德（J. G. Herder）而来，皆强调人文界的多元性格。作者认为章氏的佛家哲学是在对付西潮的挑战，且将"西潮"界定为"环球资本主义"；若从文化多元论的角度观察，便可看到太炎不是要取代"环球资本主义"，而是要别立门户，并行不悖。所谓"环球资本主义"，其实就是西方的资本主义，"资本主义"是"总相"，何尝不可有"别相"的中国式资本主义？按此逻辑，文化多元论也可使被认为普世的西方资本主义

"特殊化",成为与其他文化并存的西方文化。我曾在论章氏迎拒现代性一文中提及,文化多元论作为对西方文化挑战的响应,也可见诸同受西方文化冲击的俄国的"亲斯拉夫派"(the Slavophiles)与日本的政教社诸君。作者广泛引用日文资料,独不见19世纪80年代"政教社"的论点,似不知章太炎在东京时曾与政教社诸人有所来往与接触。这些文化多元论者的言论,岂不就是针对当时西方霸权世界而发的吗?

此书的结论别开生面,畅谈20世纪初的鲁迅与同一世纪末的汪晖,认为两人对现代性的批判受到章太炎的启示。慕唯仁道出三人的师承关系,鲁迅曾问学于太炎,汪晖的老师则是太炎学生的学生。如慕氏所说,鲁迅很可能是20世纪最有名的知识分子,而汪晖则是当今最有名的知识分子之一,当然近年的抄袭疑案传播海内外,使他更加有名;鲁迅、汪晖的有名,依慕氏之见,也就更能凸显章太炎的重要性了。章氏借佛教批判环球资本主义的现代性是本书的主轴,将佛教作为"环球现代性的另一选项"(alternative to global modernity)则是作者自认为发幽揭隐的要点。鲁迅与章太炎在气质上、精神上确有相承之处,鲁迅早年所写《文化偏至论》,极似太炎思想,但"五四"之后师生在学术思想上已经分道扬镳,差距不可以道里计。作者刻意强调章、鲁、汪之间如何心魂相系,先后呼应与现实不同的未来,共探"后资本主义社会"(a post capitalist society),而不深论三代人在学术思想上的根本差异,势必成为一偏之谈。就章、鲁而言,鲁迅有言:"(太炎)先生的业绩,留在革命史上的,实在比在学术史上还要大。"他欣赏老师早年的战斗文章,而惋惜他晚年成为"宁静的学者","用自己所手造的和别人所帮造的墙,和时代隔绝了"。鲁迅对太炎的评价未必正确,至少他不会同意作者的主要论述,并不认为章氏有超时代的影响力。至于将汪晖经鲁迅与章太炎牵扯上师承关系,未免太不靠谱了。

在阅读这本学术著作时,发现有不少错失,深感误读、误解,势必有损论证的精确,谨略表出,或可备作者校正之用。作者误将章于 1903 年因苏报案入狱,归因"图谋推翻清帝国"(plotting to overthrow the Qing Empire)(页 1);其实章因骂皇帝"载湉小丑,未辨菽麦",以"毁谤罪"入狱;审判地也不是上海的英租界,而是公共租界。作者将余杭误作今日之杭州(页 41),章太炎的老家余杭仓前镇位于杭州之西,两地之间有 18 公里的距离。作者认为章主《民报》笔政后从反满转为反帝(页 79),与事实不符。基本史实的错误以外,还有一些翻译上的失误,作者将《史记》译为"*Book of History*"(页 81),似不知长久以来此为《尚书》之译名,很可能会引起误解。在同一页,作者以为"获麟"乃因捕捉祥物麒麟,使"天下大乱"(the world is upside down),实则祥物应出于盛世,居然出现于乱世,孔子才会说:"吾道穷矣。"章太炎的《正仇满论》被作者理解为"改正仇满论"(Correcting the Hatred of Manchus)(页 62,75),岂非文不对题了?"正"在此有义正辞严之意,应作"On Manchu-hating";"天下为公"译为"empire is for all"才能达意,若如作者译作"empire is common"(页 20),根本会错了意。作者不应误将"发愤"解作"发怒"(页

85),意思全非。太炎说"进化论始成",不是说"进化论刚开始"(This is where the theory of evolution begins)(页156),始成者,已经成了,观上下文便知。作者又将"心斗"(conspire against each other)译作"to use our mind to attack one another",殊难达意。作者将"齐其不齐"译作"to equalize the unequal"固然不误,但将"不齐而齐"译作"to see the equal in the unequal"(页211),就感到费解了,如何能从不齐中看到齐呢?应作"让他不齐就是齐"(let the unequal be unequal),亦即李卓吾(贽)所说的"物之不齐,又物之情也",才能与"齐其不齐"作对应,才能显豁绝对自由与平等之微意。

　　较为严重的是对文本的误读,如章太炎《驳康有为论革命书》,其中驳斥满汉源出一系之说,有云"近世种族之辨,以历史民族为界,不以天然民族为界",如以天然民族为界,则何必浪费口舌于种族之辨?然而慕唯仁却说章主张达尔文的物种原始论及其种族不平等观(页73),偏离章驳康的重点甚远,殊有断章取义之嫌。章对东京留学生的演说中说道:"大概为人在世被他人说个疯癫,断然不肯承认……独有兄弟却承认我是疯癫,我有神经病,而且听见说我疯癫,说我神经病的话,倒反格外高兴。"作者将这一段话英译后,指出章在说自己有羊痫风痼疾(页129),岂其然哉?章确实有羊痫风,但他所谓的疯癫与神经病是指肯百折不回,孤行己意,所以"古来大学问、成大事业的必有神经病才能做到",这样说他神经病才会使他"格外高兴",岂能说他有羊痫风,他会高兴?他引庄子所谓"孔子行年六十而六十化",不是说"孔子走过六十年改变了六十次"(Confucius has been going along for sixty years and he changed sixty times)(页153),太不合情理了,难道从一岁开始,每年改变一次?所谓"孔子行年六十"乃指"孔子已经六十岁了"(Confucius was at the age of sixty)。太炎引庄子所谓"言无言,终身言未尝言;终身不言未尝不言",作者理解为"In speaking there are no words. One speaks one's whole life and has never spoken. One does not speak throughout one's life and has never stopped speaking",真不知英文读者读此译文作何理解?此语固然费解,但作者提到郭象的注释可为参考。郭氏明言所谓"无言"乃"言彼所言,故虽有言,而我竟不言也",因虽出吾口,都是彼言,故我"无言"(speechless),也就是没有再说的必要,怎么可能如作者所理解的,"说了一辈子的话,不曾说过话"?虽然不说,然每一个人自有其主见,若出吾口,未尝无言,怎么可能如作者慕氏所谓"一辈子不说话,未尝停止过说话"呢?

最严重的误读,也许是将章太炎的学术思想以偏概全。章氏有关佛学的主要文章约发表于 1908 年到 1910 年之间;同一期间,他在东京讲学与著作,致力于中国文字(小学、音韵)、历史以及所谓"国学",所下功夫之深,不殊于佛学,甚且过之,他极关注中国特异之学术。听讲的黄季刚(侃)在《太炎先生行事记》中有言:"其授人国学也,以为国不幸衰亡,学术不绝,民犹有所观感,庶几收硕果之效,有复阳之望,故勤勤恳恳,不惮其劳,弟子至数百人。"太炎亦自谓:"环球诸邦,兴灭无常,其能屹立数千载而永存者，必有特异之学术，足以发扬其种性，拥护其民德者在焉。"其时太炎虽沉醉于佛学，甚至有披发入山为僧的念头，但仍未忘爱其祖国，爱其祖国特异的文化；此并非矛盾，盖如其自述："佛法虽高，不应用于政治社会。"由于作者慕唯仁过于强调章氏佛学思想，以致忽略章氏丰富的其他思想资源，如同一时期所撰之《新方言》《国故论衡》以及修订的《訄书》，岂能与其政治思想无关？而本书只点到为止，全未作深入的探讨，甚且根本不提。作者致力于章氏旅居东京时期所撰有关佛、道、西学，如《四惑》《五无》《齐物论释》诸篇，却全不顾同时所撰有关儒家、法家之论述，如《原经》《原儒》《秦政记》诸篇。如此这般，安得见章氏政治哲学之全貌？辛亥革命后，太炎总结其学术思想，有言："自揣平生学术，始则转俗成真，终乃回真向俗"，此书虽着墨于"转俗成真"，却于"回真向俗"惜墨如金。

何来封闭的文化多元论？

蔡志栋评，汪荣祖《章太炎散论》
（北京：中华书局，2008 年版）

　　承《东吴哲学学报》编者寄来第二十八期，载有蔡志栋的一篇书评，评论拙著《章太炎散论》一书，但所要讨论的仅仅是文化多元论。我研究章太炎多年，先后出版四本书：《康章合论》（台北联经，1988；新星出版社，2006；中华书局，2008）；*Search for Modern Nationalism: Zhang Binglin and Revolutionary China* (Oxford, 1989)；《章太炎散论》（台北，1991；中华书局，2008）；

Beyond Confucian China: The Rival Discourses of Kang Youwei and Zhang Binglin (Routledge, 2010)。一篇论文《章太炎对现代性的迎拒与文化多元思想的表述》(《"中央研究院"近代史研究所集刊》2003 年 9 月,第 41 期,页 145—180)。另外,还有一篇评论美国学者慕唯仁论章太炎哲学的近著 *The Political Philosophy of Zhang Taiyan: The Resistance of Consciousness* (《"中央研究院"近代史研究所集刊》第 77 期,2012 年 9 月,页 147—158;《上海书评》曾转载)。费解的是蔡志栋要谈文化多元论,偏偏选择《章太炎散论》一书来评。这本散论是用散文体写的,而其他各书各文都是按照严谨的学术规格写的。《散论》共收 30 篇散文,其中只有一篇是谈《章太炎的文化观》。一篇书评只评一本书的三十分之一,实为我平生所仅见。

蔡志栋要评我所阐释的文化多元论,而对我的相关著述阅读有限,所以我必须花点时间向他汇报什么是文化多元论以及为什么文化多元论不可能是"封闭"的。倡导"文化多元论" (cultural pluralism)最力的是 20 世纪自由主义大师伯林(Isaiah Berlin),由于他自由开放的胸怀,才能从西方传统中开出"文化多元论",他在《维柯与赫尔德》(*Vico and Herder: Two Studies in the History of Ideas*, New York, 1976) 一书中阐释得很清楚,蔡志栋不妨一阅,便知"文化多元论"绝对承担不起被扣上"封闭"的帽子。

当然,我最早觉察到章太炎的文化多元观,并从多方面论证。我首先发现章氏的文化观与 18 世纪德国历史哲学家赫尔

德(Johann Gottfried Herder)有极为近似之处。赫尔德标出的
"独特"(das Eigentumlicke)以及各个文化都有其特殊的"重心"
(schwerpunkt, or center of gravity),与太炎所提倡的"国粹"与
"国性"的意趣非常相同;赫尔德所强调文化经由语言、风俗与性
格所分割者,不容外力强加化合(whom nature separated by
language, customs, character, let no man artificially join
together by chemistry),与太炎所谓文化由特殊的语言、风俗与
历史所组成,若合符节。我们虽无太炎受到赫尔德影响的直接
证据,但他从日文书中得知德国唯心派哲学,是毫无疑问的。值
得注意的是,两人有近似的观点也并非偶然,因同是相似客观大
环境的产物,19世纪后半叶的中国像18世纪的德国一样,遭遇
到以外来思想和制度强加于本国的"文化帝国主义"(cultural
imperialism)之挑战,以及受到讲究公理、法则与永久模式的"文
化一元论"(cultural universalism)之挑战。章太炎在西方冲击
的大环境里,产生文化危机感,认知到"国性"的重要,就像赫尔
德在文化危机感中认知到德国"独特性"的重要。章太炎又从
"国性"认知到历史对维护国性的重要,亦与赫尔德以德国历史
作为德国独特性的根本,颇为近似。章太炎认为广义的历史可
以包括语言文字、典章制度、人物事迹三项,后来又增风俗一项。
他晚年提倡"儒行"与"丧服"则可归入风俗项。他深信广义的历
史是具体的国粹,国性赖以延续,民族与国家赖以生存。他举例
说,俄罗斯灭波兰后,要灭波兰的语言;土耳其灭东罗马后,要变
更东罗马的风俗;清朝征服中国后,要禁毁中国的历史,可为殷

鉴。章太炎强调国性固然有应付文化危机的考虑,然亦使他在思想上有所突破。当康有为仍然用自然律解释人事,将历史文化的发展用公式来处理,章太炎已觉察到人文界与自然界之异、主观与客观之别。他警觉到个人因受到感官与经验的限制,往往不可能掌握客观存在的真理,所获致的不过是许多纷杂的主观真理,自然界的一切是客观存在的,但人文界的认知受到感官与经验的局限,必然是主观的、片面的、相对的。他因而明确地划分了科学界与人文界两个不同的知识领域。科学,如数、理、化,中西略无不同,但社会人文学断不能以一方或一地的理论学说来概括一切。"精神科学"(Geisteswissenschaft)与"物质科学"(Naturwissenschaft)并驾齐驱之义,18 世纪意大利历史哲学家维柯(Giambattista Vico)早已揭出。章太炎反对当时的思想界将属于人文界的现代西洋文明视为自然律,可以放诸四海而皆准,不期而与维柯、赫尔德以来的"历史主义"(historicism)思潮相呼应。历史主义否认在人文界有一整套理性系统可以牢笼错综复杂的历史事件,因为历史具有独特性,历史里的内在主观因素,如感情,绝非机械的自然律可以掌握。"历史主义"乃 19世纪的产物,挑战以自然法为骨干的理性主义思潮,强调个别历史事件有其"独特性"(individuality),故史家不宜用任何"一元系统"(universal system)来解释历史。这与章太炎的思想颇为契合,可参阅章太炎在主编《民报》时期所写的几篇思想性极高的论文。

其次,却更重要的是,我发现章太炎的《齐物论释》,即在演其多元之旨。当代学者大都认定此书以佛释庄，日本学者高田淳尤赞同以佛解庄之说，并详加阐述，谓此书乃章氏哲学思想之总结。但我认为，若此书仅仅是书斋中以佛释庄的产品，不太可能"一字千金"。章太炎写《齐物论释》时，大约在 1905 年到 1911 年之间，不仅已走出书斋，而且积极参加革命，所关切者不可能只是纯学术性问题，他所要面对的是，在西潮冲击下的文化大问题。因而无论佛、庄、孔、老以及西学都是他的思想资源与手段，目的要在利用这些资源与手段来解决文化问题，表达自己的思想。简言之，他要用《齐物论》的旧瓶，来装多元论的新酒。时代思想问题的挑战当然会影响他的解释与表述，这种创获才使他感到"千载之秘，睹于一曙"。一言以蔽之，章太炎所面临的现代挑战，是被认为普世的西方文明；如果文化是普及的，文化和文明是一元的，因而只有文化，中国文化也就成了"非文化"。这是一种白马非马的论调，章太炎正要以多元论来破解一元论，而齐物论正好给章太炎提供了对抗一元论的思想资源。中西文化不必统于一尊的观点在《齐物论释》中作了颇有系统的阐发，表述了多元文化的思维。太炎既然主张多元文化共存同荣，提倡国粹并不是排拒西方文化。他同时批评当时拒绝外来文化的保守分子(守旧章者)之"以古非今"以及一味仰慕西方文化的进步人士(顺进化者)，都不合乎齐物的渺义，也就不足为异了。

我又从历史经验发现，文化多元论是非西方国家对西方现代强势文化挑战的一种反应。由于西欧最先进入现代，现代化过程所形成的"现代性"很容易被等同为西方的现代性，更容易被认为是现代世界的普世价值。因而当面对现代西方文化的挑战时，无论在俄国、日本或中国都有西化派的出现，持全盘西化论，认为若要摆脱传统与落后，必须走西化之路。然而，在现代西方文化持续冲击之下，新一代的思想家产生文化认同问题。俄国有亲斯拉夫派，而日本有政教社诸君子。他们并不是排斥西方现代文化，而是要求本国文化的自主；在不排斥西方文化的前提下，力保本国的传统文化，都不约而同获致所谓多元文化的结论。章太炎的文化多元思想也可以说是对现代西方的一种响应，章太炎并不清楚俄国的亲斯拉夫派，但深知日本的政教社的思想，在日本时并曾与政教社人士有所往来。中国的西化派出现在 20 世纪的"五四"运动前后，其论点与彼得大帝后俄国的西化派以及明治维新后的日本西化派大致相同，亦即是文化一元论观点。值得注意的是，在中国全盘西化论出现之前，却已有章太炎近乎亲斯拉夫派与政教社的思想。章氏固然对西方帝国主义的侵略性特为敏感以及受到政教社国粹主义的影响，然亦有其超时代的文化认识，较早洞识到文化的特性，不认为现代的西方文化是现代人类的共同文化。

　　蔡志栋并未能否认我对章太炎文化多元论的论述，却遗憾我的观点"产生了相当的影响，有的学者从中获得启发，将章太炎文化多元论的内涵敷衍成了洋洋洒洒 50 余万字的专著"（页 136—137）。他又搬出他认为"洛阳纸贵"的汪晖所撰《中国现代思想的兴起》，并指出该书不点名的批评我，说"核心是认为章太炎根本不是一个文化多元论者，相反，其思想的本质是一元论的"(页137)。我并不认识这位本家,也无一面之缘;然而知道他近年在中文世界里深陷抄袭疑云(抄袭对学者而言是最严厉的指责),但在洋人眼里他的重要性仍然不减。最近美国学者慕唯仁新著(见前引)的结论,认为20世纪初的鲁迅与同一世纪末的汪晖,对现代性的批判都受到章太炎的启示,甚而断言此三人的师承关系,且明言"鲁迅很可能是20世纪最有名的知识分子,而汪晖则是当今最有名的知识分子之一"。这样了不起的汪晖是如何批评我的呢?他说"章氏的齐物思想确有多元论的特点,但是,从本体论来看,章氏对多样性的看法是由一个超越的观点统摄的,这个超越性的视点是宇宙的本体和万物存在的原理,从根本上说,他的多元论是一种超越于人类中心主义的古典宇宙论的产物"(页1099)。这段玄妙的回答似乎并没有完全否定多元论,只是在解释章氏的多元论是一种超越而不可捉摸本体的产物。然而他又自作主张将"多元"解释为多元社会里的自主集团,而后下结论说"将章氏的齐物思想等同于作为一种社会政治思想的多元主义是欠考虑的"(页1100)。他认为在社会政治上是有多元主义的,但在哲学上尤其是章太炎的哲学上是没有的。我在评论慕唯仁新著时,是这样回答汪晖的:

> 章太炎曾有一段响应胡适的话,好像就是在代我回答汪晖的质疑:太炎说"万物一元,其实尚差",庄子"不说万物同种,却说万物皆种,明是彼此更互为种,所以下边说'始卒若环,莫得其伦',这就是华严'无尽缘

起'的道理。若万物一元的话,古今中外大概不异,只是所指的元不同,都不是庄子的意。你要细看"(《章太炎书信集》,页665)。

太炎要胡适细看,汪晖与慕唯仁也不妨细看。

如果蔡志栋跟随汪晖,明白否认章太炎的文化多元论,就不必左右摇摆。然而汪晖说在社会政治上有,在哲学上没有;蔡志栋说我"证明了章氏的文化多元论",但我"忽略了章氏多元论思想内涵的困境"。他还进一步说:"章氏在主张文化多元论的同时又陷入了文化唯我论的泥潭,从而使得主张文化多元论以加强文化之间交流的初衷最终落空。"(页139)蔡志栋有所不知,"文化多元论"与他所谓的"文化唯我论",在逻辑上是不可能兼有的,就像鱼与熊掌不可兼得,而且"文化唯我论"这顶帽子只能戴在倭仁辈的头上,凡稍读章氏之书者,能让太炎戴这顶帽子吗? 章氏著《訄书》以来,无论承受或批判西方思想,不就是文化交流吗? 请问"落空"在哪里呢? 又"封闭"了什么? 物质文明的全球化是不争的事实,但精神文明并没有全球化,福山的"历史终结"言之过早,而亨廷顿所谓的文明冲突,未尝稍减。具有特性的不同文化唯有互相尊重,才能对话,才能交流;若不强调自家文化的特性,岂非舍己从人,也失去对话与交流的根本立场。蔡志栋不妨先读一读 Peter Berger 与 Samuel Huntington 合编的 *Many Globalizations: Cultural Diversity in the Contemporary World* (New York: Oxford University Press, 2002),再来讨论全球化的问题。

蔡志栋为了落实章太炎文化多元论的所谓"困境",在章氏的文化多元论上加上不合适的形容词"封闭的"之后,居然在大百科全书中找到"唯我论"(Solipsism)的理论根据,但他显然不太清楚"唯我论"的历史。"唯我论"出自"我思故我在"的"唯心主义"(Idealism),但不是"唯心主义"的主流,而是逆流,认为每一个人只能确知自己的存在。这种论调,如哲学史家威廉·文德尔班(Wilhelm Windelband)所说,不过是形而上的游戏,当"唯我论"者开始向别人介绍自己的学说时,已自己否定了自己,真可谓一针见血的批评。既如此,"唯我论"又如何有能耐来否定文化交流呢?章太炎受到德国唯心哲学的影响,斑斑可考,但他受到"唯我论"影响的证据又在哪里?

蔡志栋想从章太炎的文字中找他杜撰的"文化唯我论",也是徒劳的。他举出"时由心造"来落实太炎否定客观存在的时间,以致成为文化交流的"障碍",根本搞不清自然界与人文界、精神层次与物质层次的区别,不知道是两种不同的知识范畴,而此一区别章太炎是很清楚的。"时由心造"是精神的、哲学的、人文界的思维,犹如佛教的"色即是空",是一种属于内心的宗教信仰,并不涉及自然科学界万物的客观存在。章太炎所否认的是将人文界的学说或所谓公理当作自然界、科学界的普世定理,所以他并未批评真正的(自然)科学的真理。连这一点蔡志栋也没有搞清楚,没有搞清楚什么是科学的真理。我们可以太炎的《俱分进化论》一文为例,他原以为"社会进化论"(Social

Darwinism)是普世的真理,后来发现并非如此,(自然)科学的进化虽然是必然的,而道德的进化却未必,往往会不进反退。然则自然界的客观时间怎能与人文界的主观时间混为一谈呢？蔡志栋以生物界的呼吸来比拟人文界的文化交流,比拟不伦也就不足为奇了。蔡志栋又画蛇添足说:"假如某种说明呼吸何以可能的理论最终却包含着否定呼吸的结论",试问科学界会有这种莫名其妙的"结论"吗？我希望蔡志栋不要成为他自创的"文化唯我论"者。

"只要他到北京来,一切都会变的"

《陈寅恪先生年谱长编(初稿)》
卞僧慧　纂
(北京:中华书局,2010年版)

　　在西方世界,传记是一"大国",但几乎见不到年谱式的传记;年谱可说是具有中国特色的一种传记,英美人士无以名之,辄译之为"按年记载的传记"(Chronological Biography)。西方人几乎不写此类传记,因传记之所以受读者欢迎,主要由于内容生动有趣,与年谱的性质并不相符。年谱须给谱主一个完整的记录,保存巨细靡遗的史料,犹如流水账,意不在可读与否。"长编"更是按次排列的史料,"年谱长编"显然尚属未竟全功的年谱,而《陈寅恪先生年谱长编(初稿)》又是长编的"初稿"。这固然是编撰年谱者的谦虚,也是先打个招呼,尚非成品,只是一种史料汇编的未定稿。

这本"年谱长编"可说是在蒋天枢(秉南)先生所撰《陈寅恪先生编年事辑》一书的基础上扩充而成,卷一详述陈氏家族,是为"世谱";卷二从陈寅恪于1890年出生之年起至赴美求学前夕;卷三自1919年留学哈佛大学起至应聘清华国学研究院;卷四自1929年梁启超逝世至1937年抗战爆发;卷五自陈先生一家抵达香港至1948年飞离北平;卷六自1949年大陆易手至1956年;卷七自1957年鸣放至1969年逝世之年止。这涵盖陈先生一生的六卷,除二、三、四卷外,为何如此分卷,并不十分清楚。卷八是陈先生身后的编年记事,自1970年至2003年止。另有附录两则,其一为陈先生讲课笔记;其二是收录编者卞氏所写有关陈先生的旧作。

按年谱编撰传统,此谱少了一则凡例;凡例的好处要能于卷首即让读者知道如何记年,如何按年、月、日次序编排,如何称谓,如何考定所收录的材料,如何引述谱主学术及其影响,如何处理引文错字等。若于每年开始先列谱主本事提要,将更有助于读者浏览。

读者最期盼的除见到综合各方数据之外,当然是想要知道前所未知或澄清语焉不详的新材料。据蒋编《事辑》,陈寅恪于1918年拟返德国,然因一战未了之故,转往美国;但此编证实陈寅恪原是由湖南教育经费余款官派赴美留学三人之一（页65，67）。前人多知清华国学院王国维、梁启超先后逝世后，曾拟聘请章太炎，然因章不肯屈就而未果；但此谱据戴家祥致蒋秉南书，章氏实同意受聘，而校方因对人不对事，"始终没有同意"（页104—105）。于此可见，所谓章太炎不肯屈就是"想当然耳"之言，并非真相。陈寅恪治史以中古史为先以及超越汉宋门户，于此谱中也可以得到证实。此谱引录陶孟和致梁方仲函透露早在1950年科学院就拟邀请陈寅恪"来京主持历史研究"，可与陈氏1950年2月所作诗句"催归北客心终怯"相应（页262）。1953至1954年汪篯南下劝驾赴京不成，陆键东已有详述，然未及北京方面的反应，此谱引录刘潞文提到周恩来很快看到汪篯的报告，并说："像陈寅恪这样老一辈的知识分子不了解共产党是正常的，他愿意留在大陆，不去台湾，是一位爱国主义者，我们要团结。"另引吴定宇更进一步说，周恩来知道后认为"可以答应陈寅恪的要求，只要他到北京来，一切都会变的"（页286）。刘、吴文都是转述，难以确定，读者要问，既已"答应陈寅恪的要求"，何以仍未北上？

另一则有趣的新材料是，陈寅恪继梁启超为《国学论丛》编者，主张学术平等，作者不论师生辈分一律称名，不加先生；不过，陈先生的打趣话："把女作家的名字加上某某女士，文章不好，可以讨个原谅，先生写得不好，那不是更糟了吗？"（页117）无意间的打趣话，透露了陈先生并没有把男女作家平等看待。陈寅恪在国外学梵文多年，回国后告诉藏学家于道泉说："钢和泰的梵文水平并不高。"（页122）令人好奇的是，陈先生回国后为什么还要跟水平不高的钢和泰学梵文，难道陈先生在战前除在清华上课外，每周必和钢和泰学梵文的旧闻不实？又近人争辩陈先生到底是尊汉还是尊宋，此谱引陈先生夫子自道："所谓宋学，非与汉学对称之宋学，乃广义的宋学，包括诗文、史学、理学、经学、思想等"，足以了此公案。陈寅恪的《论〈再生缘〉》一时无法出版，引起许多揣测，其实郭沫若想要出有关《再生缘》的书也不行，此谱引近年徐庆全文，始知确实由于"《再生缘》中宣扬元朝皇帝征讨朝鲜的战事，朝鲜方面有意见"之故（页323）。类此均有助于事实之厘清。

此谱力求汇聚所有与陈寅恪相关的材料，包括同时代人的日记和信件，可惜仍有重要遗漏，如没有取用陈三立致谭献函，因而未将马关缔约后陈三立参与台湾抗日事，系之于1895年，也未将参与庚子勤王事系之于1900年。"后谱"未列第一本陈传早于1976年在香港问世，亦不够周全。谱中也有不一致之处，如引文有的注明页码，有的没有（页116，117）。引文也有偏选之处，如引胡适在日记中提到陈寅恪，只引赞词而略评语（页176—177）。谱中出现人名有记注，但提到白璧德（Irving Babbitt）未有一字介绍；提到姚士鳌，未注明即姚从吾，也无简介（页70，84）。有些小失误也不妨一提，以供编者参考，如所引《朱自清日记》中"耍手段"play politice 系 play politics 之误。有整页篇幅叙述吴宓与毛彦文事（页165），似与谱主不太相干，有点突兀。至于陈夫人于1950年曾赴香港事众说纷纭，陆键东曾

认为因土改唐氏家族受到冲击之故,然此谱指出唐家已无人在
农村,所言仅为推测(页265);编者虽引录香港陈君葆日记有谓
"陈寅恪太太要来香港取东西",又说"陈小从来图书馆要回陈寅
恪先生的东西"(页272),但陈夫人究因何事赴港,此谱似仍无
定论。

总的来说,此书内容丰富,足为研究陈寅恪者之有益参考。

一本不寻常的书

《甲午战争前后之晚清政局》
石泉　著
（北京：生活·读书·新知三联
书店，1997年版）

　　这是一本不寻常的新书，原是半世纪前的旧稿；漫长的岁月
并未使旧稿失色，读来仍具新意。其学术价值与近一二十年来
的成果相比，有过之而无不及。

　　此书具有"持久的价值"，固然由于作者石泉（原名刘适）是
训练有素的历史学者，更由于石泉与史学大师陈寅恪有一段难
得的师生缘。1944年陈氏因眼疾卧病疗养，以成都燕大研究生

的身份日夜陪侍,偶然间决定了此一硕士论文题目。此乃陈寅恪生平指导的、绝无仅有的、有关中国近代史的论文;而且不是泛泛的指导,乃是细心提示史料与观点,在相当程度上反映了陈寅恪对晚清史事的看法。陈氏《寒柳堂记梦》稿大量遗失之后,我曾与石泉先生夜话感叹,石氏因而提及其硕士论文旧稿,并惜其因"文化大革命"而遗失。不意后来竟在北京图书馆内觅得抄本,卒有此书之问世,得免遗珠之憾。可谓幸矣!

读者不难见及书中引用史料之谨慎,分析史事之细密,考究党派分际之理路清晰,以及一语道破暗语与内情之明快,在在透露义宁陈氏的遗风。不过,作者在行文上并未完全师法陈氏特有的"合本子注"体,引一段,述一段。而是采用简洁有力的纪事本末体,配引文,附脚注,详列参考书目,可谓陈体的现代化,颇为可取。

全书的中心议题是甲午战争,从甲午前后政局的变化,更能衬托甲午战争的历史关键性格。甲午惨败,论者甚多,大都偏重军事、外交与内政;本书作者较能从长时间的洋务运动中求答案。洋务运动受阻于守旧势力,众口一词,固无异议,而本书更能从"清议"认识到守旧声势之盛,牵制洋务之甚。因代表清议的士大夫,莫不以科第进身,出身显贵,毋庸借洋务以自显;而反观经办洋务之人,多出身杂流,又因经手巨款,不免贪污腐化,授人以柄,更为清议所不齿,于是无意之间形成清、浊流之对抗与冲突。由于清流所据之政治与社会地位,对舆论之影响至巨,"上足以耸动君上,鞭策执政;下则领导全国士子以为声援"(页

11),乃益知洋务推行之艰难,实为甲午战争因器械不精与不足而致败的缘故。

　　一个中央集权的政府如大清帝国,欲顺利推行洋务,必须有效统筹、协调、控御全局;然而洋务或自强运动兴于内乱外患之余,特别是平定太平军之后,地方新兴势力随之而起,不免造成中央与地方之间的猜忌。多年前美国梅谷(Franz Michael)教授提出"地方主义"(regionalism)一说,以为清季已被地方主义所笼罩,中央名存实亡,显然言过其实,刘广京教授早已有文纠之。本书认为中央虽仍有统筹之权,但实力与人才俱不足相副,故不能举全国之力,有所作为,自是平实之论。至于地方势力多属汉人,中央之清朝政府,自亦不免戒惧,所谓"苟因自强工作之推进,而使淮军或某一系汉人势力因而独盛,则自当时清朝统治集团之立场言,其威胁固不下于外患,甚且过之也"(页33),颇有见地。然则洋务之所以不能放手去做,固不限于认识之不足,亦因权力以及当权者心态在作祟。类此看法,皆不囿一偏,能见其大。

　　本书作者更进而细究清朝统治阶级内部之矛盾与冲突。诸如慈禧太后与诸王间的分合,清流与浊流间之相互抨击,以及清流中之南北派系之争等,不仅有碍自强之目的,更影响到和战大局。凡涉及宫廷矛盾与朝臣党争诸事,往往因真相难明而束手,而本书随手引用实录、日记、函札、奏议等资料,铺陈分析,道出原委,来龙去脉,一览无遗。如引樊樊山致张之洞函,以示醇王继恭王当权之后,朝政益坏;并直指函中暗语"大圣"乃指孙毓汶,"相王"指礼亲王,浃长影射许姓、指许庚身,"北池"指张之万,"腰系战裙"则指额勒和布(详阅48页)。如此功力,犹如义宁陈氏之现身说法。

力图自强的洋务运动成效不彰,知之最稔者莫如身与其事的李鸿章,故当中日间危机日深时,一意期盼外交(特别是俄国干预)解决。然而当外交失望,而又欠缺与外交高姿态相副之实力,不免受贻误之谤。清议攻击鸿章尤甚,认为多年之洋务经营,耗费不赀,一旦有事,竟退缩畏战,直逼鸿章非战不可。翁同龢更以帝师之尊,亟欲一战而胜,以张光绪声势,并"挽回十年来清流之厄运"(页94),尤视鸿章为政敌。然则,李鸿章不仅以一人敌一国,甚而腹背受敌,内外交困,实以一人敌二国矣。或谓战前北洋海军之实力,未必逊于日本,胜负难卜。近人罗林生(John Rawlinson)于其专著中,即持此论。此论固有所本,所本无非是当时洋人如德璀琳、赫德等之观察。然而本书作者举证指出北洋实力之不足,并直指洋人对中日间军事实力估计之不确。然则甲午中国战败,原是事理之必然,绝无幸胜之机会。主战者固然既不知己,亦不知彼,却有错综复杂的求战动机。李鸿章一意避战,未必畏战,实有自知之明以及难言之苦衷。却又不得不披挂上阵,明知不可为而为之,益增明知战败而又不得不战之悲剧性。而本书就此悲剧铸成之来龙去脉,诸如宫廷矛盾与朝臣党争、中枢和战态度之演变、以湘制淮之策略等,均有极为细腻之述论,为近人所不及。而其利用原手资料展示隐情之功力,尤非由家世若陈寅恪者、学养若陈寅恪者所传授而能有。

作者石泉于甲午战事的细节，着墨无多，正略人所详。然证实清军之暮气，以及器械之不足，已表出军事失利之有故。由战败而求和则叙述较详，盖非如此不足以说明和议之曲折与艰难。作者虽断言，和议之起，发自慈禧太后，但仍然内有废除和约之压力，以及外向列强求援之苦心，而清政府卒不得不签屈辱之《马关条约》。割让台澎一事，朝野尤其激愤，士子亟思救之，卒因日本借其武力志在必得而无功。类此要点之阐释，皆可于此书中获致信而有征的交代。

此书述甲午战后政局，更有立竿见影之效。李鸿章于战前、战时已是被攻讦的目标，战后一败涂地，更成众矢之的。李氏个人权力及其淮军势力之终结，遂成无可避免之事实，亦因而触发晚清之一大变局。军事之外，主战之清流既是光绪皇帝之亲信，和战之争卒造成帝党与后党之分歧，固然促成帝党求变法以图强，亦因而造成宫闱之变，以及戊戌政变之结局。甲午战败与戊戌变法之间的因果关系，论者已多，而本书要言不繁，最为明通。作者更进而指出变局导致三大新兴势力的兴起，除康有为领导之变法运动外，复有袁世凯领导的北洋新军势力，再有孙中山等人领导的革命运动。此三大新兴势力之消长，正可作为甲午和局后数十年中国政治史之指引。此一完成于 50 年前的新出之书，内容扎实，论证精详，文字简洁流畅。除了若干引文略嫌过长外，几无懈可击，值得向读者大力推荐。

介绍萧公权的政治多元论

Political Pluralism: A Study in Contemporary Political Theory by Kung-chuan Hsiao (London：Kegan Paul，Trench，Trubner & Co.，Ltd，1927)

　　《政治多元论》(*Political Pluralism: A Study in Contemporary Political Theory*)为先师萧公权先生出版的第一本书,原是 1926 年在美国康奈尔大学完成的博士论文,第二年即由伦敦一家著名出版社出版,原稿即已是定稿。一般博士论文需经多年修改才能付梓,可见公权先生的博士论文绝非一般。胡适之与吴国桢的英文博士论文都是研究先秦思想,按当时西方对中国学术所知尚少，理应在西方付梓，竟各各携归上海交商务印书馆出版，而公权先生论述近代西方政治学理的论文，却能由西方第一流出版社出版，相比之下，高于时贤，显而易见。公权先生曾亲口语我，他独学冥行，不入派阀，而能于抗战胜利后当选为"中央研究院"第一届院士，与《政治多元论》一书，大有关系。

　　此书出版之后，佳评如潮，《泰晤士报文学增刊》于 1927 年 12 月 1 日评论道："此书虽由一位中国学者所写，而其论证与语气全是欧式的"，并认为"萧教授的英文和他的西方思想一样地道"。《哲学学报》(*Journal of Philosophy*)于 1928 年 7 月发表书评，认为《政治多元论》一书"极具启发性"，值得所有对政治学说有浓厚兴趣者的注意。同年 8 月 8 日，畅销的《国家》(*Nation*)杂志，大力肯定此书的贡献，认为对政治多元论"作了最具批判力与完整性的研究"。《美国政治科学评论》(*American Political Science Review*)于 1928 年亦刊登推崇的文字，谓此书出版之前，坊间尚无一本书，对近代政治思想明显而重要的发展，作如此全面的验证，认为"此书展现严密的思维、有力的论证以及令人折服的公正"。公权先生书中的主要批评对象之一乃当时颇具名望的政治思想大家拉斯基(Harold Laski)，他也在《新共和》(*New Republic*)上发表评论，深佩"此书才力与魅力均巨"，认为是五年以来论述政治思想的最佳著作。类此推崇，并非一般溢美之词，因此该书很快被列入国际心理学哲学及科学方法丛书之一。牛津大学"当代巨著"(Modern Greats)一课程，并采为必读书之一。此书出版之时，公权先生尚未逾而立之年，而其学已卓然自立,跻身世界著述之林,扬名国际,无疑是侪辈的翘楚。

萧著《政治多元论》开卷指出,多元论者攻击一元体制国家主权,欲使国家从主宰的地位降为公仆。按:主权观虽早见于希罗古典时代,然以国家主权为中心的政治一元论,为16世纪法国律令学者布丁(Jean Bodin)首创,霍布士(Thomas Hobbes)扬其波,遂即风行,成为西方政治思潮的主流。黑格尔、奥斯汀(John Austin)诸人,都属政治一元论者。法国大革命虽推翻专制王政,但是并未改变国家理论,政治权威仅从一元的帝政转化为一元的民主,因为国家主权依然是一统的、绝对的,国家在法律上仍是至高的。政治多元论者即欲反其道而行之,认为权威不止一个,国家不能独霸权力;政治意愿不可能被统一,故否定中央集权。法国政治多元论者杜奎(Léou Duguit)强调国家只提供服务,不能发号施令;国家不拥有主权,只与其他社会组织合作运作;否认国家主权为法律权威之至尚,所以杜奎主张多元立法以及政治权力下放。但是公权先生评论道,如照杜奎所说,人人都可立法,势必入于无政府之境;若把立法权下放,亦不等于法律多元化,杜氏所言不过是不同地区的立法设计,并未涉及法律权威本身。公权先生认为,不论权力如何下放,法律如何多元,为了维持整个社会的团结,多元之种种势必重归于一个绝对系统。公权先生更进而批评杜氏未能明白区分最终法律权威之国家与实际掌握政治权力之政府,并指出近代法治不可能建立于否定法律主权之上。然则杜奎的多元设计,并未能取代一元论,获致其预期的效果。

宪法为一国之根本大法,即最高之法,亦即存在单一的法律系统实与政治多元论的主张相左。公权先生指出权力可以三分,宪法不可能一分为三,多元论者强调均衡与分权,但最后仍然需要最高裁决,而最高裁决必然是一元的。

政治多元论又认为国家主权观与国际法精神不相称,并谓基于国家主权之传统国际法,并非真正的国际法。多元论者如克拉伯(H. Krabke)因而主张一种"寰宇性的法律小区"(Universal Legal Community),犹如意大利诗人但丁所谓的"世界政府"(Monarchia)。公权先生则认为此说虽具吸引力,然而却是颇含危险性的乌托邦式国际主义,更进而批评克拉伯欲使国家舍弃主权,成为国际法之一部分。既然舍弃自主之权,实已非多元中之一体,但丁式的"世界政府"更与政治多元论的目的相距甚远。在公权先生看来,政治多元论者虽未主张取消国家,然而他们想要建立的真正的多元体制,反而将世界变成一个庞大的单元体。至于多元论者相信国际性的社会或经济组织较政治性的国家更能保障世界和平,公权先生亦不表乐观,认为和平的保障还需依赖和平的意愿。

政治多元论亦抨击代议制度,认为少数人绝对不能代表多数人,主张以"运作代表"(functional representation)取代之。所谓运作,乃指社会中各种不同的运作,代表不同个人的意愿与利益。所以一个多元国家的选举,不应以行政区域来划分,而应以社会利益来划分。但公权先生认为,多元论者并未将由行政区

域选出的地区代表与根据社会利益选出的运作代表之间的关系
交代清楚。正因为多元论者主张代表权尽量下放，所以事实上
并非代表权的问题，而是代表性的问题。于是多元论者要求重
组国会，将其一分为二，成为"政治议会"与"社会议会"分别代表
消费者与生产者之间的不同利益。公权先生的评论则是：如此
一分为二，并非一般的两院制，而是相互独立而各代表两种不同
的阶级与特殊利益，形成两个对等的敌体，一旦无法协调，势必
导致国会因相持不下而停顿，何异于西洋中古时期的政教之争？
因而多元论的民主在理论上即难以成立。公权先生进而指出，
此种多元理论即使被接受，其实质仍然是一元的。一元论大师
黑格尔的"公众小区"说（Civic Community）即包含消费与生产
两端。黑氏也认识到人类利益与社会组织的多元性，以及运作
与阶级代表之必需。但黑格尔认为"公众小区"仍属国家之一部
分，国家乃是一"伦理整体"（ethical unity），结合所有社会组织
于一自由的整体之内。公权先生据此论证，运作代表之辩的本
身，并不能作为多元理论的根据，反而可作为一元论的支柱。

关于政党政治，政治多元论者指出如英美之大党，几乎完全
操纵了代议机制，不能充分表达全体政见，因此政党路线亦应按
运作分，重组政党为多党，分别代表各种特殊利益。公权先生的
疑难则是，利益与职业性的代表甚多，将形成工党、农党等无数
的政党，而"社会民主"中之利益集团间的冲突，势必要求最后之
政治裁决。运作既无法平衡，职业政党所关切的问题又颇有限，
是以萧氏肯定运作政党并无取代传统政党政治的可行性。

　　政治多元论最关切如何解决政治与经济间的运作关系,欲令政治与经济多元化。政治一元论自亚里士多德以来,以经济为国家致富的手段,经济既为政治服务又臣服于政治。英国哲学家洛克(John Locke)始视财产为目的,而非手段,政府之成立是为了保护财产,经济于是高于政治。公权先生则认为,如果政治成为经济之手段,为了更加有效保护财产,势必更有赖于政府,洛克的国家理论也势必导向以财富大小而分的寡头政治,造成政治与经济上的不平等,反而更加不民主。国家既为了财富,则无产者即不相干,势必引发社会主义的抗议,要求经济上的重新组合,马克思主义就是要把社会程序约化为绝对的经济组合。社会主义虽强调经济,但并不意味着国家之死亡,反而将造成更强大的国家,以便兼顾政治与经济双方的利益。总之,政治性的国家将永远是超过任何社会组织的最高权力。

　　政治多元论者也攻击法国哲学家卢梭所谓的"公意"(general will),并"主权"而同斥之,以为公意难知,尊重公意何异尊重国家之意愿? 实属另一种政治绝对主义。然而公权先生指陈,特殊的私愿必须与公意协调,而罪犯与疯子的私愿更无法兼顾,认为多元论者柯尔(G. D. H. Cole)所谓政治只能顾及每一个人的实际意愿是荒谬的。所谓接受公意即背弃民主,也非实在。杜奎所谓"社会团结"(social solidarity)实近乎卢梭之"公意"。拉斯基所谓的社会意愿,也近似一元论的观点。公权先生更进而批评拉斯基论证上的矛盾,谓拉氏既以国家代表全体,需要超越诸多特殊利益,然则又如何能使部分利益反对整体利益;

既谓国家为整体利益,为整体服务,必须控制部分组织,然则部分组织又何能反对国家而使不失维持控制之权威?拉氏既然承认国家乃其他组织共同认同的唯一政治组织,则无所谓众多的权威组织,却又说国家仅系组织之一种,并不能代表整体利益。两歧与矛盾显然可见。不过,公权先生虽认为多元论之批判一元论翻不出一元论的掌心,但仍然肯定多元论坚持多样性格,揭出社会利益冲突,社会组织的复杂,以及正当全体意愿的表达。不过,类此优点固不足以推翻公意之说,仅可补其不逮。

政治多元论不仅尚异,而且求变,如否认法律之一成不变,然而一元论固亦重视政治程序中之变动。多元论以社会为"移动的实体",持续发展,然而发展过程中必有稳固、冲突、统一、分离诸情状。社会发展之总趋势,仍然是经由冲突与分离而导向组合。总之,公权先生指出,求变宜也,但变不仅仅是分化与冲突,主要还是融合与统一。

政治多元论的哲学背景是"实验主义"(Pragmatism),实验主义反对一元论之不容纳个体与自由。事实上,一元唯心主义非如实验主义所认为的"封闭宇宙"(block universe)。实验主义哲学家詹姆士(William James)以其"多元宇宙"攻排"封闭宇宙",着眼于伦理,而非逻辑与形而上学。以公权先生之见,"多元宇宙"在逻辑上不一定不好,但在伦理上和现实上,并不比一元世界好。如果攻击一元世界反自由,则多元的实验主义势必否定任何的整体,包括个人自由在内的整体。实验主义的吸引之处,无疑是特殊的自由与进步性格,但问题是以实验为标准的真理与价值,不一定能获致进步。詹姆士在理论上还有自相矛盾的困难,他不得不承认某些绝对的价值;他热衷于"多元宇宙",但他的理性实促使他选择一元秩序,其思想中理性与实验两端遂不甚调和。萧氏认为政治多元论与实验哲学精神相契合,但并无逻辑上必然的连接,如拉斯基受詹姆士启发而不顺从。萧氏深信实验主义扭曲现实(包括政治现实),故无法产生正确的政治理论。

政治一元论以国家为最高伦理的理想,如黑格尔以国家为完成自由的伦理整体。国家为了执行规范,有权控制与协调,并经由政府动用强制力甚至武力,以至于模糊了伦理色彩。如马基雅维利之《君王论》常被视为非伦理或不道德,事实上马氏亦强调政治伦理,要求秩序与和平,道德色彩仍然显著。他只是认为为了好的目的,可用坏的手段来达到,以恶制恶为最佳利器。霍布士将政治与伦理分开,不过是把伦理臣服于国家主权之下。政治多元论者如杜奎根本否定政治思想中的伦理因素,整个政治关系不是一个理想结构,只是社会进化的产物。社会不臣属于国家,国家不过是为法律所创的工具,不能视为主权。公权先生则认为杜奎的社会决定论过于简单空洞,"社会团结"虽系社会组合的要素,但并不能穷尽社会组合的全部意义,也不能被视为社会生活的最终标准。

其他多元论者如拉斯基以国家为有权之人的组织,不足以代表全体意愿。柯尔认为政治性质的国家仅系政府运作,不能概括整体社会关系,更不具有绝对的主权和道德,国家反而应臣服于"公众小区"(a general community)之下。拉斯基与柯尔并不否认社会控制所需之整个有机体，只是要把国家变成整体小区合作力的代表，如克拉伯也承认追求小区利益，并不要牺牲社会伦理。然则，以公权先生之见，一元论的黑格尔大致也会同意这些多元论的说法，例如黑氏亦承认政治国家为小区之一部分，然有权控制小区中之一切。黑氏也会同意多元论所说，人与社会有共同利益，不论何种政治和伦理，仍有共通性的政治真理。多元论者不知与伦理一元论有相通之处，斥之甚厉，实因误解伦理为政治绝端的论点。是以柯尔虽反对亚里士多德，却认同亚氏的"理想国家"。联邦不是为个人而设，因它本身是一种目的，个人的自由可借联邦而获致。公权先生批评多元论者之误解与偏见使他们不能与一元伦理派调和。大多数的多元论者为个人主义者，却不重视个人为社会的一部分，并不是说一切行动都需受制于公共约束，但个人不可能独活，个人自由也不可能完全排除强制力。如果一定要把个人与社会分开，把自由与限制分开，则将陷入无法排解之困境。

拉斯基说得不错：作为政府的国家只能执行相对的权力，然国家之行动常被视作无可非议的正义；国家主权不过是法律上的最高，却将法律与道德相混，以致歌颂主权为绝对伦理的最高境界。但是拉斯基之困难在于既已肯定伦理社会理想的存在以及政治国家之需要，然而又无法保证国家工具不会滥用权力以及损害伦理。此为运用与限制国家权力的难题。公权先生承认此为一时无法解决的问题，但提出两点意见。其一，按照拉斯基的权益体制，国家行动取决于全体国民之同意，全民一致绝无可能，仍由多数表决，然而多数仍须由国家执行，依然是拉氏所不能接受的国家行动。脱困的办法，不是搞什么权益，而是要根本取消国家！拉氏限制国家权力的努力岂非白费了？其二，公权先生驳斥拉斯基宣判主权死亡以及消灭一元国家之意图，认为国家之错误实因执行人之错误，不能归罪于国家，然则最紧要的不是限制国家，而是限制个人，限制个人的无知，没有原则的野心以及漠视与不关心。努力建设一个有公信力的好政府，总比限制政府与国家要好得多。

萧公权先生批判政治多元论，指出其困难与不一致，但并不反对多元论追求的一些目标，例如重视个人自由，注重政治思想之中的群体观，指出社会组织的具体方法，强调全面而实际的社会过程，注意到除政府与法律之外更广阔的人群关系以及向绝对国家主义和不能代表全体主权的挑战等，均足称道。但是多元论言虽美而难信，且终不免自我否定！其意欲以多元国家取代一元国家，欲将国家主权自政治思想中淡出，然而穷尽一切社会力量形成之邦联，终究还是会变成一个完全的整体，又何异于一元之国家？岂非白费心力？

公权先生学成返国之后，又曾以中文发表《拉斯基政治思想之背景》一文，以及拉氏《国家之原理与实践》(*The State in Theory and Practice*)、柯尔《现代政治指南》等书的书评，对当时西方政治多元论学说，继续作了鞭辟入里的评介。此时为 20 世纪 30 年代，拉斯基的声誉已隆，但其学说尚未尘埃落定。今之学者如施尔斯屈(Bernard Zylstra)研究拉斯基政治思想的发展,发现 1925 年出版的《政治典范》(*Grammar of Politics*),实为拉氏政治思想自多元论倾向"集体论"(collectivism)的转折点。施氏认为拉氏之转变,由于其心目中平等观发展的结果,认识到个人意愿之实现有赖于整个政治秩序之完成,洞悉到多元论的缺点,肯定了"多样中的一致"(unity in diversity)。施氏书中也称颂萧先生的评论,但萧先生并不认为拉氏顺利地转向集体论,曾在《拉斯基政治思想之背景》一文中,说《政治典范》一书虽"摒弃柯尔等提出之二重议会,职业代表等制度,而保留国家之优越地位,使社会中之复性权威终不得不受政府权威之控制"。但萧先生同时指出,拉氏思想仍不免与他的其他原则相抵触。当萧先生读到拉斯基于 1935 年出版的《国家之原理与实践》(*The State in Theory and Practice*)后,指出拉氏"思想中之自由主义与社会主义本为两不相容之趋势,兼收并蓄自生困难"。

萧公权先生于 30 多岁年纪,对近代西方政治思想之造诣已如此之高,与当代名宿论学毫不多让,令拉斯基辈敬畏(拉氏长萧氏五岁),足令所有的中国学者同感骄傲。吾今重读大师青年时所著《政治多元论》,仍惊叹其外文之精当流畅、论证之严谨细密与识见之晶莹透澈,更自知登堂入室之难,师门之弥高也。

公权先生批判政治多元论,要以国家主权之不可废,国家一统之尚无可取代。然而就文化领域言之,既无"主权",亦不必一统,故公权先生于中国文化,不以圣教与异端之说为然,认为"儒家以外还有许多持之有故、言之成理的学术",若"舍百川而不受，必定无以成就沧海的洪深"，主张诸子配孔，建议"管、老、墨三子设位文庙，配享孔子"，因深信"民族文化是一个广包兼容的伟大系统，其中是没有门户界限的"。再以中西文化而论，公权先生虽身与"五四"运动，却力斥极端反传统主义，认为打孔薄古过于偏激，但亦不以尊孔为然；儒学自有其永久之价值，然以孔教可致中国于富强，则"属夸大之妄想"。亦反对全盘西化，讥为浅薄，何异"学步邯郸殊，新装窥半面"？而认为中西文化各具精神，既有心同理同者，也有相异之端，宜能切磋督实，而并行不悖。公权先生信奉文化多元论，固极显然。

胡适历程的曲直

《重寻胡适历程：胡适生平与思想
再认识》
余英时　著
（台北：联经出版事业公司，2004
年版）

　　时光不断淡化人们的记忆，当年名满天下的胡适博士，在今
日一般人的心目中已逐渐模糊；不过，文史学者研究胡适的兴
趣，尚未见中衰，书商出版有关胡适的资料，热忱犹高。海峡两
岸先后编印胡适日记全编或全集，足以为证。

　　研究胡适的论文与专书，数量之多，诚为近、现代学人中所
罕见。余英时先生的《重寻胡适历程：胡适生平与思想再认

识》，顾其题目思其义，乃是对胡适生平与思想作出新的评估，并提出在学术研究上的全新见解，亦必然是读者的期待。展卷之后，才发现"重寻"的"胡适历程"并不很完整；"再认识"的"胡适生平与思想"也不全面。事实上，这本"专书"，主要由三篇序文、外加三篇短文所组合而成的文集，但并没有组合这些不同时候、不同场合所写文字的导论。除了第一篇序文为《胡适日记全集》而写，是新作品之外，其余都是旧作，特别是篇幅较长的"中国近代思想史上的胡适"不仅是 21 年前的旧作，而且单行本问世已久。喜买余氏书的朋友不计重复，新旧一起买进，固然值得；只是 20 年以上的旧文似乎难以与"重寻"或"再认识"的题旨相称。

此书中具有新内容的仅仅是《从〈日记〉看胡适的一生》，意在根据胡适的日记来"澄清"胡适一生中各个时期的若干"疑点"。所谓疑点，就是胡适一生中值得质疑之处、可议之处；而余氏的澄清，即要消弭这些疑点，虽自称"没有为他'辨冤白谤'的意思"，但是如果能"澄清事实"，就有"辨冤白谤"的效果。胡适考证《水经注》终生不懈，岂非就是为了澄清事实，以达到辨冤白谤的目的吗？不过，事实往往并不那么容易澄清。

余氏澄清事实的主要依据就是胡适的日记，根据胡适日记所载来纠正一些有意或无意的误传与谬误，当然有其正面的意义；不过，胡适日记的权威性也不能说百分百。除了日记常因事后追记、补记而失真外，胡适由于成名甚早，而又爱惜羽毛，他的日记明摆着是要公诸于世，给别人看的，不免因谨言慎写而掩遮真相。换言之，胡适的日记并不全是胡适的私密空间，像他与何炳棣在纽约闲聊时所说的"陈寅恪就是记性好""雷海宗就是笨一点""马寅初每天一个冷水澡,没有女人是过不了日子的"(见何著《读史阅世六十年》,页 330,331,332)等"真情表白"全无掩饰的话,在胡适日记里是找不到的。

　　本书作者极力要澄清的几件事,特别值得提出来讨论。首先余氏旧事重提,颇责备唐德刚对胡适获得博士学位过程之质疑,认为"胡适的'博士学位问题'全无问题,除了因'论文缓缴'延迟了十年之外,别无其他可疑之处"(页 12),也就是夏志清所说的,只是"手续未完"而已。其实,胡适在 1927 年获得博士学位已经是不争的事实,唐德刚亦如是说;问题出在从 1917 到 1927 这十年之间,胡适并未拥有博士学位,就自称博士,并将博士头衔印在《中国哲学史大纲》第一版封面的右下方(不过,后来各种版本的封面已不见了"胡适博士著"字样)。大力捧胡而又出版《犹大之吻》来痛骂唐德刚的苏雪林,也承认她当年上胡适课时,胡适用的就是印有"胡适博士著"的《中国哲学史大纲》;不过,她引胡适的话说:"我向来不喜以学位的头衔炫人,这'胡适博士著'数语,是出版商弄的花样。"所谓不喜炫耀学位,仍表示有学位而不炫耀而已,至于出版商又如何能擅自弄此花样?如苏雪林所引不误,反而显示胡适的不诚实。当年北大并没有非博士不能当教授的规定,若非胡适尚未取得学位时已自称博士,就不会有识者所谓"老胡冒充博士"的反应,朱经农也没必要在 1919 年的信里提醒胡适,并希望他赶快将论文印出,以释群疑。胡适在如此压力下,并没有尽快将论文印出,取得博士学位,却等待了十年之久，当然可疑。余氏的解释是：胡适于 1917 年回国后，"立即卷入了如火如荼的'文学革命'"（页 8）；换言之，胡适无暇去印论文、拿学位。然而，如果学位考试在 1917 年就已通过，论文既不需要大修或小修，但须交给书商印书，则所谓"没有时间"或"没有念头"（在朋友们质疑下念头应该很强），就难成理由；剩下的理由没钱印论文，恐怕也难以成立，其中必有蹊跷。唐德刚曾告知笔者，胡适博士论文未于 1917 年通过的档案资料仍存哥伦比亚大学，他曾取阅过，也曾当面与胡适谈过；不过，现在这些档案非经家属同意，不再能够调阅。再说，即使"论文缓缴"是唯一原因，论文乃完成学位之所必需，那十年间胡适最多只是"博士候选人"，就自称博士获得者，当然会衍生出"诚实"问题。这些"小事"，虽系"白璧之瑕"，也许不足深论；然而余氏重新提出，就不得不论，自有助于对胡适及其性格的理解。无独有偶，《中国哲学史大纲》蔡元培序有言"适之先生生于世传汉学的绩溪胡氏，秉有汉学的遗传性"，蔡氏固不明胡氏的底细，而胡适明知而照登在书前，直到后来有了"安全感"后，才说原非出自汉学世家的绩溪胡氏。

　　余氏另一个要澄清的疑点是"胡适与哲学的关系"，因为金岳霖曾批评过胡适的哲学修养。余氏基本上同意金岳霖所认为，胡适"不能算是专业哲学家"，但强调"他在西方哲学和哲学史两方面都具有基本训练"（页 13）。此一澄清，反倒令人有点迷糊。胡适在哥伦比亚大学读的是哲学系，拿的是以哲学为专业的学位，又拜哲学大家杜威为师（不过，专门研究杜威逻辑理论的吴森发现,胡适与杜威实"有师而无承",甚至对乃师学说有严重误解),回北大又教哲学,其结果不能获致哲学之专业,而只取得一点基本训练,不免再启他的学位并不那么顺利的疑窦。

不过,本书作者绝不是要贬低胡适的哲学修养只是"基本训练",实欲褒之,所以借重哲学权威罗素的话来说:胡适"对西方哲学的精熟好像是一个欧洲人,英文写作之佳则和多数美国的教授没有分别,至于翻译古代中国文本的精确可靠,我想任何外国人都很难赶得上"(页14)。罗素乃20世纪伟大的哲学家之一,但他有时言过其实,甚至无中生有,赵元任早就领教过了。罗素自传有云,他曾示赵元任一文曰"今日动乱之故"(causes of the present chaos),语言学家赵元任立即回答说:"我想今日动乱之故乃过去之赵氏也"(Well, I suppose, the present causes of Chaos are the previous Chaos),用赵氏的英文拼音开玩笑;但是赵元任看到后,特别写文章说明没有这回事,显然是罗素一时兴起的神来之笔。然则,罗素的赞美也不能完全引为依据。再说,胡适若果然精熟西方哲学如欧洲人,则其哲学素养又何止于"合格"或一点"基本训练"而已?"基本"与"精熟"之间的差距应该是很大的。罗素赞美胡适英文写作之佳,可能是在开大多数美国教授的玩笑,因为罗素向来瞧不起美国文化。至于说,胡适翻译古代中国文本之精确,罗素既然不通汉文,如何知之?不过是想当然罢了。事实上,胡适的学问虽涉及哲学、文学、史学,但以严格的标准而言,都不甚"精熟",他最在行、兴趣最浓的还是考据,这正是胡适在学术上博而不精的特色。胡适一生"外务"太多，也不可能有太多的时间治学；刻意求其学术上的专精，反而把这位历史人物看小了。

在胡适既广且多的"外务"之中，余氏书中着墨较多而又值得评论的有二事。其一关于胡适战时驻美的贡献，本书对其推动美、日交恶，"把美国带进太平洋战争"，"使中国可以有'翻身'的机会"（页65），备至赞扬。日本侵华，中国的遭遇颇得美国的同情，胡适辩才无碍，到处演讲，并得到罗斯福总统的礼遇，自有其宣传的效果，他的大量荣誉博士学位即于此时获得。但是如果照余氏所说，胡适能改变美国的政策，把美国带入太平洋战争，显与史实不符。胡适最敬仰的美国总统威尔逊于欧战后周游美国大陆，苦口婆心，舌敝唇焦，犹不能改变美国拒绝国联与和约的政策，何况是外国人如胡适者。美国自欧战结束后，孤立主义弥漫一时；罗斯福总统虽非孤立主义者，然于经济大恐慌爆发后上任，仍不得不俯从孤立主义之民意，不敢卷入战争，故于德、意、日之侵略行为虽谴责、防堵有之，却也不愿激起战争。胡适的宣传引起美国人的共鸣是一回事，美国人因而愿意帮中国打日本鬼子又是另一回事。事实是：日本偷袭珍珠港之后，美国才不得不进入太平洋战争；包括胡适在内的一切"宣导"犹如蜉蝣撼动不了那棵孤立主义的大树，珍珠港的炸弹才撼动了大树；大树撼动了，总不能说是蜉蝣之功吧？余氏说："无论如何，1941年11月26日美日最后谈判的破裂，与胡氏在最后一分钟的强烈争执是有关系的"（页65），显然言过其实。日本终止和谈的通知书，迟至炸弹已在珍珠港爆炸后才收到，而日本的谈判代表仍在美国,所以美日最后谈判绝不可能于 11 月 26 日就破裂。至于"认为日本偷袭珍珠港是因为罗斯福受了胡适的影响",何止于"过于夸张"(页 65)而已。日本为什么偷袭珍珠港,论者已多,毋庸在此赘言,最根本的原因之一乃是美国坚持"九一八"事变后不承认满洲现状改变之政策,并坚持要求日本回到"九一八"以前的中国现状,所以只能说,日本偷袭珍珠港与中国而非胡适有关。事实上,胡适不仅无力导致美日的公开决裂,诚如张忠栋的研究所示:"恪于美国的形势,胡适在有关中立法、借款、禁运、合作等主要任务上,成绩都很有限,甚至根本交了白卷。"(《胡适五论》页 126)可惜本书作者未能参阅前人(张忠栋已成古人)的研究。

其二关于雷案。余氏于此书中,长篇引用了胡适日记所记与蒋介石"交锋"的一段(页 149—155)。此段日记早已有人引证而公诸于世。余氏的解读更能体现出胡适的义正词严以及蒋介石的"套人情""不讲原则"的独裁者性格,以至于对胡适之"无奈"备致同情与好感:

> 他对想组织反对党者的实际建议和劝告,他对蒋的"雅量"的期待,今天看来,都不免太过于一厢情愿,他真是一个名副其实的"不可救药的乐观主义者"(an incurable optimist)。但是正在这种地方,他那带有中国情味的自由主义也展现了一缕值得回味的"落日余晖"(页 155)。

值得注意的是,余氏对蒋氏的看法与其在蒋氏生前死后的言论已经大相径庭,终于指斥其为"独裁者"。不过,带有中国情味的自由主义者,包括殷海光在内,并不如余氏之谅解胡适。他们不满胡适作为自由主义的带头人,却在压力下退却,对雷案的态度与行动都不够明朗与坚定,对胡适不愿或不敢去探雷震之监,尤致不满。诗人周弃子的《忆雷儆寰》长句就是明忆雷震,暗讽胡适:

> 无凭北海知刘备,不死书生惜褚渊;
> 铜像当年姑漫语,铁窗今日是雕年。
> 途穷未必官能弃,棋败何曾卒向前?
> 我论时贤忘美刺,直将本事入诗篇。

诗人感叹雷震一意崇拜胡适,未必如北海孔融之知刘备,复将胡适比作美仪貌而稳重的褚渊,《南史》有言:"可怜石头城,宁为袁粲死,不作彦回生",彦回即褚渊,当时之世人颇以名节讥之。胡适于1952年年底首度自美返台,在《自由中国》半月刊三周年庆的酒会上当众宣称:台湾人民应该为为民主自由而奋斗的雷震立铜像;雷案发生后,胡适自美返台,当晚向记者说:"我曾主张为他造铜像,不料换来的是十年坐监。"胡适曾于1951年因《自由中国》的一篇社论闯了祸,遭遇到国民党政府的干扰与监视,坚决辞去《自由中国》半月刊的名义发行人,以示抗议;然而雷震冤案发生了,比"干扰"与"监控"更严重的军法审判开审了,十年重刑判决了,却未见胡适以辞去"中央研究院"院长一职表示抗议;亦使前次之抗议有为了避祸而脱身"闲差"之嫌(殊不知他的"名义发行人"此一闲差,不仅可以鼓舞提倡言论自由者的士气,而且多少可以提供一点"保护伞"的作用)。能辞"闲差"而不能辞尊荣的院长"高位",诗人说"途穷未必官能弃"言之固重,却令人感慨无限。胡适尝言,犹如过河卒子,唯有拼命向前;然而,他虽鼓励别人拼命向前组党,而自己绝不做党魁,事到临头,亦未拼命向前,连探监的一步,都跨不出去。诗人评述本事的秉笔直书,史家应于心有愧啊!

　　日记无疑是绝佳之史料,胡适这位重要的历史人物留下如此大量的日记,诚研究者之福,因日记是一私密的空间,尽可真情道白,无所掩饰讳言。然而胡适成名既早,一开始就视日记为迟早将公诸于世的作品,故写得冠冕堂皇,于紧要处则隐隐约约,甚至用框框叉叉掩盖人名或事实,即使儿女私情,如 1938 年胡适与 Roberta Lowitz 那段"短暂的感情",亦必须要劳余氏排比、爬梳而后显露(页 77—92);不过,胡适与这位洋小姐兼未来师母的"恋情"到底发展到什么程度,仍然语焉未详。余氏的判断:"胡适并没有什么'一见倾心'的经验,也没有主动地去接近她""胡适即使不任大使,也会很快结束它",乃出于爱护胡适的善意猜测与解读,可惜真相由于胡适日记的欲盖而弥不彰。所以,就胡适日记的"质"而言,比诸近年"出土"的《郭嵩焘日记》或《吴宓日记》未免逊色,至少后者两位生前并没有出版自己日记的计划甚至想法,所以想掩盖的事情较少。因而从日记看胡适的一生,有其一定的限制,甚至可以说:日记里的胡适是胡适要我们知道的胡适，"胡适历程"之全貌，尚需由其他资料来补充。

余氏此书中的旧作《中国近代思想史上的胡适》，乃为胡颂平编《胡适之先生年谱长编初稿》所写之序；序中颇遗憾此谱"几乎完全没有触及任何未刊的日记材料"，但理解"颂平先生'是不能也，非不为也'"（页174）。20年后余氏虽得见胡适日记之全部，然而20年前所论之"中国近代思想史上的胡适"既不必大修，也无须小修，甚至一字不易重新出炉，读者也许会感到疑惑：不知大量未刊日记对评论中国近代史上的胡适无足轻重呢？还是"非不能也，实不为也"呢？

作者于旧文新刊之际既不曾修订，因而若干误谬不实之处，也就留下未改。例如："冯桂芬和郑观应所谓'西学'完全是指科学与技术而言，张之洞的'西学'则同时包括了'西艺'和'西政'"（页181）。冯桂芬和郑观应的代表作分别是《校邠庐抗议》与《盛世危言》；两书都谈到一些技术，并无科学，倒有不少"西政"：冯桂芬提到美国的"大统领"（总统）与"小统领"（州长）之制，郑观应讨论到的开议院当然是"西政"，除了"西政"之外，还有更多的"商政"如贸易、保险业等。至于胡适"没有深入西学固是事实，但也正因如此，他才没有灭顶在西学的大海之中。对于今天许多迷失在五花八门的西方理论中的人而言，胡适不失为一个比较健全的榜样"（页251）这样的话，难道是要求大家不要深入西学，应该因噎废食？同时也可以看出，胡适的缺点在余氏的笔下可以成为优点，甚至是"健全的榜样"。套一句殷海光的口头禅："要我们从何说起呢？"

再就"院士丛书"应有的严格学术行规而言，此书亦有可议之处。脚注未尽合乎规范，亦不一致；最后一篇译文，未经顺稿，以至于似通非通，很难想象有水准的作者会容忍这样劣等的文字也收录在文集里。

未完成的系谱

《中国近代思想与学术的系谱》
王汎森　著
（台北：联经出版事业公司，
2003 年版）

　　现在的学术著作很讲究关键词，以突显一篇文章或整本著作的主题。"系谱"无疑是王汎森先生这本著作的一个重要关键词；所谓"系谱"，原指有系统地记录动植物祖先情况的档案资料，以推断遗传特性与确定个体间的亲缘关系。作者将"系谱"一词，用之于中国近代思想与学术，自然会使读者期盼这是一本对中国近代思想与学术颇有系统的论述，更期盼作者能展示众多的思想与学术因子在中国近代史进程中的传承与相互间的"亲缘"关系。作者年富力强,自是承担这一艰巨工作的理想人选。可惜作者并无意于系统,只想"探讨道光到 1930 年代大约一百年间思想学术变化中的几个问题"(页 i),不免令读者有点失望。不过,作者倒不必特别声明他无意"写一部通论近代思想、学术的书",因为书名既然不是思想学术通史,就无人会期盼一部通史。

从全书的内容看,作者的确无意"系谱",因为这厚厚的一本书,并不是为了探讨"几个问题",或研究"比较为人所忽略的层面"而写的"专著"(monograph),而是不同时候所写单篇论文的一个集子,篇与篇之间并没有多大的关联。作者自己亦开宗明义地说:"这些文章是随着不同的需要而写成的"(页 i),因而不得不长短不一。这些"机缘各异"的文章被编为三类:旧典范的危机,传统与现代的辨证,新知识分子与学术社群的建立。这三类都是很重要的议题,假如作者不只是将发表过的旧文章收录进来,能更上层楼,在旧文的基础上作深入而周密的研究,才能成为一部令人刮目相看之作。

书中收录的 20 篇文章(包括两篇附录)当然都属于中国近代思想与学术史的范畴,而这一范畴内的研究成果在近二三十年来已颇丰硕,任何新的研究必须要在旧的基础上,作进一步的探讨;所谓引用别人的著作,未必要附从;所见不同者,更可以驳正纠谬,但不宜不闻不问,视若无睹。这本集子独自发挥的较多,而引用他人的研究成果较少。有关方东树、康有为、章太炎、刘师培、何震以及梁启超等人的思想与学术,萧公权、朱维铮、姜义华、沙培德、施耐德等学者的研究,应该值得作者参考。

此书开卷第一篇《方东树与汉学的衰退》,对方东树有高度的评价,如谓方"敢冒天下之大不韪,写出了《汉学商兑》这部奇书"(页5)、"提出一种新的诠释态度"(页17)、"为清季汉宋融合之风启其先端",是"思想复兴运动的前驱"(页20)、"《汉学商兑》一书也标志着汉宋相融的新发展"(页22)。其实,方东树痛批汉学这段公案相当复杂,不仅仅是"为学问而学问"的问题。作者说:"清末章太炎(1869—1936)提醒时人:方东树对声韵训诂之学很有素养,而且他对汉学的攻击并非全无根据。"(页22)其实,章太炎只是说"东树亦略识音声训诂","略识"与"很有素养"之间似乎尚有落差;章太炎还说:"其(方东树)非议汉学,非专诬谰之言。"按:诬者,乃指捏造事实以陷害别人;谰者,乃抵赖诬妄之谓,用词已相当尖锐。"非专诬谰之言",表示方仍然说了不少诬谰之言,其严重性绝非"并非全无根据"可比。更重要的是,章太炎接下去又说:"东树本以文辞为宗,横欲自附宋儒,又奔走阮元、邓廷桢间,躬行佞谀,其行与言颇相反",直把方东树视为言行不一致的卑劣小人,在学问上也只是一名文士,强以宋儒自居而已。太炎并曾指出:由于戴震的声名使天下学子重经儒而轻文士,桐城派文士虽想依傍程朱来讲桐城义法,但得不到要领;姚鼐想当戴震的学生,也没有被接受,因而感到羞辱,引起日后的攻伐。作者也许不同意章太炎对方东树的负面评价,可惜我们没有看到回应。

此一"公案"的缘起乃由于桐城派的主将姚鼐死后,江藩写了《汉学师承记》来区别汉宋门户,后来又写了《宋学渊源记》,却全不提桐城诸子,因而结成冤家。方东树乃姚门弟子,反应最为强烈,除了谴责江藩外,攻击所有与汉学有关的人,特别针对戴震与扬州学派,连钱大昕也不放过。正因此书之激越,颇得桐城、阳湖两派文士的声援。不过,《汉学商兑》之风行一时,是在方氏身后,在同光年间一再重印,因为那时正好碰到太平天国的大乱,曾国藩以桐城派的方苞自居,以明道救世为己任,《汉学商兑》一书也就借世变而红。于此可见,这场公案牵涉到思想与学术之外的政治因素。《汉学商兑》既谈不上是一本"奇书",方东树也说不上"冒天下之大不韪",更何况在大变局之下,结果是汉宋俱衰,哪有什么复兴可言呢?我们若仔细阅读章太炎的《清儒》,参考朱维铮的《晚清学术史论》,便能很清楚了解方东树此一公案的底蕴。

这本论文集里比较醒目的一篇是《清末的历史记忆与国家建构——以章太炎为例》,因有关记忆与历史的研究已成为当今的显学。记忆是个人的回想,历史可以说是"集体的记忆"(collective memory)。自传在现代史学书写中最能衔接记忆与历史,因自传是回想早年的生活史;历史人物自传的研究也就成为热门课题。作者以章太炎为例,并没有善用章氏的自订年谱,而视历史记忆几同历史,所以认为清政府禁毁史书就是压抑汉人的历史记忆,清末汉人历史记忆的恢复,导致清政府的灭亡。这样反而使历史解释过度简单化了。清政府要"抹除"的只是有碍其政权正当性与合法性的言行，这些言行由于文字狱与禁毁而逐渐在人们的心目中遗忘，但仍然存在于行之文字的记忆之中。章太炎于清朝革命时期并不真要恢复汉人真实的历史记忆，而是作诋毁满人的宣传，以收排满、倒满之效。民国以后，他已不排满，从事《清建国别记》的写作，已属学术性的历史研究，旨在重建消逝的过去，并不是"复返"被清政府"抹除"的历史记忆。

章氏家族"都不穿清代衣帽或官服入殓"（页 105），并不特殊，在所谓"男降女不降，生降死不降"的默许下，习以为常，不足以称之为反清的"潜流"。太炎唤起汉族记忆的大动作是发起支那亡国 242 周年纪念会，并起草《宣言书》，却不见作者一提。再说，清政府并没有必要一味"抹除"历史记忆，反而要把清帝国"建构"到中国的历史记忆中去，钱穆初不知"当时的皇帝是满人"（页 96），应从这一层去理解。作者说："历史记忆的复活使得人们把'国'与当今的朝廷分开，最终拒绝止于体制内变革"（页 108）；其实，三千年中华帝国史里朝廷就是国家，并没有近代西方国家概念，又从何"复活"？把朝廷与国家分开是受到西方"民族国家"概念的冲击，中华帝国在西方压迫下不得不"参与列国之林"（joins the family of nations）。若将清政府垮台归之于历史记忆的复活，似乎将辛亥革命史过于简化了。本书第一编称之为"旧典范的危机"，不如称之为"新典范的契机"，似较恰当。

本书有些论点是很不错的，但大多别人已经说过，甚至说得更好。例如在《从传统到反传统》一文中，作者要"想探讨尊孔与复古这两种精神动力为何能导出一开始完全意想不到的反传统结局来"。他探讨尊孔，以廖平、康有为为例；复古，则以章太炎等国粹学派为例（页111）。作者如果熟知近人对康、章的大量研究，有什么必要再来探讨这类老问题呢。萧公权先生在他数十万字的《康有为思想研究》中，早已指出：康氏尊孔既为了维护传统，也为了解决现实问题，用传统来"走私西学"，用孔子来掩护他变法；然而，由于在重新诠释儒家传统以应变法需要之际，全面否定了古文经，结果怀疑古文经非真之余，无意间洞开了怀疑整个儒学传统的大门。笔者在《打开洪水的闸门》一文中也曾说过，康有为得到始料未及的反传统结局。这些论点，岂不就是作者所说的"尊孔也可能发展出令人意想不到的、破坏力极大的反传统来"（页121）吗？至于"复古与反传统"，作者说："学术界有一个相当流行的看法，认为晚清的国粹主义与保守主义是同义词。"（页121）其实，由近人的研究可知，早已不流行了。

第二编所收文章也讨论到西洋文化，特别在词汇与概念上，往往经日本而传入中国，论者已多；作者说："戊戌可以说是一种'日本模式'的变法"（页192），是毫无疑问的问题，连康有为自己都要光绪皇帝效法明治，并于戊戌年进呈《日本变政考》。作者在此书中讨论梁启超"新史学"（页210—19），使我们重温一次耳熟能详的梁氏史观。作者说康有为的乌托邦"超过它原有的脉络及传统的解释，而这些含义（意?）中有不少接近于现代的社会主义思想"（页223），萧公权先生对此也已有极为完整的论述,不可不加以引述;作者说"何震大力提倡妇女解放论"(页234),沙培德(Peter Zarrow)先生于十年前已有专文论何震,并提出"无政府女性主义论"(Anarcho Feminism),也值得作者引用、对话与商榷。

这本书的第三编主要是谈傅斯年与陈寅恪,作者已出版的博士论文对傅斯年有更全面而完整的论述,有关陈寅恪部分,作者一再引用畅销两岸的陆键东著《陈寅恪的最后二十年》,表扬陈氏秉持"自由之思想""独立之精神",为学问而学问,反对政治干预学术,虽非新见,倒也值得重提。作者认为"文革"之前,陈氏受到"优待"并非"虚有其名",应属持平之论。

作者在《价值与事实的分离——民国的新史学及其批评者》一文中,将价值与事实分开,并以此区分民国的新旧史学(页377—462),以胡适、傅斯年为首的新派与当时西方的学术态度相同,具有"去应用化、去价值化、去道德化、去心性化等特质"(页387),因而"新派学者的这一个基本态度,是民国学术史中非常重要的一页,影响整体学术发展至巨,是'价值'与'事实'分离的始点"(页389)。作者此一假设或有偏差,至少德国著名学者卢森(Jorn Rüsen)就深信价值与事实是难以分隔的,即使在现代所谓"科学的历史思维里,历史的道德性从来没有消失过"(morality of history has not vanished in the scientific turn of historical thinking)。

作者将发表过的文章收集在这本书里,虽改动了一些文字与篇名,但仍然留下一些明显的事实错误。例如作者将"大量中国学生涌入日本"提早到 1896 年起,以便说"戊戌前后中国思想文化中的日本因素便与这一波留学运动分不开"(页 185)。其实,"大量涌入"是庚子事变以后的事,特别 1905 年取消科举之后,所以这一波留学运动是无法赶上戊戌前后的。又如,说章太炎"因为《苏报》案被清政府关在上海监狱之中"(页 223);如果真被清政府关,嘲讽皇帝的章太炎还有命吗? 按:所谓《苏报》案乃清政府要求引渡而不能,遂与章氏在上海的公共租界对簿公堂,因而轰动一时。作者接着又说:"顾颉刚以层累造成说为骨干,解释上古历史虚构之过程……当时虽有在杭州诂经精舍的章太炎以数条驳之,但并未能成一系统。"(页 403)诂经精舍乃太炎早年求学之地,甲午之前就离开了;民国以后,太炎大都住在上海、苏州两地。又所谓元代儒士并未受到歧视,乃陈垣之见,而作者却归之于萧启庆(页 277)。作者问:"何以现代中国的知识分子一步一步失去制衡统治者的力量。"(页 301)这个问题应该是错误的,因为中国知识分子从来就没有起过制衡统治者的作用。"两派的学报或杂志是鼎足而立"(页 381),两派只能分庭抗礼,无法鼎足而立。说陈寅恪"不信官书之态度前后一致"(页 423),不知陈氏崇尚的《资治通鉴》是否算是官书? 举出类此小谬误,或可供再版时参考。

总之,将在不同机缘所写文字凑在一起,毕竟难以自成系统,我们期盼作者能继续去写未完成的系谱。

想象中的"湖南独立"

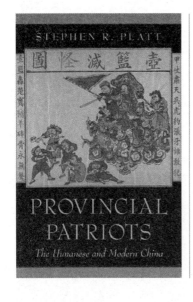

Provincial Patriots: The Hunanese and Modern China
by Stephen R. Platt
(Cambridge, Mass.: Harvard University Press, 2007)

　　读完《湖南省的爱国者》(*Provincial Patriots: The Hunanese and Modern China*),不禁感到惊异,因为这位作者,美国麻省大学历史系的一位助理教授裴士锋(Stephen R. Platt),想要把湖南写成是一个独立的国家。从书名看,作者标出湖南省的爱国者以及湖南人与现代中国,好像是将湖南作为地方史来研究,其实不然。地方史研究虽重地方色彩,毕竟是一国之地方,然而此书作者断言："湖南不是中国的缩影，就像中国不是亚洲的缩影一样"（页 4）；认为湖南人的忠诚不出湖南，也就是湖南第一，即使会考虑到中国，最多是第二位而已。作者更清楚地说，他不是要以湖南来增饰中国，而是要以湖南来"质疑"（question）中国，提出"对中国前途的另类看法"（visions of another Chinese future，页 5），不言而喻，那是一个分裂中国的未来。于是，他提出所谓"湖南民族主义"（Hunanese Nationalism），也就自认为理所当然了。这种论调在晚近西方世界，也许并不觉得陌生，因为自苏联解体以后，总觉得威胁来自过于庞大的中国，且不论政治上的大量"中国威胁论"，即使在学界也时常出现回响，所谓"中国有南北两个不同的民族主义"，或"中国的历史一直被国家所绑架"等论述。现在出现不认同中国的"湖南国"，也就不足为异了。

此书作者要建立湖南的民族主义及其独特的文化认同，势必要有所本。于是他提到屈原、贾谊等，他认为更重要的是在晚清"发现"了湖南学者王夫之（号船山），成为现代湖南民族主义的"祖师爷"（ancestor），也是此书第一章的主题。他提到王夫之的《读通鉴论》，告诉我们那是一本分析司马光《资治通鉴》之作（页 17），证明他只是望书名生义，并没有翻阅过这本书，因而不知王夫之读通鉴是在议论书中所载的史事，而不是在分析司马光的这部名著。接着作者极力叙述推崇王夫之的郭嵩焘以及一大群湖南人，如曾国藩、左宗棠等；不过，他竟把刘蓉认作"湘军的一个将军"（页 24），容我介绍他看看陆宝千写的《刘蓉年谱》，以便熟悉一下这位理学家的生平。至于他把湘军视同湖南的"国军",相信湖南人是一"坚强而独立的民族"(页 29),都是言过其实之谈。

这位作者说,被湖南人"重新发现"的王夫之是"湖南人的,有别于中国的"(页 33);换言之,王夫之仅被湖南人所认同,与中国无关。然而,我们知道,当郭嵩焘拟在妙高峰兴建船山祠堂时,有许多湖南人反对,因郭氏坚持而得以完工,所以也说不上是湖南人的共识。郭嵩焘固然仰慕王夫之,但原因是"船山能道盛衰之由,国家治乱之故,非元明以后诸儒所能及",又题写联语,赞美船山先生说:"继濂、洛、关、闽而起,元明两代一先生",都是将王夫之置于中华学统之内来褒扬,并未将其外于中国。郭嵩焘所说的"盛衰"与"国家"也都是在指中国而非湖南。

作者于王夫之之外,在第二章以相当多的篇幅来叙述郭嵩焘,因他认为郭在王氏的基础上奠定了湖南的独立运动。他很明白地说"郭的目标不是要改善儒教中国,而是湖南"(页 38)。但湖南人却不领情,痛骂郭嵩焘"出乎其类,拔乎其萃,不容于尧舜之世"。作者竟将"拔乎其萃"译作"离开他的亲戚"(apart from his kin),将"不容于尧舜之世"译作"他不能容忍尧舜那种人"(Yao and Shun's kind he won't tolerate)(页 39),显然连尧舜是何人亦不知。这不是小问题,而且又非孤例,如郭氏的诗句"海外人归秋色尽",诗人从英国归来时秋天已过,但作者却译作"秋色注满一切"(the colors of autumn infuse everything),意思正好相反;"贾生祠宇疏泉石",诗人所见的贾谊的祠堂只有稀疏的泉石之胜,但作者却译作"这里的贾谊庙被石头溪床疏忽了"(Here lies Jia Yi's Temple, neglected by the stone creek bed)。如果读文言文要用猜的,又如何能正确地解释中国历史?

作者将郭嵩焘在湖南建庙宇,视之为建立自屈原、周敦颐、王夫之以来的"湖南崇拜"(a cult of Hunan Chu identity,页50),建学校只是要振兴湖南,走湖南人自己的路。然而,我们知道郭嵩焘创办思贤学舍,明明是要"汉宋并重,行己有耻"以及法"国初诸老气象"来改革其他书院的恶习,并不是什么"湖南的特殊命运"(Hunan's unique destiny,页51)。国初诸老如顾炎武或黄梨洲,都不是湘人。我们实在看不出郭嵩焘会视湖南人为有别于中国的特殊族群,"明显不同于其他的中国人"(the Hunanese were unique and distinct from the other Chinese,页62)。

第三章讲戊戌变法前的湖南改革运动,并引进谭嗣同,说谭曾尽读船山遗书,并从船山书中发现了民主(页87);谭氏对郭嵩焘之欲改良湖南,也极表同情,以便建立他们之间一脉相承的关系。湖南的改革,也就成为郭嵩焘改革之梦的实施。作者认为,谭嗣同视湖南是"国"而不是"省",是要提醒湖南人是自主的人民,不受清帝国的节制(页80—81)。我们的认知是,当时中国有被列强瓜分的危机,有亡国的忧虑;在此情景下,有些湖南人呼吁独立,其心志是要救中国于既亡,而不是乘中国之危搞分裂,实甚显然。但此书作者却刻意将改革视为湖南的建国运动,自王夫之、郭嵩焘以来,终于水到渠成,好像是万事俱备,只欠一支军队(页86)。作者将戊戌变法前的湖南改革,说成分裂或排满,都是言过其实;既然说谭嗣同早在1896年就已有反满的种族主义(页88),何以不到两年就去为满洲皇帝服务,并为之而死?作者将谭嗣同与康有为、梁启超当作"军机处的秘书"(页91)是错误的,如果"秘书"是"章京"的翻译,则四章京之中,并无康梁!可想而知,作者对于谭嗣同成为中国民族主义烈士的说法,甚不以为然,还因而质疑当时的中国到底有没有民族主义,因当时中国的政治实体是帝国,而谭只为帝国服务了19天(页91)。如此辩解并无效用,因当时的大英帝国、大日本帝国好像都有民族主义的。

作者裴士锋说,谭嗣同死后两年,唐才常终于建立了湖南的军队(页93);他把唐才常的"自立会"译作"独立会","自立军"译作"独立军"(页95),以便强调湖南的"独立"。然而,唐才常在华中的起义,明明是康有为授意下的勤皇行动,但作者一定要说主要是"湖南人的叛乱",而其使命是要为湖南人"谭嗣同复仇"(页96)。我们很难想象,如果唐才常成功了,难道康有为会去当"湖南国"的公民不成?

庚子事变后,清政府派遣学生出国留学,其中有不少是由省选拔出国,到日本的最多。此书第四章就是在强调:当中国留日学生在日本"发明"中国民族主义的想象时,留日湘人则出现以湖南为主要的"想象"。当"非湖南人"章太炎倡导以王夫之为所有中国人的共同"资产"时,在日本的湖南学生开始更强烈地表示王夫之是他们湖南人的,认为是他们的"精神之父"(their spiritual father)(页107)或"湖南民族主义之父"(the father of Hunanese nationalism)(页108)。章太炎这位国学大师兼中国民族主义者绝不会想到,竟有人说湖南人在跟他争夺王夫之。而此书作者对章太炎的理解也大有问题,他只知道章太炎以种姓排满,却不知太炎对中国有"历史民族"的论述。他先自以为是地说,章太炎认为曾国藩是不自觉的革命党,而后批评章太炎的说法不合乎历史(页105)。我们知道章太炎骂过曾国藩是汉奸,但现在作者说曾国藩被章指为革命党,却不给我们提供章氏此话的出处,显然是无中生有。

在此书作者的笔下,蔡锷也成了湖南的民族主义者,说蔡氏认为湖南不是像日本的长州藩或萨摩藩,而是像全日本;又说,蔡认为将来的湖南会等同英国或法国,而清帝国其他疆域则将会像罗马帝国一样地崩溃,与湖南无关(页108),处处强调湖南是一个国家。中国固然有很强的地域或省籍观念,但不能等同分裂主义。湖南的爱国者在当时中国危亡无日的情况下,提倡独立以自救并为中国先,相信湖南为中国前途之所寄以及湖南人可以给中国以新生命,其实都是湖南人中国民族主义的表现。

作者裴士锋认为,杨度也是湖南民族主义者,并引杨氏豪语"中国不会亡,除非湖南人死光"为说(页111)。其实,这句话意谓湖南人会为中国战到最后一人,更表现了这个湖南人的中国民族主义。然而作者经过对"中国"一词在地理和文化上强作解人之后说,"中国不是一个不可分隔的实体,湖南人首先要解救湖南,其次再救中国";换言之,"湖南的爱国者以建立湖南主权为首要"（the Hunanese patriots would first establish the sovereignty of their own province)（页 112）。辛亥革命后，不仅是湖南，其他各省也纷纷宣布独立；史实证明，"独立"是为了自保，或一时间反抗中央政府，并不是要永久分裂，各省并未各自为国，足见在当时历史场域内的"独立"概念，与我们这位作者的理解有相当的落差。

在叙述湖南与清朝覆亡的第五章里，在作者笔下，湖南籍的革命党人，包括黄兴、宋教仁在内，也都是为了湖南而革命；然而若按照作者的逻辑，湖南人所组成的革命团体应叫"湘兴会"才对，何以称"华兴会"，要振兴中华呢？华兴会又于 1905 年加入了同盟会，从具有地域性的革命团体华兴会、兴中会、光复会（作者似乎忘了光复会）发展成全国性的运动。作者也注意到此一发展与其思维相左，然却辩称，那是黄兴的"妥协""权宜之计"(a partnership of convenience)，只是表面上与孙中山合作（页132）。于是，作者又回到原来论点：湖南人就是为了他们的独立自主而奋斗。

作者裴士锋认知到同盟会成立后，陈天华呼吁超越地域的"泛中国革命运动"(pan-Chinese revolution)；然后说陈天华跳海自杀后，留下两封遗书，一封是基于国家的泛中国爱国主义，另一封则要湖南维持自己的组织与认同。作者认为这两者是不相符的，不似出自一人之口（页 136）；其实，爱乡、爱国何矛盾之有？先爱乡、再爱国也在情理之中。但此书作者刻意将之区分，所以力言湖南人只是利用同盟会"来推动自己的精神和目标"

（页138）。接着引用湖南人办的期刊《洞庭波》，宣扬湖南民族主义，得到这样一个结论：湖南人所受到的致命威胁，不仅来自满洲人、外国帝国主义者，还有其他的中国人（页142），甚至说"满洲人、其他各省的中国人、其他国家的外国人从心底仇恨湖南人，想要尽数歼灭南楚民族"。于是湖南成为被压迫的民族，虽参加泛中国的同盟会，但并未停止强烈的湖南"分离主义"（separatism），湖南不宜视为省，而应以"种族"（race）视之（页143）。我们必须说，以中国省籍观念之强，欺侮外省人并不稀奇，但是说各省的人一起来欺侮湖南人，岂有此事？真是匪夷所思。总之，这位作者认为受迫害的湖南人"会起来驱逐所有的外人"（would rise up to drive away all but their own）（页150）。湖南人欲建国以自救的作者言外之意，不言可喻。

　　作者裴士锋认为，辛亥革命以后，清朝覆亡，仇满失去意义，王夫之又成为湖南人的资产。新湖南的认同，于是在第六章里聚焦于湖南在民初追求长久以来梦寐以求的自治。当宋教仁被刺身亡后，湖南的谭延闿宣布"独立"（页158），虽被袁世凯派遣汤芗铭去镇压，但由于船山学社与船山思想在湖南的复苏，引发"湖南省籍主义"（Hunanese provincialism）的全面勃兴（页162），唯不知所勃兴的与前述"湖南民族主义"是否同一回事？事实上，作者引述一些不知名的湖南人的说法，湖南从船山"获致独立的特殊能耐"（Hunan's unique capability for independence derived from Wang Fuzhi's scholarship）（页163），于是终于宣布湖南独立（页169）。但是，我们知道当时反对袁世凯的地方势力莫不宣称独立,独立于袁政府之外,那是反袁而非反华。所以袁世凯败亡后,包括湖南在内的各省,并未继续独立。作者将湖南推向独立之路似乎又中断了。

作者裴士锋在第六章里以相当多的篇幅详谈杨昌济,显然是为他的女婿毛泽东铺路。杨昌济在湖南专注教育改革,以"教育湖南的新公民,为新国家奠基"(to educate new citizens who would provide the foundation for a new state)(页 173)。作者更进而提到杨氏重新阐释王夫之,以强调湖南省的民族主义,认为船山的"种族民族主义"(ethnic nationalism)因清朝覆亡而失去其重要性,所以杨氏要使船山"狭隘"的民族主义成为"省的民族主义"(provincial nationalism)。作者认为这是根据在郭嵩焘所奠定的基础上所形成的湖南的反抗与自主传统,以建立"新型的省籍公民"(a new provincial citizen)(页 177—178,182)。

在杨昌济教育下的下一代湖南青年中,在作者眼里非毛泽东莫属,虽然有点依赖后见之明。作者裴士锋为了强调毛泽东之湖南主体性,说毛泽东热烈地仰慕王夫之,说毛泽东认为辛亥革命是黄兴而不是孙中山的运动,说毛泽东接受杨昌济的教诲以个人主义为尚,以曾国藩为榜样等。作者认为毛泽东是湖南地方传统的继承者,并以唤醒湖南自任。"五四"运动无疑是一全国性的反帝运动,以解放中国为目的,但是这位作者认为毛泽东所领导的湖南反帝活动,不是关切中国之从外国势力下解放,而是湖南人从"其他"中国人(如张敬尧)的压迫中解放。裴士锋因而断言:"'五四'运动的主流涉及中国历史议题,反抗外国列强的干预,而湖南的活动家则涉及湖南历史议题,反抗中国之干预。"(页195)这位作者显然误将湖南人反抗张敬尧的统治,等同反对中国人的统治;事实上,作者也不得不指出,毛泽东及其伙伴强调湖南是中国不可分割的一部分,湖南的改革是全中国改革的一部分。然则他将湖南人与中国人强作区隔,又为何来?

但是作者裴士锋并未放弃这方面的努力,写到1920年的夏天湖南人赵恒惕赶走张敬尧,谭延闿回主省政,毛泽东于6月23日在报纸上发表文章,呼吁乘此机会使湖南成为在政治上与文化上完全独立的实体,毛泽东等更要建立湖南共和国,强调"中国应分裂成许多小国家"(页203)。然则以"毛泽东与湖南自治运动"为题的第七章,主要内容不是自治运动而是独立运动了。事实上,自辛亥革命以来,地方对抗中央莫不宣称独立,诚如作者所谓旨在"铲除专制主义"(页202),并非如作者所想的要永久分裂于中国之外。孙中山不但宣称独立于北洋政府之外,而且在南方成立独立政府,难道孙中山也是分离主义者?至于当时年轻一辈在特定时空内的过激言论,如谓湖南人不是中国人,甚至不是汉人云云,既不符事实,也无影响,即无意义。毛泽东最后成为一个共产主义者,他显然不是一个狭隘的湖南民族主义者。作者刻意描述湖南是像瑞士一样的独立国家之余,结果所产生的湖南宪法却是省宪而非国宪,联省自治亦非分裂运动,似与作者所设想的逻辑不合。作者力言,"大清帝国不是民国,民国不是中华人民共和国"(页220),但历史发展的结果,今日之中国,除了蒙古之外,基本上承继了大清帝国的疆域,而且像美国一样,是一个多民族的国家,湖南只是一个省而已。

　　此书作者写作动机原是觉得在现代中国的论述中,湖南人被忽略了,其实不然。王夫之、曾国藩、郭嵩焘、谭嗣同、谭延闿、毛泽东等历史名人,读史者都知道他们是湖南人。然而作者要把这些人从中国历史中区隔出来,将王夫之视为湖南民族主义的祖师爷,将湖南民族主义建筑在王夫之、郭嵩焘、谭嗣同之上,甚至于认为湖南人不是中国人,岂是稍读中国史者所能认可?总之,这位年轻的美国学者写湖南的历史,心心念念要想分裂中国,发出荒腔走板的"创见";如果让这种历史解释取得话语权,岂无青史成灰之惧?

　　内容之外,不得不指出此书若干编辑上的缺失:内容时有重复之处、没有引用书目可稽、脚注并不周全,汉语拼音全无汉字对照,使有些名不见经传的姓名无法查考。作者又误以为上海公共租界在苏报案无前例地干预司法,似不知租界内有审判权。著名的哈佛大学出版社未能免于此等缺失,尤令人遗憾。

走向威权之路

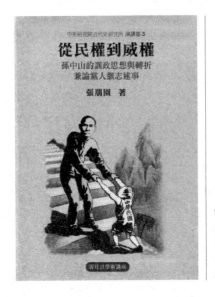

《从民权到威权：孙中山的训政思想与转折兼论党人继志述事》
张朋园　著
（台北：台湾"中央研究院"近代史研究所，2015年版）

　　张朋园教授早年的成名之作《梁启超与清季革命》与《立宪派与辛亥革命》，受到国际学界的重视，国内革命正统派则为之侧目，主要因为这两本著作对辛亥革命的本质与参与者具有开创性的论述。张教授于退休18年后完成这本以国民党核心人物孙中山及其继志者为主题的专著，同样展现了不同于时流的新颖论点。时至今日，孙中山仍然是一政治偶像，遗像高悬两岸,此岸尊为国父,彼岸尊为革命先行者,评论之际多少有所顾忌与隐晦。张教授却能直言无忌,直书其事,认为孙中山主张民权,却走向威权,而其党人更继志行事,最后沦为一党专政,个人独裁而至于败亡,足令向往民主政治如张教授者扼腕。

　　诚如张教授所说,孙中山对政治思想"不是科班出身,专业所知有限"(页8),但他喜欢阅读,阅读英文的能力很强,奔走革命之余,不时注意欧美流行的政治学说或社会理论,如影响他深远的亨利·乔治(Henry George)所著的《进步与贫困》(*Progress and Poverty*)就是当年美国的畅销书。我们从张教授的论述可知,孙中山对于各种学说或理论吸收虽多,但原无定见,随其个人的感受或需要而改变。民国初年,国民党在国会有优势,不惜"肯定议会功能""主张政党政治",不顾其原有的"建立军政、训政、宪政三时期革命理论"之原则,也使我们想起,他任临时大总统时主张总统制,当必须让位给袁世凯时,又力主内阁制。国民党在国会失势,他南下任护法大元帅,"当护法国会又改选他为七总裁之一,地位由升而降,中山愤然离去"(页13)。之后,他又批判甚至诋毁代议政治,在没有准备好的情况下就主张直接民权,为直接民权铺路的地方自治尚未完成,又倾向寡头政治,向往苏联革命。张教授评论说:"中山的言论不仅是向往,还有奉承阿谀之词"(页38),终使国民党成为"准列宁主义的政党"(页35),采取总理独裁制,不仅反对当时的联省自治运动,连原有的训政观念都变了质,用张教授的话说:"这与中山早年的训政观念有了天壤之别"(页50)。既然已经变质,再要推行所谓训政,其不果,岂待言哉!就此而言,康有为坚持君权—君主立宪—民主政治三阶段不能躐等的原则,即使民国已建立,仍不改初衷,与孙中山的政治思想迥然异趣。

孙中山在民国成立之前,长年流亡海外,在伦敦、纽约、旧金山行走犹如当地人一样地自在。他对欧美政情的观察,理当精确细微,但令人惊讶的是,他居然认为美国民主选举"一无是处",并贬抑美国留学生王正廷、顾维钧,"不可学他们的样"(页12)。于今视之,王、顾乃民国史上不可多得的人才,能学到他们样的人,似乎并不很多。也令人有点惊讶的是,孙中山说"中国人已有充分的自由,自由得像一片散沙"(页24)。他居然将没有纪律当作"充分自由",显然对西方自由主义之义谛,茫然未解。

鲍罗廷对国民党改组为"准列宁式政党"所扮演的关键角色,论者已多,但张教授将老鲍如何使国民党人倾倒,成为言听计从的顾问,尊为国师,写得详尽而生动(页60—77),正好落实孙中山亲笔题写的话:"今后之革命非以俄为师断无成就。"

张教授以胡汉民、汪精卫、蒋介石为孙中山的三大弟子,也就是孙的继志者。胡、汪都不赞成联俄容共,虽不情愿继以俄为师之志,但均秉承以党治国之志,威权之路仍然延续。胡汉民右倾威权尤其显著,身为立法院长,自废议院功能,将立法院变成法制局,使国家完全党化(页102,103)。以张教授之见,汪精卫的"民主观念相当成熟而有见地"(页111),但汪虽于中山逝世后继承大位,不久因中山舰事件负气出走,从此"大权可望而不可即"(页110)，也就没有执行其理念之实权。不过，汪精卫曾联合反蒋势力，召开扩大会议，制定太原约法，引发中原大战。反蒋军事行动虽然失败，但张教授敏锐指出，民国二十年(1931)南京国民会议"所制定的约法，亦即是后来所谓的五五宪草，可以说脱胎于太原约法"，而五五宪草就是当今"中华民国宪法的雏形"(页118—119)。军事失败却赢得约法，此张教授神来之笔，足可赞赏。

诚如张教授所说，胡、汪都没有实际政治权力，所谓继志，未免徒托空言。其实真正的继志者，唯有蒋介石。蒋与孙的关系虽远不如胡、汪之亲密，但枪杆子夺取政权，北伐清党后更以军事强人掌握实权，不再坚持训政，实际退回到军政时期，以传统的保甲制度取代地方自治，殊不知保甲制度乃中华帝国集权之基础，"完全放弃了孙中山的遗愿"，连"对民主集中制(也)弃之如敝履"，蒋卒以总裁名义"集大权于一身"，更于1930年代拥抱法西斯主义，并自认为是"法西斯主义者"(页138，142—143，147)。然而，二战后法西斯国家败亡，他又避法西斯唯恐不及。所谓还政于民，召开国民大会，颁布宪法，选举总统，诚如张教授直言："形同一个骗局，实际由国民党一手把持。民国三十八年(1949)败走台湾，连任总统五届26年之久，至死不改威权统治"(页148)。虽然一笔带过，却掷地有声。据此，蒋介石虽以孙中山的继承人自居，实则所谓继志，云乎哉？

张教授在结论中与孙为善，认为孙中山于逝世前决定北上，"或许是他始终难以忘怀于自由民主的理想。正所谓烈士暮年，壮心未已"(页 154)。张教授有言:"威权主义是一条不归路"
(页 153),已经走得那么远,如何回得了头? 按:"时事"之所以
有别于"历史"在于不知今后的发展,而回顾历史则前因后果一
目了然,如张教授所论述的走向威权之路。然而当时没有结果
的"时事",又会产生怎样的结果呢? 如果清末立宪成功,如果北
洋政府继续存在,其结果又如何? 成为另一个历史大哉问:
"what if?"不过,按照自由主义派史观,历史发展绝非必然;若
然,则中国未必一定走向威权之路也。

　　张教授此书出版适逢其九十华诞,足可以此书自寿。其退
而不休,数十年如一日,在研究室读写不辍,更足可为学者典范,
而此典范可直追近代史学之父兰克(Leopold von Ranke),年逾
九旬仍不废著书立说。此书列为郭廷以讲座第一种,也极具意
义,郭乃张教授的业师,乃师若地下有知,必欣然有此佳弟子也。
我与朋园兄相识半世纪,时相请益,深知其学有根底,卓然有成。
今承黄克武教授(张教授之弟子)之嘱,撰写此文,不敢藏拙,若
有误读之处,谅老友不以为忤也。

蒋介石何曾策动德国军队推翻希特勒？

杨天石，《抗战期间中德关系的惊天秘密——蒋介石策动德国军队推翻希特勒》，台湾《传记文学》2010年3月号

　　杨天石先生是中国社会科学院近代史研究所的资深研究员，是中外著名的蒋介石研究专家。两个月前，他发表了一个"惊天秘密"，说是蒋介石在二战期间曾策动德国军队推翻希特勒。但是细读之后，大有虚惊一场之感。

德军反希特勒无需蒋介石"中介"与"策动"

　　凡是读过第二次世界大战历史的人,对战争期间部分德军将领试图推翻希特勒及其纳粹统治,应该耳熟能详,绝非什么"秘密",但若说此事由蒋介石策动,确是"惊天秘密"。然而,在这篇高论中仅有一小段文字与所谓蒋介石"策动"直接有关:"蒋介石终于在一九四二年一月做出决策,派齐焌赴瑞士,运动德国军队倒戈,并且将有关计划报告罗斯福"(页11),此后便无下文。我们不知道蒋介石如何在中立的瑞士运动德军倒戈?"运动"的经过与事实何在?向谁"倒戈"?报告给罗斯福的又是什么计划?均无交待。"倒戈"是投向敌方,绝对与事实不符。那些德军将领早于1942年之前就想要推翻希特勒,原因是为了与英法等盟国议和,避免全面战争,出于爱国心,何待蒋介石策动,又何来"倒戈"?至于说,德军要求蒋介石代向英美求和,更有违常识。反纳粹德军将领与敌方,尤其英国方面,早有管道,何须由蒋介石中介?固不必说当时之中国已自顾不暇,有何能力干预别国的内政,蒋与罗斯福、丘吉尔亦无特别交情,由蒋转达有何方便与好处?据杨文所述,蒋介石也未曾向盟邦提出过此事,只向在白宫访问的宋美龄发了一封电报请她转达(页13),但宋美龄是否转达,也没有下文,也未见罗斯福响应的记录,只能说不了了之,毫无影响。杨文在最后一节,述及1944年德军反希特勒的未遂政变,极力将之与蒋扯上关系,若谓曾向"蒋介石表示"忠诚的"法肯豪森将军也被捕了",以落实所谓由蒋"策动",实在过于牵强。法肯豪森将军(General Alexander von

Falkenhausen)于二战末期担任比利时与北法军事首长,他像隆美尔等元帅一样,参与反希特勒,绝对与蒋介石无关。另外,杨文特别提到宋子文于 1943 年 4 月 7 日经过齐焌汇三万美元给在瑞士的军火商人克兰(Hans Klein)(页 15),好像落实了蒋介石金援反希特勒德军的事实。其实,自 1942 年底到二战结束,德国反纳粹地下组织与盟军在瑞士的接触主要是通过美国战略服务处主任杜勒斯(Allen Dulles),何必要由一个军火商通过齐焌经由蒋介石转达?

至于 1944 年那场"政变",牵涉到德军将领之多,层次之高,根本不需要外来的金援。这三万美元在杨文里也下落不明。宋子文说,给了钱;齐焌说,收到钱并给了克兰。但我们不知道齐焌是否吞没了这笔钱,也不知道那位在反希特勒运动中名不见经传的军火商是否收入自己的口袋,不然的话,又如何用在反希特勒的活动上? 全无交待。在杨文里,蒋与德方的联系均由齐焌转手,连德方的回信也是由齐焌转述,不见原文,以至于有不少阿谀奉承蒋氏的话,显然是齐焌的加料,以讨主子欢心。最有趣的是,齐焌的德国朋友也会像中国人一样在信里跟他称兄道弟。换言之,德国人的回函都是齐焌的笔调。我们并不怀疑这些材料的真实性,但这些材料并不能说明蒋介石策动德国军队推翻希特勒。

杨先生如多读一些西文资料,包括德军将领的日记以及战后纽伦堡审判的证词,大概不会轻易作"蒋介石策动德军推翻希特勒"的惊人之语。杨文所用唯一的所谓德方资料,是一本

1960 年出版的英文畅销书,记者夏伊勒(William Shirer)写的《第三帝国的兴亡:纳粹德国史》(*The Rise and Fall of the Third Reich: History of Nazi Germany*),而他所依赖的又仅是中文译本。笔者未见中译本,不知是否有误导之处,但可以断言的是,杨天石没有细读这本厚达 1 200 余页的原书,不然,他一定会发现,书中没有一丁点蒋介石"策动"的影子,不少德军将领一再试图推翻希特勒,别有其故而与蒋介石绝对无关,也许就不至于如此信心满满。

德军将领为阻止侵略战争而反希特勒

希特勒于发动战争之前,经过他的纳粹党五年有余的经营,权力已相当稳固。在极权暴政之下,任何反对运动都难以生存,唯有靠军队的实力才能推翻这位法西斯元首;然而,军队原是其独裁体制之一部分,德军将领们对希特勒能摆脱欧战后凡尔赛条约的束缚,莫不感到欣慰。所以勃洛姆堡元帅(Field Marshal Werner von Blomberg)在纽伦堡大审时作证说:德国将领们在1938—1939 年之前无人反对希特勒,因尚无反对的理由。当希特勒决定要发动侵略战争时,才有将军有重启欧战的疑虑,可能导致德国的败亡,重蹈上次大战的覆辙,遂试图阻止希特勒。就在希特勒决定攻打捷克斯洛伐克之前,至少有三位掌握兵权的指挥官同意参与逮捕希特勒的行动,以免因捷克与英法开战,其中包括卫戍首都柏林及其邻近地区的司令员维茨勒本(Erwinvon Witzleben)将军。未料,英国首相张伯伦(Neville

Chamberlain)为了避免战祸,采姑息政策,同意将捷克的苏台德 (Sudetenland)拱手让给希特勒。此举助长希特勒席卷捷克的 决心,使反希特勒的德军将领感到为难,因而派遣克莱斯特 (Edwald von Kleist)前往伦敦告知英方,德军将领大多反对侵 略捷克,如果英国政府领导人出面严正警告纳粹侵捷之后果,德 国将领将会阻止希特勒。德国陆军参谋长哈尔德将军(General Franz Halder)更派出其个人代表,一位退休的陆军中校去伦敦 与英国军方及其情报部门接触。反纳粹德国将领为了达到目 的,不惜秘密通过德国外交部与驻英使馆,希望英方对希特勒持 强硬立场;如果英法能够坚持,德军准备对付希特勒。于此可 见,德军中反纳粹将领一开始就是自发的爱国心,为了自己的祖 国不卷入无法获胜的全面欧战,主动要求英法配合,英法反而不 甚积极。然则,何待外力"策动"? 更何待 1942 年由蒋介石来 "策动"? 很难想象有其他学者会认为德军反希特勒运动是由外 力策动的。

反纳粹德军将领为了防止希特勒发动战争,曾通过管道警 告伦敦,希特勒将于 1938 年 9 月间全面进攻捷克,希望英国政 府协同法国明白宣示将以强硬军事响应。英法情报单位绝对知 道德军中的反战声音,然而由于英法政府对捷政策的软弱,不免 使柏林卫成司令维茨勒本对阻止希特勒的行动,感到犹疑。换 言之,如果由于英法姑息,入侵捷克不会引发大战,对德军将领 而言,反希特勒便无意义,又有何理由逮捕希特勒将其审判? 当 希特勒能够不战而为德国取得大片领土,任何德国人有何话可说？亦因而失去及早推翻纳粹政权的良机。1946 年 2 月底,纽伦堡审判将结束时,德军前参谋总长哈尔德明确告知一位参与审判而来自纽约的年轻律师,就因为英法领导人同意与希特勒和谈,他才取消推翻希特勒及其纳粹政权的既定计划。这位年轻律师追问,如张伯伦不到慕尼黑求和,希特勒就会被推翻了？哈尔德回答说,一定会举事,但成败则难预料。哈尔德更进而说明兵变成功的条件有三：其一要有明确具魄力的领导,其二群众有意相随,其三有恰当的时机。其中并无外援,更无蒋介石的金援与策动。

为免战争扩大而推翻希特勒

德国不战而并吞奥地利,更证明反纳粹将领的忧虑是多余的,使希特勒声望大增,甚至被认为是德国史上难得的天才,加强了他在欧洲、在德国、在德军中的地位,纳粹控制德国之军、警、民也日益严密。当希特勒决定要粉碎波兰时,一年前想要推翻希特勒的维茨勒本已不作此想。他离开柏林,前往西线统领一支集团军。哈尔德也不再想要去除希特勒,反而埋首于攻打波兰的计划书。杨文提到的军中经济专家汤姆斯将军(General Georg Thomas)担心会爆发世界大战,但希特勒告诉他,已与苏联领导人斯大林订盟,可无此虑。不过,当希特勒要在西欧扩大战争,并声言英国被痛打后才会和谈,使哈尔德等将领感到沮丧。他们又面临若不除掉希特勒,则必将奉命攻打西欧,导致灾难性的后果。此时,希特勒于闪电战击败波兰后如日中天,欲去除他，非靠军队莫办。但军民均受到纳粹的洗脑，反纳粹将领一旦发动兵变，深恐会造成举国疑惑与混乱，故极力欲与英方以及教廷保持联系，希望英法不要乘兵变造成乱局时，进占德国。对反对希特勒穷兵黩武的德军将领而言，推翻希特勒是德国唯一的希望，但问题是如何能做得到。德军参谋长哈尔德又成为主谋，他在纽伦堡审判时提到，德国野战军面对全装备的敌军，不可能阵前背叛，所以他才想到统帅预备队的佛洛姆将军（General Friedrich Fromm），佛将军则愿听命于陆军总司令。当时的陆军总司令是勃劳希契（Walther von Brauchitsch），后来升任为元帅，为了劝阻希特勒扩大战争，他不惜渲染德军士气低落以及军中充满失败主义等。但希特勒因此大为震怒，痛责总司令是怎么干的，如有这等事你枪毙了多少人？总之，你们是不想打。勃劳希契后来在纽伦堡审判时也提到此一不愉快经历，希特勒的气焰与强词夺理使他不知如何是好。不久之后，发生了炸弹谋杀希特勒事件，此举与反希特勒将领无关，纳粹特务亦指称由英国情报人员所为，但真相未明。

　　希特勒决意在西欧大战一场，陆军总司令勃劳希契想要辞职，但希特勒不准，厉声道："我们要像每一个战士那样，完成职责！"这一天是 1939 年的 11 月 23 日，是希特勒压过德军将领的一个里程碑，他自认为他的政治与军事判断比他的将军们高明，不惜用暴力来镇压他的反对者。无论勃劳希契还是哈尔德，在希特勒的气焰下，为顾全大局，竟无所作为。直到 1941 与 1942 年的冬天，希特勒在苏联失利，又重燃德军内部反纳粹的希望。

事实上,当希特勒一路狂胜之际,很难说服德军兵变;然而当兵败如山倒的时候,当在半年之内损失百万雄师的时候,当许多名将被独裁者解职与羞辱成为替罪羊的时候,将军们不得不思考如何推翻狂人统治,而唯一有实力推翻暴君的仍然是德国军队,何须蒋介石来策动?

为挽救德国而推翻希特勒

侵苏失败与美国参战已注定德国不可能赢得这场战争,希特勒既不可能适可而止,唯有另建反纳粹德国政府之后,才能与盟军议和。反希特勒德军自称是"德国的爱国者",在 1941 年的夏天,那时德国仍有击溃苏联的可能,他们仍然希望战后德国是一个大国,拥有希特勒所取得的奥地利、苏台德、波兰的西疆。但是同年 8 月 19 日罗斯福与丘吉尔所发布的"大西洋宪章"(The Atlantic Charter),其中第八款明载:德国于战后必须解除武装。使这些反对希特勒的将领感到英美并未分辨德国的纳粹与反纳粹势力,不仅要打败希特勒,也要击溃德国,连自卫的力量都不能拥有,形同无条件投降。所以杨文所录蒋介石致在白宫访问宋美龄的电文,实不知所云。电文如下:

> 据报,最近纳粹对内宣传,常以英、美最近战后政策之种种表示,与前年"大西洋宪章"日形歧异,致使德国各方深恐如无条件投降,英、美长期解除德国军备,监视教育,并主接防德国地方行政等,致一般愿早日推

翻希特勒者,均踌躇不前。倘英美坚持此种苛求,则德
国未来新政权,宁愿与苏联合作,不愿沦为英美之殖民
地等情。为促成德国内部运动起见,此种心理不可忽
视。希将此意对美政府委婉说明,加以注意。(页 13)

"大西洋宪章"之第八款,虽尚未列出细节,但形同无条件投
降,昭然若揭,有何歧异之有? 欲推翻希特勒之德军将领并未
"踌躇不前",而是锲而不舍,只是效果不彰,最后到 1944 年仍然
是孤注一掷。所谓"德国未来新政权,宁愿与苏联合作"也是不
切实际、不明底细之言。

德军将领多半反共,更怕赤化,虽有些反共而亲俄者一度认
为与苏联议和或比较容易,斯大林也乘机宣传反希特勒而不反
德国人民,比英美的无条件投降中听。但最晚在 1943 年 10 月
时已放弃此一幻想,因苏联在莫斯科召开的盟邦外长会议上公
开并正式接受"卡萨布兰卡宣言"(Casablanca Declaration)中的
无条件投降条款。约略同时,驻瑞士的杜勒斯也明确知会,德国
没有与盟邦任何一国单独议和的可能性。蒋介石发此电文岂非
不明国际情势,宋美龄如没转达给罗斯福,或事出有因。

且不论"大西洋宪章",德国在 1941 年仍然占据大部分的欧
陆,如成立新政府仍有议价的条件。然有鉴于未来情势不利,自
有其急迫感,以免失去有利的时机,决意劝说在俄境作战的将
领,伺机逮捕希特勒。进兵莫斯科的中央集团军司令博克元帅
(Field Marshal Fedor von Bock)不愿相从,不过,军中有两位年

轻军官决定当希特勒到访时乘机逮捕他,但他们低估了纳粹卫队安全措施的严密,根本无法靠近,于是想到唯一的办法是谋杀希特勒,先造成既成事实。当时,指挥西线德军的维茨勒本元帅甚为积极,同意以直接行动推翻希特勒,乃是唯一的解决办法,但他因痔疮突发休病假而被取代。于是,到1942年初,仍无对付希特勒的具体做法,至同年春天,才正式找到一个具有国内外声望的领袖人物贝克将军(General Ludwig Beck)。此时希特勒正准备重新攻打苏联,可使德国进一步陷入泥沼。虽由贝克将军出面接洽,在前线的高级将领仍然犹疑不决,怯于行动,于是决定采取断然措施,在1943年之中,至少有六次试图暗杀希特勒的行动,其中有一次最为惊险,一枚炸弹放置在希特勒的飞机上,居然没有引爆而安全抵达,炸弹也因而未被发现。屡次谋杀希特勒不成,希特勒的特务却捕杀了不少涉案精英,或免职,或软禁,地下组织也遭破坏。

隆美尔元帅加入反希特勒行列

1944年初,统领欧西第二集团军的隆美尔元帅(Field Marshal Erwin Rommel),著名的北非"沙漠之狐",有鉴于战争之无望,也加入反希特勒的行列。他的决心也是基于"我相信挽救德国是我的责任",这使反对阵营大受鼓舞。不过,隆美尔反对杀死希特勒,因为会使希特勒成为烈士,他主张由德军逮捕希特勒,然后送德国法院审判其罪行。最重要的还是如何推翻纳粹政权以及结束战争,希特勒被推翻后,隆美尔将出任临时元首或全军统帅。但是隆美尔想要的不是无条件投降,他的底线是双方立即停战,盟军停止轰炸,德国撤军,推翻纳粹统治,另组新政府。不过,1944 年的夏天对德国而言,情势已相当危急,必须赶快除掉希特勒,否则无法获得不被彻底灭亡的和约。盟军于6 月 6 日诺曼底登陆,俄军于 6 月 20 日发动攻势后,希特勒仍不听隆美尔的苦心劝告,面对现实,终止战争。隆美尔因而告诉他的参谋长史派德尔(Hans Speidel)说:"我给了他最后机会,他若不做,我们会做。"说此话两天以后,7 月 17 日的下午,隆美尔坐车被低空敌机袭击而受重伤,由克鲁格元帅(Field Marshal Guenther Hans Kluge)接替。在此关键时刻,这位反希特勒的重量级人物一时无法行动。

推翻希特勒未遂及其惨烈后果

在柏林的反希特勒将领们没料到盟军竟已成功登陆诺曼底,一时不知所措,即使兵变成功,亦难以避免德国被占领的命运,只能希望减少生命与财产的损失以及防止苏军入侵与赤化,并寄希望于西方民主国家。于是不计一切代价暗杀希特勒,去除和议的障碍,更刻不容缓;纳粹特务也闻风捕杀,毫不手软。有一位帅哥上校史陶芬贝格(Count Claus von Stauffenberg)时为柏林后备军司令佛洛姆将军的参谋长,有许多向希特勒汇报的机会。他生于 1907 年,出身南德望族,19 岁从军。早于 1939年夏天,他对纳粹反犹太的种族政策就极为不满,并已觉察到希特勒将带领德国走向漫长的战争,带来巨大的生命财产损失,而最后势必以败亡终结。他在苏联战场所见更使他对第三帝国彻底失望，他虽然于 1943 年 4 月 7 日在北非战场触雷重伤，丧失左眼、右手以及左手的两根手指，左耳与左膝盖也受伤，但仍然以"救德国"自许。他像其他反希特勒德军一样，为了自发的爱国原因，决心除掉将德国带往毁灭的元首，组织新政府，与盟军议和。他于 1943 年 9 月底回到柏林，用剩下的三根手指练习引爆定时炸弹，希望炸死希特勒之后，立即在柏林成立新政府。为了迅速稳定局势，最好能将希特勒的左右手特务头子希姆莱（Heinrich Himmler）与空军司令戈林（Hermann Goering）同时干掉，但并不容易。

时刻终于到来，1944 年 7 月 20 日，希特勒亲自命令史陶芬贝格上校前来东普鲁士总部做报告。史陶芬贝格将定时炸弹放在手提箱内，将之放在地上，然后轻轻踢入桌下。希特勒坐在长桌的中央，炸弹距离他的脚下大约有六英尺。由于手提箱被一军官不经意移动，爆炸时虽然死了不少人，但希特勒仅受到轻伤。史陶芬贝格于爆炸前溜出，眼见总部被炸倒塌，以为希特勒必死无疑，而柏林反希特勒将领却迟不行动，等待希特勒的死讯；但一旦证实希特勒未死，就不知所措。史陶芬贝格是后备军司令佛洛姆的参谋长，但佛洛姆听到希特勒未死，竟不肯行动，于是在柏林首都完全看不到支持成立新政府的德军，即使原来讲好的坦克也未到达，连广播电台也未占领，在一日之内导致全盘皆输的局面。纳粹将军莱内克（General Reinecke）在秘密警察部队支持下控制了柏林所有的部队。佛洛姆见风转舵，迅即枪决史陶芬贝格与其他三位参与者，同时逼死贝克将军，但他自己并未幸免，最后亦被处死。特务头子希姆莱于当晚回到柏林，电告希特勒，叛军被彻底消灭。希特勒于午夜广播，声言此一暗杀行动是德国历史上空前的罪恶，他们是少数人，必将与他们算账到底。果然接着是血腥清算，严刑逼供，临时军事法庭，死刑宣判，后又开所谓"人民法庭"，严审叛徒，涉嫌者的亲友被送往集中营者也数以千计。希特勒更亲自要求速审速决，命令将他们像畜生一样吊死。维茨勒本元帅以下与史陶芬贝格有关的将校都被送上"人民法庭"，尽情呈现他们最恶劣的形状，回答侮辱性的问题，然后处死，并做录像在军中传阅，以儆效尤。有不少军官情愿自杀，哈尔德被关进黑牢数月之后被盟军释出。史图尔普纳格（Karl Heinrich von Stuelpnagel）将军自杀未遂，不经意说出隆美尔元帅的名字。后来贺发克上校（Colonel Caesar von Hofacker）在"盖世太保"秘密警察严酷刑求下，供出隆美尔在反对活动中的角色。希特勒给这位全德国最受爱戴的将军选择：自杀而后得到国葬，或以叛国罪受审丧失荣誉。隆美尔选择了前者。德军三大元帅，维茨勒本受绞刑，克鲁格与隆美尔被迫自裁，一大批优秀的德国将官在前奥国陆军下士希特勒的淫威下，惊恐地匍匐乞怜，尊严扫地，好不凄惨。

结语

　　希特勒是 20 世纪的大狂人，对人类与文明伤害之深，罕见其匹，称之为"希魔"并不为过。他乘第一次世界大战后德国受到不公平待遇以及羞辱之机,宣扬极端民族主义,赢得民意,夺取政权,发展武力,依靠秘密警察与特务,建立强大的法西斯独裁政权。及其壮大之后,即西方强国如英、法亦怯摄其锋,一意姑息;而德国国内的异议,更噤若寒蝉,徒叹奈何。当希特勒于1938年开始发动侵略战争起,有识之士不以为然,然而又如何能阻止独裁者的一意孤行?答案是除了军队,别无他法;但军队乃其独裁体制的重要支柱,难以动摇。毕竟德国的职业军人非仅武夫,都受过良好的训练与教育,不难看出希特勒政策对国家的危害性。其中有不少受到爱国心的驱使,包括元帅级的将领在内,不惜反对自己的元首,自始至终是内部自发,绝非外国策动,更无可能由远在东亚的蒋介石策动。总之,蒋介石何德何能可以策动德国军队,推翻希特勒政权?

事实上,德国军队并未真正起兵推翻纳粹政权,严格而论,只是有不少德国将领一再试图推翻希特勒未遂而已。他们用心良苦,最初欲防止德国卷入漫长而难有胜算的战争,后来欲挽救德国于危亡。内在的因素显然,何待外来的策动?但他们搞政变不如在战场上的果断,往往犹疑不决,坐失良机。他们虽主动与英国沟通,但敌方实难有所帮助。杨天石声称蒋介石金援反希特勒的德军,但除了不知下落的三万美元,不知到底有何帮助?杨文提到与蒋介石联系的德方三人小组,亦非反希特勒集团的主要角色。

反希特勒将领未能成功策动体制内的军队推翻纳粹政权,却效体制外的暗杀手段,最后于德国败亡前夕,一位年轻德国军官携带定时炸弹，欲炸死独裁者，虽然引爆后声震屋宇，希特勒竟只受轻伤，而在柏林预备政变的部队又迟疑不举，遂被轻易歼灭，所有涉嫌将领遭遇到极其非人道的处置。所谓策动德军推翻希特勒政权的往事，成为一场德国人民惨烈的悲剧。将蒋介石与这场悲剧挂钩，既无必要，更非事实。

附录

再请问"惊天秘密"在哪里？

我质疑杨天石撰《抗战期间中德关系的惊天秘密——蒋介石策动德国军队推翻希特勒》一文（载台北《传记文学》574 期）有了回应。杨文说："荣祖教授是我多年老友"，一点也没错，又说"学术上的切磋问难是朋友之道的重要表现，有话就直说了"！说的极好，我的质疑就是"有话直说"，然而他又说打"板子"什么的，而且"板子"还"打错了地方"，请问朋友之间"切磋问难"与打板子何干？杨兄岂不言重了！

杨兄指我"误读"他的大作，使我想起我初到美国读书的时候，老师在我的学期报告上作的有些批评，我认为是误读了我的原文，老师说不要怪别人误读，要怪自己没有写清楚！但是杨兄的命题是十分清楚而明确的："蒋介石策动德国军队推翻希特勒"，而且强调说，那是"抗战期间中德关系的惊天秘密"。这样明确的命题，再怎样"破"题，也不可能"破"到文不对题。杨文如此清楚明白,我想连中学生也不会误读吧!

我在《蒋介石策动德军推翻希特勒质疑》一文(原载台北《传记文学》575 期)中之所以要把部分德军将领以及若干非军方人士阴谋推翻希特勒的前因后果略作交代,以便说明这些将领要推翻希特勒出自自发的爱国心,这不是我个人研究的结论,而是西方学者的共识。杨兄说我的"许多观点,如'德国将领为阻止侵略战争而反希特勒'、'为免战争扩大而推翻希特勒'、'为挽救德国而推翻希特勒'等,和拙文并无矛盾,我都同意"。如果是这样,则必须承认这些将领阴谋推翻希特勒自始至终都是自发的,而不是由外力策动的;既非由外力策动,自然不可能由蒋介石所策动,这是最基本的逻辑啊!

杨兄当然会说,"蒋介石日记明明写着:'对德运动倒戈工作之进行'、'派齐焌赴瑞士'、'运动德国军队倒戈计划应告知罗斯福总统'",而且情绪性地质问,难道"蒋介石日记不可信"?难道"蒋介石在骗人"?据我所知,没有人说过蒋日记是假的、不可信,然而谁也不能保证蒋在日记里没有"骗人"的话,没有自恋的话,没有不正确的话。蒋在日记里说,叶公超是"卖国汉奸之真相毕露,余认为秦桧、张邦昌不是过也",你也当真?更没有人能保证蒋在日记里所说的、所以为然的、所判断的都是正确的,所想要做的事都能落实。如果有人相信蒋日记完全是他私密的空间,其结果必然是自欺欺人而已。他在生前就已公布经过选择的日记,他在死前没有烧毁日记,难道会认为永不会见天日?历史人物的日记是史家可贵的材料,然而史实到底如何?还是需要历史学者来做研究、做判断。

后人读史自有后见之明，知道德国第三帝国情状，当读到蒋介石日记，说要"运动德国军队倒戈"，不应随之起舞，去找寻"惊天秘密"，其思路宜从根本是不切实际的空想展开。我们知道在整个二战期间德国军队从来没有倒过戈，也没有被策动倒了戈，只是部分将领想要阴谋推翻希特勒的领导，这叫做"政变"，不是"倒戈"，如果军队倒了戈，又何必要谋杀希特勒呢？杨兄不明就里就说："被希特勒派到前方的将领不按照军令去与敌方作战，却反过来企图推翻作为主帅的希特勒，不是倒戈是什么？"在整个战争期间，德国将领并没有不按军令与敌方作战，或倒向敌军。我在质疑文中已经指出，即使想要阴谋推翻希特勒的将领也得按照军令与敌作战，不然就会露出马脚；只是部分将领想搞政变。我在"质疑"文中曾说1944年那场政变，牵涉到的将领"人数之多，层次之高"，连隆美尔元帅也加入了，因当时德国战况危急，反希特勒的将领增多，但杨兄误会"参加（政变）的人数众多"，其实整体而言，在德军众多的将领中参与者仍居极少数，更无多得像杨兄所言各行其事的情况。杨兄是中国近代史专家，在中国近代史里也有不少"政变"与"倒戈"的事例，我想杨兄不至于搞不清楚、不能理解两者的区别吧？正因为德国军队不曾倒戈，极大部分的德国人民仍然相信希特勒，以致于包括元帅级在内的高级将领以及少数菁英劳而无功，而且遭遇到惨烈的后果，我在质疑文中已经提及。我也提过这些将领犹疑不决，乃是失败的主因，并不是由于缺乏资源与外援。再说，德国军队连他们的元帅都无法策动倒戈成功,蒋介石可能做到吗? 我已说过,部分德军将领想要推翻希特勒出于爱国、救国的原因,无须外来的策动,更不可能被蒋介石的三万美元所策动。我们岂能被蒋介石日记牵着鼻子走呢?

在我们所了解的德国情况下,蒋介石到底能干预些什么呢? 可以做什么有意义的努力呢? 事实上,杨兄自己也承认,"至于蒋的这种努力是否发生过作用,或有多大作用,由于材料不足,本着'知之为知之,不知为不知'的原则,本文并未回答"。连这些最基本的问题都不能回答,还能夸大其事吗? 说是"惊天秘密"吗? 杨兄的问题不完全是"材料不足"的问题,而是只看单方面的材料。杨兄说他的大作只是要"讨论蒋与事件有无关系,是否做过某些努力",但是杨兄并没有建立蒋与策动德国军队倒戈一事的关系,所谓"某些努力"既语焉不详,又无下文。既然不知道蒋的努力是否发生过作用,如何能遽下定论说,蒋曾经策动过德国军队倒戈呢? 怎能渲染说那是"惊天秘密"呢? 当然杨兄现在已经改口,他斗大的标题已经改为,"蒋介石企图策动'德国军队倒戈'的史实应该得到承认"。原来的斗大标题并无"企图"两字呀! 将"策动"改为"企图策动",非同小可,如果只是"企图"(intention),根本不必管是否落实,那还能说是"惊天"大事? 然而即使是"企图",也应知其如何能使"德军倒戈、推翻希特勒"? 更何况杨兄认为"有成效",具体的成效在哪里呢?

杨兄说我"有点无的放矢",因为我在质疑文中说,"那些德国将领早于 1942 年之前就要推翻希特勒,原因为了与英、法等同盟国议和，避免全面战争，出于爱国心，何待蒋介石策动'倒戈'？"杨兄认为我"讲得完全正确"，但是他在他的大文里并没有"这样的意思"。那就奇了，既然没有这个意思，蒋介石要策动、要德军倒戈，岂非多此一举？说到"无的放矢"，想到杨兄将蒋介石的"策动"改为"企图策动"，岂非将中矢之"的"换了包，然后说是"无此的"呢？其实，如果了解德军欲倒希特勒的本事，便知根本无须外力策动，再说蒋介石企图策动，才是无的放矢。

杨兄说："齐焌从克兰、沙赫特、托马斯那里了解到德国内部反对希特勒的力量已经相当'雄厚'、'实力甚巨'、'筹划已非一日'。"如果是这样，请问还需要中国送去三万美元的经援？还需要去"策动"吗？所谓克兰、沙赫特、托马斯的"三人组合"，应该是杨兄杜撰的名词，在德国内部反希特勒势力中并无这样一个所谓"三人组合"。杨兄说克兰是军火商，中国曾长期向德国购买军火，齐焌与之相识当然可能，但杨兄说克兰无官职，却又登了他全副戎装、挂满勋章的照片，令人错愕。沙赫特原是希特勒的功臣，因其财经长才导致德国振军经武之大成功，并获得最高勋章，后因反对希特勒的扩张政策而遭解职失势，但因其背景并未得到反希特勒核心的信任。托马斯是德军中的财经人才，知道若攻打波兰会导致世界大战，忧心德国的原料与粮食难以为继，但当希特勒告诉他不必忧虑，他也无可奈何。这三人因之前密切的中德经济关系与中国有来往，但我在质疑文中已提到他们不是要推翻希特勒的主要角色，也无从策动德军倒戈。杨兄的"三人组合"也不是另一组的反希特勒势力。搞政变推翻希特勒必须依赖掌有实际兵权的将领。

杨兄又说,"蒋介石也正因为得知德国的反纳粹力量已经庞大,蓄势待发,觉得事有可为,才决定派齐焌赴欧'运动'。"无论这是蒋的判断,还是杨兄所理解的蒋之判断,都不正确。德国的反纳粹力量,虽有高层次将领参与,不乏资源,绝不"庞大",诚如《第三帝国兴亡史》的作者所说,"反对运动自始至终小而弱,由一群勇敢而真诚的人所领导,但是缺少足够的追随者"(The German resistance movement remained from the beginning to the end a small and feeble thing, led to be sure, by a handful courageous and decent men, but lacking followers. p. 372)。若然,则蒋以为"事有可为"的判断完全是错误的,"派齐焌赴欧'运动'"摸不到边,没有下文,也就不足为异了。

杨兄说,他没说德军全由蒋"策动"的,好像我错怪了他,其实我认为蒋根本不可能"策动"任何德军倒戈;我现在要请问的是,既非"全由",到底哪些德国军队由蒋"策动"? 或"企图策动"的呢? 杨兄又说:"拙文的正题是《抗战期间中德关系的惊天秘密》,仅就中德关系的发展、变化而言,并未采用'德国反纳粹政变的惊天秘密一类题目'。"这有点在狡辩了,请问抗战期间中德关系,除了所谓"蒋策动德军倒戈",还有什么"惊天秘密"呢? 他的题目如何可能采用"德国反纳粹政变的惊天秘密"一类的题目呢? 那岂不是要完全文不对题了吗?

我在"质疑"文中,认为德国反纳粹人士要求蒋介石代向英美求和,"有违常识",因为向英美求和不必经过蒋介石,如果了解当时国际情势，经过蒋介石并无特别好处，这就是历史常识。杨兄说，"汪文所述，德国地下运动和艾伦·杜勒斯建立联系是在 1942 年底，已在三人组合与齐焌谈话一年多之后。怎么能用发生在后的事情否定发生在前的事情呢？"杨兄难道不知道早在1938 年反对希特勒分子已与伦敦有了联系，而且当时最关键的是英国，美国尚未参战，美国特务艾伦·杜勒斯迟至 1942 年年底才建立联系，并不奇怪。

杨兄有一大段文字，必须录在下面，以便请教是否有据，还是想当然耳，以便证明蒋与德军别有管道？因为杨兄一再说他懂得"有一分证据，说一分话，历史学家在没有充分证据之前不能根据推想去下判断"。

德国反希特勒的地下运动是缓慢地、逐渐发生、发展、壮大的，其参加人员逐渐增多，并没有形成高度严密、互通声气的组织，也没有形成如臂使指、上令下行的领导系统。其中有一部分人和英国有联系，会和英国方面联系；另一部分人和美国人有渠道，自然会和美国人交往。鉴于这种联系的极端机密性（否则是要掉脑袋的！），他们自然不会向其他地下运动的成员通报，更不会下令：我这里已经和西方挂钩了，你们就不要再找寻别的门路了，自然，更不会也不可能禁止其他人士找寻其他门路。其情况，可以说是各自为政，各显神通。

这整段话根据什么而言？且不论其中文字的错乱与矛盾，既说"并没有形成高度严密、互通声气的组织"，又说"鉴于这种联系的极端机密性（否则是要掉脑袋的！）"，最重要的是杨兄对当时德国的情况，不甚了解，显然将部分德军（相对少数）将领欲搞政变推翻希特勒，误作是一个"逐渐发生、发展、壮大的"反对运动。事实上，在纳粹集权统治下，不可能会有一个"逐渐发生、发展、壮大的"反对运动。要推翻希特勒唯有寄望于军队，有高级将领参与当然是利机，但必须是有实际统兵权的将领，最好是卫戍首都的司令，我在质疑文中已经提及，不必复述。搞政变的可靠资源唯有掌控军队，用不到外来的几万美元搞政变，杨兄说："这些人有钱，不等于他们愿意自己掏钱推翻希特勒，也不等于参加地下运动几万的人士个个有钱。"这种话信口开河，实在有欠考虑，一个统兵官需要自己掏腰包搞政变吗？话说回来，他们连命都舍得，如果需要掏一点腰包，难道都不愿意而必须乞求外援？

我提出三万美元下落不明的可能性，杨兄也无法排除，但他以地下工作需要保密为"下落不明"作解释，却忘了齐焌的报告是"机密报告"，在机密报告里也要保密？我不是说要报销清单，总要知道钱花下去做了些什么事，当然是"策动德军倒戈"，杨兄所谓的"成效"，请问在哪里？我只是提出疑问及可能性，但杨兄居然说我已为齐焌或克兰的贪污定了罪，我根本没有兴趣定他们的罪，这是严重的故意扭曲，绝非"朋友论学之道"。他还要说什么"法律上讲究无罪推定"，居然将史学推定与法律推定混为一谈。杨兄随心说出"史学是实证科学"，却透露出他对史学的认知，尚停留在20世纪之初，许多著名史家早已指出，"史学是实证科学"乃是对近代史学之父兰克史学的严重误解，当今国际史学界几乎无人再把史学与科学混为一谈了。当今哪一位史家,包括杨兄在内,敢说他的作品是"实证科学"呢?

杨兄认为德国"亲华分子"要蒋介石介入,因为"他们(又)担心,新的德国可能受到英美的不平等待遇,因此,希望找到渠道,联系英美领袖,得到国际保证。蒋介石在当时是中国抗战领袖,而且已经和英美,特别是和罗斯福建立了同盟关系,宋子文已经作为蒋介石的代表派往美国。在这样的情况下,他们通过长期相熟的齐焌求助于蒋介石,有什么奇怪的呢?"奇怪的是德国人如此昧于当时的国际情势,即使不知蒋介石与罗斯福的"同盟关系"受尽屈辱,也应知道这关系是很不平等的。蒋自己都无法争取到平等,如何为"新德国"争平等? 其实,德国未败之前,议和得到平等待遇有何困难? 何须国际保证? 德国既败之后,又安能得到平等待遇? 德国与日本都以无条件投降终。蒋介石既不必为"新德国"争取平等于前,又不可能为"新德国"争取平等于后。杨兄的解释是全然说不通的。

德国反纳粹运动中有些亲华人士,并不奇怪,但是这些人向蒋"求助"是授权的呢? 还只是表达他们个人的意愿? 并未加以说明。杨兄一再以法肯豪森将军为例,法将军在战前曾任德国驻华军事代表团团长,与蒋自有个人间的关系,但是说法将军向蒋"输忠诚",会讲歌颂蒋氏的话,不仅奇怪,而且太不了解西洋人了,更太不了解德国军人了。如果蒋介石连法将军都不能"策动"倒戈,又能"策动"哪一位呢? "阿谀奉承"之词,白纸黑字俱在,如要证明不是齐焌的"加料",何不拿出原文来看。机密文档只有译文而无原文,如何对证?

我质疑蒋介石致宋美龄的电报是否送达罗斯福,因无下文,应该是合理的疑问,而杨兄却说"大胆假设",但他自己也无法排除有两种可能性。杨兄认为宋美龄不转达电报是"不可思议"的,杨兄若不知道宋美龄的国际知识要比蒋介石丰富得多,也应该想想蒋为什么不直接致电罗斯福,而要致电宋,再由宋转达。杨兄还要提醒我"蒋介石上引致宋美龄电的时间,那是在1943年4月,'反共亲俄'者还没有'放弃'幻想呢!"问题是这一点点"幻想"有任何影响力吗? 到了1943年底连那一点点"幻想"都没有了呢! 杨兄似不知当时德国反共意识形态之强,德军之中尤其强烈,想靠苏俄来解决问题自始至终不是可行的选项。

杨兄说"反纳粹人士和丘吉尔、艾登、杜勒斯的联系也都可以说是'不了了之',因为,同盟国最终采取的是武装摧毁希特勒政权,并未采纳地下运动人士的暗杀或政变建议"。这又是不明史实之言,反纳粹人士与盟国之间的交涉是很清楚的,最初他们希望英法对希特勒采取强硬态度以阻止战争,大规模战争爆发后,唯有政变成功或暗杀希特勒成功,才能以新政府与盟国议和。搞政变、暗杀希特勒是德国人的事,并不是盟国"采纳"或"不采纳"的问题,盟国当然不会反对。之所以"不了了之",只是政变既没有成功,暗杀也遭遇到失败。请问蒋介石的"对德工作"又是如何"不了了之"的呢? 能够这样轻易地模拟吗?

　　杨兄承认数据不足，也不可能查阅所有的档案数据，但他反问我："难道荣祖教授彻底查过吗？"我不是"蒋介石策动德军倒戈"这一类文章的作者，为什么要彻底去查这类文章的资料。提供充分数据以落实结论是杨兄的任务，我的任务只是提出"质疑"，请不要把角色弄错。杨兄并没有如他自己所说，有一分证据说一分话，他只有三分证据却说了十分的话。杨兄很高兴，因为我并未否定他所用材料的真实性，然后就要我接受他的结论。他显然将"历史材料"（historical materials）等同"历史证据"（historical evidence），然而杨兄未尝不知从材料到证据尚有艰辛的论证要做。其实杨兄的"三分证据"只是三份材料：其一，蒋日记说，派齐焌运动德军倒戈，但是如何运动？如何倒戈？均不知；其二，蒋介石致宋美龄的电报，其中讯息是否转达给罗斯福？不知；其三，宋子文给齐焌的三万美元，如何花的？下落如何？也都不知。杨兄自以为是地把这几件材料当作证据，只要我承认这几件材料是真的，他的立论就可以成立了。但不幸的是他视为证据的材料，只是货真价实的"鸡毛"，却把它当作"令箭"，所谓"惊天秘密"实在太夸张了。

　　第二次世界大战结束是反法西斯的伟大胜利，战时反法西斯工作的努力如杨兄所说若有任何成效，即使对此伟大的业绩不作宣扬，岂有保密之理？而且一保就是六十余年，要等杨兄来揭密，岂非太不符合常识了？杨兄说"日记在蒋身前和去世后都没有发表过，不会是为了沽名钓誉而有意编造的吧！"我要质疑的不是"编造"，而是蒋介石为了不"沽名钓誉"而于战后秘而不宣这个"惊天秘密"。邵子平兄是国民党外交官之子,这件外交大事居然也"闻所未闻",我想他的老太爷也"闻所未闻"吧,然而他不以为异,还要别人接受"未闻"之实,还要说"德军未尝不可另布一线通过尚有邦交的中国,以备另用"。邵兄出身外交之家,又长年在联合国做事,外交史知识不应如此生疏,他应该知道,自希特勒上台之后,德国开始亲日,与日签订反共联盟,又承认满洲国、又撤回军事顾问团、又对华军火禁运,还"尚有邦交"乎?所谓"德军另布一线"有何根据?岂非不做功课而信口乱道?

邵兄对齐家老少如数家珍,却不能提供齐家任何人对此"惊天"大事"有所闻",以便给杨兄一些旁证。他不作此图,反要指我"含沙射影",我情愿相信他不是出言不逊,而是滥用成语;他说我与杨兄"用词有轻有重,实在相去不远",令我讶异,难道南辕北辙也可以说成"相去不远"?至于邵子平要警告我"希望汪文不要惹出不必要的麻烦",使我感到邵兄白在美国住了那么多年,他既乏民主社会的法律知识,又不知学术自由为何物?那三万美元下落不明,不可以质疑吗?

"惊天秘密"大家都闻所未闻,连蒋介石本人也不提,这才是不可思议呢!杨兄是研究蒋介石的专家,请问蒋之"丰功伟业"有哪一件不巨细靡遗地公诸于世?为什么单独不提这一件"惊天"伟业呢?为什么蒋要隐藏这一"惊天秘密"在日记里呢?唯一答案是那些"企图"与"努力"毫无成效,毫无影响,想要策动德军倒戈连边都摸不到,以致于不值得提,不好意思提。反法西斯的"功劳"在战后不提是有违常理的，我绝无意说杨兄没有常识，但常识往往是无须求证的。

　　最使我感到无趣的是，杨兄最后学梁惠王顾左右而言他，牵扯到喜不喜欢蒋介石的问题。他说我不喜欢蒋来摆脱我的质疑，未免过于轻巧。他说什么"憎而应知其善"，我想请问杨兄，憎希特勒者，除纳粹余孽外，有谁知其善？蒋固然没有希特勒作恶的能耐，但在1930年代他是希特勒的崇拜者，他效法希特勒的"棕衣社"组织"蓝衣社"。我倒不认为杨兄因"爱其人而知其善"，他不过是因国内长期从政治观点否定蒋，得见蒋日记之后如获至宝，代蒋言其善，视为翻案的创见以名世。他视为"惊天秘密"的蒋策动德军发动政变，不能落实，却仍然坚持三份材料等同证据，坚持不知何谓"证据"（evidence）。他承认某些德军想要推翻希特勒是自发的，无需外力干预，但他理直气壮地说："难道自发、自觉和外力的鼓励、支持、协助、促进是绝对排斥的吗？"但是他的原文明明是"策动"，而不是"鼓励"云云，所谓蒋之鼓励、支持、协助、促进又都不能落实。杨兄应知德军自发、自觉的阴谋是绝密的，否则未发先被镇压，蒋安能有比希特勒更厉害的情报，及时给予鼓励、支持、协助与促进？再看杨兄认为，抗战期间美国罗斯福总统"给了蒋介石以很高的地位和荣誉，也是罗斯福在开罗会议前后，力主中国应为四强之一"，竟附和国民党宣传的表象，研究抗战时中美关系的客观学者，应知罗斯福不顾丘吉尔的反对，力主中国应为四强之一，完全是美国国家利益的考量，并非由于当时中国的实力。蒋"很高的地位和荣誉"是罗斯福给的,正可说明不平等的关系,难道熟读蒋日记的杨兄,不知道史迪威事件蒋所受的屈辱?岂非"爱而不知其过"?至于杨兄坚持蒋于战后不提他曾策动德军推翻希特勒的"惊天"伟业,还拉些不能类比的例子来作辩解,岂非忘了自己说过的"敬之而不增其功"吗?蒋介石自己都不好意思公开之"功",杨兄又何必要"增"之呢?

"为蒋介石翻案"的失败之作

The Generalissimo: Chiang Kai-shek
and the Struggle for Modern China
by Jay Taylor
(Cambridge，Mass.：Belknap Press
of Harvard University Press，2009)

　　蒋介石身后,西方原已有盖棺定论,多半确认他是一个失败
者,最后将中国大陆的大片江山都丢掉了,于是"那个失去中国
的家伙"(the man who lost China)闻名遐迩。《纽约时报》在蒋
死后的 1975 年 4 月 27 日的报道里说：当年美国职棒联盟有一
位常胜教练龙巴地(Vince Lombardi, 1913—1970),蒋之吃败仗
足可与龙教练之赢球等量齐观,以资嘲弄。而所谓自由派论者

大都深信蒋政权之垮台，要因其本身之无能与残暴；蒋氏退守台湾之后，在美苏对抗的冷战时期，又建立了一个令自由世界难堪的右派独裁政权。更有甚者，有人认为他的称号"大元帅"（the generalissimo），近乎戏谑。

陶涵(Jay Taylor)新出的英文蒋传《大元帅：蒋介石与近代中国的奋斗》(The Generalissimo: Chiang Kai-shek and the Struggle for Modern China)，认为过去的评价过于严苛，甚至扭曲。然陶涵认为蒋之崛起由于"坚毅、忠诚、勇敢、廉洁"（页10），也未免过于溢美；又认为蒋介石没有那么失败，因他在台湾为民主与现代化奠定了基础，为中国大陆的现代化提供了典范，更不免矫枉过正，且与事实不符。

此一过正的翻案之作，不仅由著名的哈佛大学出版社出版，而且得到一些学者的赞赏，认为是超越前人的杰作，更令一些亲蒋人士感到欣慰，甚者有人认为这位作者在历史评价上帮蒋介石击败了毛泽东，不得不令人感到时异情变，翻案文章也应运而生。然吾人细读之余，虽喜其文笔流畅，正文长达595页，读之愉悦，但就内容而言，颇多可以商榷之处，更有不少谬误，兹评说如下。

基本事实之误

书中谬误之处，不胜枚举：如谓理学源自对13世纪蒙古入侵的反应（页13），他不知12世纪的朱熹已是集理学的大成者；孙中山被举为同盟会的"总理"，却误作"总裁"（页17），作者不知"总裁"乃蒋介石独享的尊号,于是又误以为蒋死后其子经国被选为"总裁"(页 585);孙中山离开日本前《民报》的主编是章太炎,而作者误作汪精卫与胡汉民(页 19);作者说武昌起义后,"军阀时代已经开始"(页 21);又说辛亥革命陈其美在上海举事,用的是"五色旗"(页 23);又误指宋教仁在辛亥革命期间,是广州与武汉斗争的"英雄"(页 26);指陈洁如为"妾"(concubine)(页 59)而非蒋介石的明媒正娶,作者不知黄埔军校学生皆称陈为"蒋师母",檀香山华人以"蒋夫人"欢迎陈以及蒋与李宗仁交换的金兰帖子上所书,均视若无睹,而情愿相信不实的传言。

　　陶涵又说 1935 年已经有了蒙古人民共和国(页 114),说上海有"胡同"(页 148)。又说汪在河内,因不听蒋劝告赴欧,蒋才派特务杀之(页 170)。作者不知汪发表艳电后准备赴法,因刺汪误杀曾仲鸣,汪乃决心与日谈判;作者又将曾仲鸣误充汪之侄儿。把宋希濂误读为"Song Xiliang"(页 418),曹聚仁误读为"Cao Zhuren"(页 459);把著名华裔作家 Iris Chang 误读为"Irish Chang"(页 626);又误将 20 世纪 60 年代"最令[蒋家]头痛的"(the peskiest gadfly)《文星》杂志的年轻主编李敖当作"发行人",并误以为李敖因提醒蒋氏宪法保障言论自由而被送往专门关政治犯的绿岛四年(页 544),作者不知李敖判刑十年,是因台独冤案,从来没有到过绿岛。作者又不加考证即谓张灵甫及四位将军兵败集体自杀(页 373),而不是被击毙;作者又说陈仪被捕杀因其有通匪之嫌(页 401),不知实因被其义子汤恩伯出卖;作者也不知所谓五百完人在太原官署集体服毒自杀(页

407），原是编造的故事。这些事实之误绝非笔误，正暴露作者在基本历史知识上之欠缺。

没能善用蒋日记原件

陶涵蒋传的写作方法以年代先后叙述其生平，分四大部分，即早期革命、抗日战争、国共内战、台湾时期，并将之连接到相关的人事。蒋氏是现代中国史上的首要人物之一，与他相关的中外人事，当然十分丰富，因而这本书实际成为蒋介石及其时代史，而非基于对这个历史人物的人格与内心世界作深入分析与解释的大传，结果只是将其言行作不同角度的解说。时而似乎以蒋氏的代言人自居，为之辩解，如谓"他自思是一有道德的、诚恳的儒家基督徒，其动机在谋求中国的统一、现代化与独立多于个人权力的愿望"（页 10），甚至一再为蒋介石开脱与洗刷，并将之作为论述的基调。而此基调对西方读者而言，或许有些新意，但对华文世界来说，大都是国民党内正统派、亲蒋派的老调重弹而已。事实上，陶涵曾得到蒋经国基金会的资助，以及诸多亲蒋人士的口授，而作者自己中文能力极为有限，对中国历史又认识不足，难得看到正确的独特见解。

蒋介石日记在美国斯坦福大学胡佛图书馆的开放，新史料的出现引起研究者的重视，争相阅读。陶涵亦不后人，在其蒋传中多加引用，但相当多的部分仍然转引自秦孝仪的《总统蒋公大事长编初稿》，令人感到既有原始日记可查，何必转引？而秦氏在编辑过程中动过手脚，早为识者所知。但是这位作者却说曾对照日记与秦编,没有发现主要的不同(页 xi),又言蒋氏日记为包括西安事变在内所有重大历史事件提供了新见(cast new light on major historical events,页 3),足以令人怀疑这位作者是否真有阅读蒋氏日记原件的能力而不得不假手他人,更不必说能够作批判性的运用。按:蒋氏日记在其生前一再抄录副本留存,期盼日记流传之心已昭然若揭,至于日记原件,若完全是隐秘的空间,不欲示人,又何必对许多重大事件"讳莫如深",隐而不书? 更何况本书作者也承认,现存的日记曾经过家人的编辑与删节(页 31),并不完整。再说蒋氏日记原件中诸多自责自励之语,也不足为异,原是中国传统日记作者所优为,自我检验,操之在我而已。总之,已开放的日记原件确有其参考价值,大可作为深入分析蒋氏性格与内心世界的丰富素材,然不能被日记牵着鼻子走,尤不宜不加论证与分析就引为证据。

蒋在日记里大谈宋明理学,存天理,去人欲,并以修身养性自我勉励,作者就信以为他是"一个新儒家青年"(a Neo Confucian Youth),便下结论说,儒学对青年蒋介石最大的影响是"自律"与"品格的培养",更由此认为蒋是一负责任、很勇敢、讲荣誉、非常积极之人(页 14),这就是被日记牵着鼻子走的例子。整体而言,陶涵对蒋的正面评价与蒋在日记里的自许,颇多契合,正可略见其中消息。作为一个历史人物的研究者,总要将其一生言行对照来看,才能下定论。作者并非不知蒋自小在乡里,就拥有"瑞元无赖"的绰号以及性好渔色,"有了妻妾,还要嫖妓"(页 38),作者也不否认蒋时常殴打发妻毛福梅的记载以及蒋氏生平暴烈的性格,也认为陈洁如所说蒋染给她梅毒不可能造假(页40);若然,则所谓新儒学的道德力量,似乎对蒋所产生的影响甚微,又如何能轻易下结论说,蒋介石是一位"现代新儒家"?陶涵又进一步说,蒋必乐见中共终于以儒家学说取代了阶级斗争,而中共领导人像蒋一样成为"现代新儒家"(as modern neo-Confucianists),足见这位作者根本搞不清楚什么是新儒家,难辞滥用名词之咎。至于说,蒋氏父子若能见到今日上海与北京之繁华,必定会深信"他们长期策划的反攻大陆成功了",因为此乃蒋氏父子"现代中国的远景"(it is their vision of modern China)(页592),读到这里,令人莞尔。

我们必须认识到,货真价实的日记原件里所说,不一定全是真话,例如陶涵在书中指出,蒋早于1950年6月26日的日记里,就说孙立人"通匪",情报人员又报告他爱听的话:"孙的陆军总部里面有匪谍",而孙竟然仍是陆军总司令(页436,437,441),但陶涵没有注意到这不是真话,而是连蒋自己都不信的假话;他若真的相信,怎么可能容忍一位通匪的陆军总司令在位长达四年之久?

由于这位作者并未真正试图去了解蒋介石,因而会得出不少令人费解甚且矛盾的结论。他说蒋反对两个中国、一中一台,主张中国统一,是爱国者,但又说非坚持一个中国,蒋政权便无法立足台湾,然则其坚持一个中国主要还是为了维护个人的权位;他说蒋预告希特勒必定攻打苏俄以及美国在越战必败,展示其战略远见,但他最想实现的远见,即第三次世界大战的爆发与中共政权的灭亡,终究落空;他说中苏共决不可能分裂,结果分裂了。他说蒋在台湾 25 年仍然是独裁者,却又说蒋为台湾的现代化与民主奠定了基础;他说蒋"本质上不是一个残忍或暴烈的人"(Chiang was not ruthless or violent by nature)(页 591),为了国家的奋斗与生存,有时必要作出残酷的决策,但又指出蒋异常的残忍,为报私仇不仅杀了杨虎城,而且连杨的稚子与秘书以及秘书的妻子都不放过(页 416),滥杀无辜的妇孺,总不能说与国家生存有关。作者对于这些不一致的论述,全不处理。

陶涵对蒋介石与现代中国的认识既甚有限,而又不参考学者们已有的研究成果,如蒋介石枪杀陶成章一案,已有定论;毛思诚所编《民国十五年之蒋介石先生》也不讳言杀陶,而作者仍谓:蒋自己暗示并未涉案,只是负起责任,以免牵连到陈其美云云。事实上,南京二档所藏《中正自述事略》已有云:"余因此自承其罪,不愿牵累英士,乃辞职东游",自谓独认杀人之罪,以免牵累指示他杀人的陈其美,并不是说代人受过。作者既不解文意,复又画蛇添足地为蒋说项:"当天的报章杂志都未提到蒋氏涉案,可知他不在现场"(页 24)。严格而论,"蒋介石刺杀陶成章"的提法有点言过其实,以蒋当时的年龄、身份、地位,并没有杀陶的个人利害关系,他只是以小弟的身份替大哥陈其美执行杀陶的命令,但陈欲杀陶之心尚不如孙文之深刻,孙、陶交恶,历时既久,事迹斑斑,而蒋于 1943 年 7 月 26 日的日记中也自认:"总理最后信我与重我者,亦未始非由此事(杀陶)而起。"陶成章被刺杀后,孙在表面上谴责杀人并为陶祭奠,但明知杀手为谁,不仅不予追究,而且加以信任与重用。所以,按史学的理性与因果律来分析,蒋固然是直接为了陈而刺杀陶,间接也是为了孙而刺杀陶。作者陶涵也不得不指出,民国五六年间,蒋氏见不得人的事迹,颇多是在上海"随青帮从事犯罪活动"有关(页 31)。

蒋是孙中山唯一传人吗?

陶涵视蒋为孙中山唯一的传人,亦非新见,如"蒋与孙单独在永丰舰上相见是他生平事业的转折点"(页 41)这一段话,实据董显光的《蒋总统传》(见董书 49 页)而陶涵并未注明出处。然据黄惠龙《中山先生亲征录》,与孙在舰上共患难的计有胡毅生、陈策、熊秉坤、杨虎等 15 人,而蒋介石姗姗来迟,离舰时"一起离去"的也不只蒋氏一人,至少还有陈策、陈煊、陈群、黄惠龙等人,明显不是"单独"相处。作者也不察,书中所用蒋介石与孙中山在黄埔军校的合照,孙之左右两边各少了一人,一边是何应钦,另一边是王柏龄,为了突显站在孙后的蒋介石,何、王都成了隐形人(变造的照片见页 46)。陶涵不能细察也就罢了,还要为孙所以独宠蒋找没有根据的理由:"尽管蒋所受教育有限,他是一个思想家,熟知世界事务,例如了然俄国新社会的情况,很早就提出北伐的蓝图。他是一个勇敢而又显然很诚实的人。"作者认为这些"素资"乃是蒋崛起的主要原因(页 41),却不知何种人物才当得起"思想家"的称号。至于作者说孙死后,蒋具有比其他领导人有更多的追随者,他是孙中山的"第一号信徒"(second to none as a disciple of Sun Yat-sen)(页 48)云云,更与事实不符。

　　蒋介石崛起的一个主要关键是中山舰事件,事件之前,虽然廖仲恺已死,胡汉民离去,但汪精卫仍是他的上司,即使在军事上,他上面还有军事部长谭延闿,更不必说中共的潜力与俄国顾问的权势,都是他"出头天"的挑战,他在日记中一再表示有人要陷害他,就是这种心理的反射;事变之后,这些挑战基本排除。这无疑是一项极大的政治豪赌,蒋之所以得逞主要由于俄共为了便于国共合作,不愿与这位"红色将军"翻脸。所以这事件从理性分析与前因后果来看,根本是蒋介石的夺权行动,而且侥幸成功。然而作者陶涵仍然停留在汪害蒋论,说汪精卫是"反蒋联盟的成员"(页56)。此论乃时隔多年之后,蒋介石所坚持的说法。吾人须知当时汪是革命政府的首脑,权位正隆,蒋曾刻意奉承,汪亦视蒋为亲信,有何必要组织联盟来对付一个下属? 更何况事变前后汪正在生病,事变翌日蒋往探病,蒋日记有云:"见其怒气犹未息也。"一个加害人似乎不会对被害人如此生气;二档馆秘藏蒋删去的一段日记,对汪如何"生气"有更露骨的描述:"见其怒气冲天,感情冲动,不可一世,因叹曰: 政治势力恶劣至于此极,尚有信义之可言乎?"蒋于得手后得意之余写下汪氏骂他的气话,谁是被害人岂非再明显不过。后来蒋发觉会授人以柄,故而删除;删除之后自不再见诸原件,然删除留下痕迹,却极其难能可贵。作者陶涵如此重视蒋之日记,却不顾蒋在日记里明言往探汪病,却断然说"汪忽然托病迅速离去,前往上海而后转往法国"(页57),好像汪是畏罪潜逃似的。中山舰事件最大的受害人或牺牲者就是汪精卫,周德伟在《余之一生与国民党点滴》手稿中说得最为明确:"国民党党史中所记之中山舰案,内容均非实录,不过借以排汪而已。"作者陶涵只能在不是实录的内容里打转,全无意了解一下汪精卫的处境与心情,也不知汪于去国前有一首充分透露心情的五言杂诗。

蒋如何取得国民党的领导地位?

陶涵所述北伐一段很简短,几乎是蒋介石的个人秀,说他如何英勇,因他不信任其他将领的能力,所以才直接指挥下级军官(页58,60),言下之意,北伐都是这位总司令的功劳。其实,诚如美国学者焦丹(Donald A. Jordan)在其《北伐》(*The Northern Expedition: China's National Revolution of 1926—1928*)一书中所说,当北伐攻势已经取得成功后,蒋才在广州誓师。攻克武汉的主力也是李宗仁的第七军与唐生智的第八军,而李、唐在陶涵的笔下都是"军阀"。陶涵用李宗仁的回忆录说蒋在作战时如何勇敢沉着,却全不提蒋在长沙第八军军前坠马的窘态,其主观选择性之强,可见一斑。当然陶涵也看不到北伐军以少胜多的政治与社会背景,主要得助于反帝风潮的扩大与大量俄援的到来。攻克武汉后,正待大举北上,蒋总司令却决定回兵江西。陶涵说,蒋急于东下江浙,为了稳定武汉,发展经济(页63),有违史实。蒋介石日记所云:"余决离鄂赴赣,不再为冯妇矣",才是真话。蒋不愿成就李、唐等"诸侯"的功业,故另谋发展。但是他在南昌遭到惨败,还得靠武汉的"诸侯"以及俄国顾问前来相救,才获胜利。

蒋介石到上海后突然清党,明摆着要清除异己,稳固自己的权力。汪精卫应邀自法返国,蒋竭诚欢迎汪主席回国主持党务,并亲往迎接,力数共产党阴谋,要打倒国民党,但汪往访陈独秀后,知并无此事,自无随蒋一意孤行之理,遂与陈共同发表声明,谋求维护孙中山联俄容共之既定政策,决定由武汉中央处理,然后到南京召开国民党四中全会。汪又电蒋告知"中央已经决定迁都南京,不日即可来宁开会",要蒋耐心等待。然而,蒋急不可待发动"四一二"血腥镇压,与中央决裂,造成宁汉分裂。陶涵显然误解这段史实,说是蒋认为汪已正面响应蒋要清共,同一日却与陈发表联合声明,并一起潜赴汉口,蒋遂决定清党(页65—66)。陶涵除要为蒋找政变理由之外,还作假设说,若汪留沪与蒋一起反共,则汪可控制政局,蒋将永远无法取得国民党的领导地位(页65),真是太不了解蒋,更不知枪杆子出政权的硬道理。清党杀戮之惨,早已是众所周知的事实,陶涵似无必要说残暴与险诈双方都有,以淡化蒋氏所为。至于陶涵说只有数百共产党员被杀,显然不实;说周恩来虽被白崇禧抓到,但蒋命令放人(页66—67),却无直接证据;至于说周与蒋一直互通款曲,显然言过其实。蒋介石想要以武力解决武汉中央,结果兵败;徐州战败后,更是两面受敌,在压力下不得不引退,然而陶涵认为蒋之引退是站在"道德高度"(the moral high ground),而将自己前途置于不可预知的情况。不知蒋自南昌以来,以个人的主见、情绪、利益行事,抗命中央,别立中央诸多事实,显然是造成革命阵营内部分裂的主要人物,而其引退实为再度复出之本。蒋一生引退多次,有哪一次不卷土重来? 何"不可预知"之有?

蒋介石何时解散过特务?

　　蒋介石建都南京后,虽成为全中国的统治者,但他坚持大权独揽,仍有党内与地方上的挑战。为了清除党内与地方上的异己,不惜大动干戈,所谓黄金十年期间,内战不绝。陶涵认为蒋所作乃国家统一所必须,然而地方诸侯都是他北伐统一中国的伙伴,党内同志更都是中山信徒,而必欲清除之,则显然为了满足个人独裁之欲望,容不得不愿从己之人。陶涵不能否认蒋是独裁者,但力言法西斯"既非蒋之手段也非目的"(页101);他不否认"蓝衣社",但说不同于希特勒的"棕衣社"(the Brown Shirts),辩称希特勒有特务二百万人,而"蓝衣社"于1938年解散时只有三百人(页102),蒋介石的特务何时解散过? 戴笠为蒋从事特务工作,由一个人而一百人而三百人而八百人而万人而成为超过十万人的军统,"蓝衣社"不可能只有区区三百人。陶涵说蒋在演说或日记中从无希特勒或共产党伟大领袖的称呼,又说蒋于1932年称颂法西斯的秘密演讲是日本人的宣传(页102),他不知蒋有1935年元旦秘密演讲,不但自称领袖,而且要特务们作为"领袖的耳目"(见蒋氏《特务工作人员之基本修养》)。陶涵不能否认特务谋杀杨杏佛、史量才等知识分子的具体事实,却说蒋可能不曾下令杀这些人,或戴笠未事前征得蒋之同意云云(页104)。按: 特务乃主子之鹰犬,鹰犬岂能自作主张？又说蒋即使会杀人，也是为了“中国的生存”（页105），莫不以不确定或不真实的话为说。

抗战中的“溶共”之心

西安事变迫使蒋介石终止先安内、后攘外的既定政策，中日战争遂如箭在弦，一触即发，斯乃此一事变的历史意义。然而陶涵的结论是：此一事变“没有改变历史，蒋之决定才是定调”（the kidnapping itself did not change history; it was Chiang's decisions that shaped events），于是认为蒋于事件中没作任何承诺，回南京后，他有另一次机会发动全面军事进攻，以解决共产党问题，但是他不屑做（页137,142），这真是太不了解事变本事的始末了。至于陶涵说，蒋去西安之前已经是受人欢迎的领导人，回来之后则成为全国的英雄（页135），也非实情。事实上，之前，他的不抵抗政策甚不得人心，学潮四起；之后，他之所以受到全国的欢迎，正因他答应停止内战，共赴国难。若事变后仍然大举内战，全国上下岂能继续支持蒋政权？蒋氏当然想陶涵之所想，但他做不到并不是因为他忠厚老实，而是为情势所逼，不得不尔。至于说若无西安事变，毛或将逃亡到外蒙古或苏俄以及张学良自认犯了大错才送蒋回京云云，皆重弹国民党正统观之老调而已。

陶涵说蒋介石长期不抵抗，是为了准备对日作战，然而不抵抗期间严重消耗国力的多次内战又作何解释？至于说一旦抗战，他便坚定不移（页146），亦非事实，此书根本无意深入探讨抗战期间蒋方与日方秘密和谈的详情。蒋命黄河决口,80 余万人丧生,居然说此举阻挡日军西进长达六年之久;蒋面对如此重大伤亡无动于衷,而陶涵竟说很少有领导人在大战中会有动于"衷"(页 155)。长沙大火是严重的错误决策,而陶涵只愿意说"可能是蒋氏下的命令"(perhaps Chiang ordered the deed),但接着又说蒋不曾下令摧毁将要沦陷的城市,又说蒋夫人写信给她美国同学,宣称火烧长沙不是蒋的责任(页 160),于是陶涵照单全收蒋氏夫妇的一面之词。

国共合作抗日,乃大敌当前不得不尔,蒋介石虽不能也不敢公然决裂,然其"溶共"与灭共之心,未尝稍歇。陶涵承认 1938年 10 月武汉陷落后,蒋介石已将防共的重要性置于抗日之上。因中共发展得太快,故命胡宗南与阎锡山围堵共党于西北一隅(页 163)。当时国强共弱,弱者不会愚蠢到挑衅强者。震惊一时的皖南事变,目的就是要将长江以南的共军清除,然而陶涵单取一偏之论,认为事件之起,很可能是共军袭击国军而又不听命之故,以附和蒋方之言,又进而说毛与周意见不同,以及毛故意挑起此一事件。陶涵并以其事后聪明说,各方对新四军之同情,中共大获宣传效果,就是毛所要达到的挑衅目的云云(页 172—177),真是倒果为因,甚不足取。陶涵既不知周恩来于 1941 年1 月 18 日重庆《新华日报》第二版开天窗处所写"千古奇冤,江南一叶。同室操戈,相煎何急?"也不去翻翻蒋于同年 1 月 30 日在日记上得意地写道:"解决新四军案,撤销其番号,此为国民革命过程中之大事,其性质或甚于民国十五年三月二十日中山舰事件也。"很令人玩味。不过,诚如陶涵所说,此一事件其实使蒋得不偿失,反使新四军在大江南北更加坐大,与中山舰事件的后果大不一样。

日本偷袭美国珍珠港后,中国抗战不再孤立,并得到强大的外援,自此美、蒋关系恩怨不断,也影响到整个中国的命运。许多蒋传作者喜欢将美蒋关系聚焦于一些耸人听闻的人事上面,本书作者陶涵也不例外。最明显不过的是,自史迪威(Joseph Stilwell)到中国上任后,至其与蒋闹翻离职回美,此一时期的中美外交史在陶涵的笔下,几乎就是蒋、史斗争史,喋喋不休。与其他美国作者相比主要是比较同情蒋,呈现褒蒋贬史的异趣,与梁敬錞等人的观点略同而已,但事实就是这些,只能炒冷饭而已(页196—294)。这样又不免模糊了重要的历史发展。作者若能从大处着眼,便知从珍珠港到中途岛,美国的策略是联合各方全力打败日本;中国已苦撑四年,敌人也就是日本,共同打击日本的目标与利益显然相同。然武汉失守后,由于地形阻隔,中国战场呈胶滞状态,蒋介石遂采防共优先于抗日的策略;美国参战后,蒋认为日军已不足惧,共党才是心腹之患,于是处处试图防之、溶之、灭之,不免与美国欲结合包括共党在内所有力量打败日本的策略相背。当美国决定要武装共军抗日时,蒋再也不能"忍辱负重",不惜决裂。蒋史交恶,若从大处着眼,实际上是美蒋在策略上的矛盾,只是史迪威直率无忌,对蒋甚不礼貌,称之为"花生米"而不名,甚至当面辱之,使得矛盾更为戏剧化而已。

谁是和谈破裂之始作俑者？

约自 1943 年起，美国胜券在握，遂逐步筹划战后世界秩序的重建，期盼统一强大而亲美之中国，与美、英、苏并立为四强，以为其东亚盟友；强大亦是苦难中国所盼望，蒋亦何尝不想成为四强之一的元首。本书作者并不讳言，积弱之中国几临崩溃的边缘，蒋又时以中国将溃败向美索取更多美援，然而战绩不佳，令美沮丧，复有国共间的摩擦，成为战后最大的隐忧；若不解决，中国如何统一？ 若不能统一，又遑论强大？ 共党问题原是蒋介石的最大关切，然解决之道，与美并不相同。美国以民主立国，于战后中国建立民主之联合政府，固其所愿，亦是统一富强中国的基石，但是蒋以统一政令与军令为前提，要中共必先交出政权与军队，而后容纳共党参与其政府，无异招降纳叛，于抗日战争期间壮大之中共岂能接受？ 故调解之美使，虽络绎于途，并无善果；即以马歇尔之尊贵，亦徒劳无功。蒋初欲联合美苏逼毛就范，后知不可能，遂力言可一举灭共，并深知美国民意反共，必不我弃。美国之终于转向亲蒋反共，果势所必然，如杜鲁门致马歇尔密函所言：“为了地缘政治之故，万一和谈破裂，美国只有支持蒋介石”（For geopolitical reasons, even if talks broke down, the United States would support Chiang Kai-shek）（引自页 355）。于是蒋乃有恃无恐，一意孤行。依美国计，若蒋果能迅速用军事力量解决毛共，未尝不能达到其预期之战略目标。既有此种想法，国共内战终不可免。马歇尔于和谈破裂后在公众场合将责任归之于国共双方的极端派，显然是外交辞令，因国共两方都是蒋

或毛说了算,没有什么极端派可言;事实上,马在其文件中透露:
"(我)必须说,蒋及其政权要负和谈失败最大部分的责任"(见 The
Papers of George Catlett Marshall,页 635)。多年之后,马在私下访
谈中更直说:他曾被(蒋介石)"出卖"过好多次(betrayed him
down the river several times),"卖到下游"(down the river)是美国
人用语,背景是将黑人转卖到密西西比河下游去当奴隶,比喻极
为严重的"出卖"与"欺骗"行为。马显然抱怨在和谈期间,屡上庐
山,不断受到蒋之诈骗与愚弄。蒋之所以要愚弄马歇尔,因在美
国压力下不得不谈而实不愿谈。蒋之不愿谈,其迹显然。他曾一
再公开说,中共问题足可以武力解决。正因马歇尔警告蒋刻意用
武力解决争端之后果(页 354),故蒋在 1946 年 7 月 17 日的日记
上写道:"美国始终坚持其不用武力之主张,而置我国存亡于不
顾,至可痛惜也。"10 月间,又在南京召开的军事会议上扬言五个
月内打垮共军;既能如此,又何必和谈? 然则和谈破裂之始作俑
者岂非蒋乎? 然而本书作者陶涵处处引用蒋之说法,指马歇尔偏
袒共产党,总是指责蒋而不指责毛,与共方埋怨马偏袒蒋介石,相
映成趣,正见马歇尔猪八戒照镜子里外不是人也,其窝囊可知。
陶涵同情蒋,认为蒋是一清廉爱国的中央政府领导人,谋求中国
之统一与民主,而共方拒绝参与其政府,在苏联支持下公然叛乱。
如此说法,原是蒋氏旧说,并无补于历史真相之理解。

谁是国军溃败之祸首

　　陶涵依据蒋《苏俄在中国》(1957)一书所说,国内外之干预

使蒋氏无法做到先前不去占领东北之决定，以至于他最精良的军队陷于东北泥沼之中。所谓外国干预无非是因为苏联声言与蒋合作，以及美国的鼓励并协助蒋运送八个集团军到东北（页327）。多年之后，蒋又抱怨当时马歇尔的立场与态度使他决定争夺东北（页339）。这些都是事后聪明的话，要把责任推给别人，当时的他，意气风发，认为可于短期内剿灭"共匪"，岂有不想收复东北之理？

陶涵认为满洲一战（辽沈之役），决定了中国的命运（页373），并作无端假设说，若于1948年秋天将东北的军队撤出，将可保住黄河或长江流域（页392—293），根本是不实的猜测之词。东北战场固然重要，但是在辽沈之役结束前，蒋充满信心的军事优势已经在消失之中，中国的命运也已经被决定。蒋的军事行动原有备而来，故和谈一破裂，立刻"全面进攻"；没有得逞之后，始改为"重点进攻"，一个重点在陕北，不到一星期，胡宗南就已攻克延安，但是胡部转战陕北，捕捉不到共军主力；一年以后，毛又回到延安。另外一个重点在山东，蒋介石发动三个兵团20余万众，拟一举歼敌于沂蒙与胶东地区，结果全副美式装备的张灵甫师，全军覆没。约略同时，刘邓大军千里跃进大别山，南窥南京，像刀锋指向心脏。蒋遂又改为"重点防御"，分为20个绥靖区。这三个阶段犹如三鼓，一鼓作气，再而衰，三而竭，所谓辽沈、淮海（徐蚌）、平津三大战役，已属三而竭之时期，胜败命运早已决定矣。

陶涵点出，蒋于内战失利之际仍然认为自己无过（页400），责怪桂系阴谋(页397),甚至大骂马歇尔"失去中国"(页388)。作者也指出,蒋曾明令汤恩伯将军不听李代总统的调遣(页403)等,但仍然认为蒋是一个了不起的人物:"在失败与失望的阴暗气氛里,仍然是一冷静的儒者","他知道他要往何处去"(页395),又说"蒋从来不曾偷过国家的钱也没有私人金库"(页401)。这位生活在民主社会里的作者,太不理解专制世界了,和珅大贪特贪,乾隆皇帝需要贪污吗? 希特勒与斯大林也没有私人金库啊。

　　蒋介石专制独裁却以极大军事优势于数年之内失去整个中国大陆,任何蒋传作者难能说蒋不是失去中国大陆之人。陶涵说蒋是"儒者",是优秀的军事家,实在太沉重;希望他作政治与经济改革以维持政权,也太奢求;他毕竟是军人出身,一生戎装,却在此生死大战中,一连串的荒腔走板,犯了兵家最基本的错误。蒋自称读过兵学大师克劳塞维兹(Carl von Clausewitz)的著作,但克氏在《战争论》(On War)一书中明言要击败敌人,必须要消灭其武力,杀伤其兵力,使其不能再战,"吾人必须视歼敌之全部或一部为作战之唯一目标"(We may look upon the complete or partial destruction of the enemy as the only object of all combats)(On War,页304)。此乃兵学之最基本常识,而蒋正反其道而行,只知攻城略地而不能歼敌,最后坐困围城,为敌所歼。凡陕北、鲁东、辽沈、平津、徐蚌诸战,莫不如此,屡犯兵家大忌而不自知,既已下野,仍然指挥军队,溃败之祸首,舍蒋其谁? 蒋传之作者岂能不辨?

蒋介石丢掉大陆应是他政治生命的终结,然此败军主帅,仍掌控国民党政、军特等权力机器,美国人虽欲去之而不能,又拜天时与地利之赐,在台湾岛内发号施令长达25年之久。陶涵写孤岛上的蒋介石近200页之多,几近全书三分之一的篇幅,就其生命历程而言,差可相当,然就重要性而言,殊失比例原则。陶涵提到蒋在1946年之秋,就已想到"有朝一日有可能到台湾避难"(the possibility of some day taking refuge on Formosa,页362),不知是蒋未卜先知,还是陶涵事后聪明?难道蒋在国共内战未决之前已经失去信心,就想逃亡到台湾?陶涵不是也提到蒋会在五个月内消灭"共匪"吗?当时如此有信心,怎会先想到逃难呢?

蒋介石是如何"复职"的

蒋介石逃难到台湾之后,仍然是在野之身,但他人下野,权未下野,依旧掌控党军政机器,下令搬运黄金、故宫宝物等,更不在话下。不过,为了名正言顺,他急欲复职。陶涵写道:1950年2月3日,李宗仁告知台北当局因健康缘故必须留在美国,于是蒋介石决定复职。蒋复电赞赏李为国付出,但在日记里却骂李是"无耻的人渣"(a shameless scum)。陶涵虽然指出,蒋自称若不复职,不仅台湾而且整个民族将毁于一旦,是"自恋式的幻想"(narcissistic fantasies),但立刻补充说,此后,蒋无论在公众或幕僚之间不再重复此类幻想(页428)。陶涵有所不知,蒋后来对大陆同胞广播时自称"民族救星"!更重要的是,陶涵轻描淡写蒋之复职过程,掩盖了不少真相。当年蒋辞职下野,按宪法,李宗仁应以副总统继任为总统,但蒋只令其为代总统,是于法无据的,更幕后操控,使李有职无权,最后只好抱病赴美就医。当国府先后迁至广州与重庆时,已有复职的呼声;及撤退到台湾,蒋大权独揽,复职更是迫在眉睫,然因顾忌美国人的态度,一时未敢贸然行事。最顾面子的做法当然是得到李宗仁的合作,陶涵若得见李宗仁于1950年2月6日写给居正的信,便知台北方面一直在逼他"让贤",但是李反对蒋复职,称之为"复辟",更不能将国家名器私相授受,坚持护宪的立场。居正时在台北任监察委员,蒋必悉此函内容,故蒋乃发动李在台旧部,如白崇禧等人,屡电促李返台。李以病体未愈不能长途旅行为由婉拒,然坚持复职必采合法途径,"方免违宪之咎"。其实,李病体已经复元,诚如其回忆录所说,如其贸然回台,必将任由蒋摆布,逼他劝进;蒋氏一旦复正大位,李虽欲求张学良之处境而不可得。蒋知李不可能被利用,遂于3月1日不顾违不违宪,在台复职。陶涵有所不知,蒋复职之后,杜鲁门仍以总统之礼接待李宗仁,以表示蒋复职之不合法也。

排除异己

陶涵根据美国领事馆的情报,说蒋曾考虑将部分运台黄金转运到菲律宾,以防万一(页415),却不明白指出蒋所谓与台湾共存亡云云之不实在。不过,当时共军准备攻台,美国明言不会出兵相挺,还有联合国托管台湾之说,确实是危急存亡之秋。陶涵并不讳言,蒋氏父子在台湾重构其党政军机器,为了内部的安全,不惜杀鸡儆猴,以致有万人受审,数千人遭处决,所有高级将领都受到监视(页412)。朝鲜战争爆发之前,美国希望有人能取蒋而代之,鲁斯克(Dean Rusk)曾一度想驱蒋之后,将台湾置于麦帅控制之下,也曾要住在纽约的胡适来取代蒋,但为胡所拒。孙立人美国军校毕业以及在印缅作战的功勋,当然也是被看中的对象,但孙并无意愿,于面见麦帅时直言效忠蒋(页404)。陶涵所谓美国中央情报局台北站于1950年3月,向上级报告说,孙将军准备政变,以及一个月后美国在台军事武官报告有一高级官员,可能就是孙,对他说台湾在蒋统治下无望(页433)。这些都是美方一厢情愿的说法,美国学者康明思(Bruce Cumings)在其《朝鲜战争起源》(*The Origins of the Korean War*)一书中,引美国国务院文件透露,迟至1950年6月19日,美方尚欲派遣最可信赖的密使告诉孙立人,若愿政变,美国将提供必要援助云云(页508),若先前情报属实,又何必再问孙愿不愿意? 陶涵也提到,美国国务院1950年5月3日收到极机密的文件说,孙将军"秘密告知"美国人,他正在准备政变。鲁斯克于同年6月初又收到声称是孙友人送来政变密函,鲁将密函烧掉而后报告国务卿艾奇逊云云。陶涵警觉到鲁斯克可能没有想到的一种可能性:"密函根本是伪造的,以便尽快落实孙政变之罪"(The letter was a forgery intended to justify Sun's early arrest for plotting a coup.)(页433—434)。直到1955年时机成熟后,果然就罗织孙氏部属为匪谍而后整肃孙。陶涵提到,当孙被捕后,美国海军上将雷德福感到"惊骇"(appalled),连最支持蒋的美国保守派议员也告知蒋,孙立人是国军中最优秀的将领,他不可能包庇共产党。蒋在美国人的压力下不敢下毒手,不得已只好将孙软禁。陶涵接着说,当美国"驻华大使"蓝钦(Karl Rankin)到台中看望孙将军时,看到孙将军很"享用他的玫瑰花园"(页484),又不免将孙之冤情淡化了。陶涵不知当时台中有名的"将军花"是贴补家用的,孙除了在物质生活上并不宽裕外,冤情更使他午夜醒来,捶胸悲鸣!

朝鲜战争爆发后,第七舰队进驻海峡,蒋立足台湾才趋稳定,美国为了冷战之需又转而支持蒋介石。孙立人与吴国桢都成为蒋氏父子所要排除的异己,目的主要是为儿子接班铺路。蒋在日记里用恶毒的话骂孙立人、吴国桢,最后这两人都被整肃,并不令人奇怪。但是令人奇怪的是,早于1950年元月,蒋就在日记里痛骂陈诚,说陈公开批评蒋,责备蒋干预他办事等(页424),蒋又说陈"傲慢"(页426),当任命陈为行政院长时又说陈"失去革命军人的品格"(页429);同年9月,蒋、陈又在会议上对峙,陈骂蒋独裁,蒋骂陈疯狂,而蒋又不准陈辞职云云(页445)。蒋在日记里如此不堪地骂陈诚,实在令人费解,陈诚不是蒋之心腹吗?安敢如此?事实上,陈诚从省主席到行政院长到副总统到死,并未如孙、吴被整肃,不免令人起疑,日记所载或许也是伏笔,为日后整肃陈诚留下线索。只是陈诚死得早,没挡经国接班之路,也就没有下文了。然而陶涵的解释居然是,蒋骂陈而又用陈,是运用孙子兵法来对付一个得到民众爱戴的政治人物(页463),真有点莫测高深了。

美国的"协防"台湾

朝鲜战争帮了蒋氏大忙,美国为围堵共产势力之扩张,又视蒋为盟友。陶涵指出艾森豪威尔在竞选中,喊出废除雅尔塔密约、击退铁幕、结束朝鲜战争以及"放纵蒋去对付红色中国"("unleash" the Generalissimo against "Red China")等反共口号。所以艾森豪威尔当选后,蒋立刻向来访的美国海军部长提出反攻大陆计划,但是美国人检视之后,觉得"完全不切实际"(totally impractical)。当美国副总统尼克松(Richard Nixon)于1953年访问台湾时,更向蒋直言反攻大陆毫无成功的机会,陶涵说这是艾森豪威尔政府最直截了当的拒绝。于此可见,艾森豪威尔于当选前要"放纵"蒋,当选后又要"拴住蒋"(chain him up again),因而,蒋对美国新政府的热望未能持久(页457,458,469)。但陶涵认为蒋并不因此感到烦恼,只要美国人不公开揭穿就好(页468),这等于说不揭穿骗局就好。不过,蒋毕竟获得《中美协防条约》与大量美援的补偿。陶涵透露,由于美蒋军事同盟,到1957年为止,约有一万个美国人住在台湾,包括情报员、军人、官员与家属,几年以后,又增加了一倍之多(页490,521)。

陶涵指出,美国协防台湾有条约依据,但是并无防卫外岛金、马的承诺;然而蒋介石不仅坚拒自外岛撤退,而且在小岛驻十万大军,不仅可作为反攻大陆的跳板,而且可在东南沿海挑衅,以激化北京与华盛顿之间的矛盾甚至战争。当金门炮战于

1958 年发生后，有些美国官员扬言要在金门使用原子弹。事实上，美国已将八英寸可以发射原子武器的大炮，运往金门。是年5 月，宋美龄访美，在美国全国性的"会见媒体"（Meet the Press）节目中公开说："大陆同胞正在问，台湾为什么还没用原子弹来对付中共政权。"（People on the mainland were asking why Taiwan did not use nuclear weapons against the Communist regime.）她显然认为大陆同胞很愿意与中共偕亡，而陶涵对此全无评论（页 494）。另外还有一则仍然没有解密的美国情报说，蒋有意于 1958 年 9 月将美国卷入与中共打核子战，可是陶涵接着说，据他所知，蒋氏不可能挑起原子战（页 496），未免太不了解蒋宋想要收复大陆的渴望了。其实陶涵自己提到，艾森豪威尔政府的鹰派国务卿杜勒斯（John F. Dulles）曾出其不意地直接问蒋，是否要美国使用原子武器来对付中共，蒋想了一会建议说，可用技术性原子武器。杜勒斯接着说，即使像投在日本的原爆威力，固然能摧毁共军所有的大炮，但原子辐射可杀伤包括金门在内的两千万中国人，更何况若苏联卷入战争，台湾也可能被原子弹炸光。蒋不直接回答杜勒斯的问题，只说如果原子弹会引发世界大战，他并不赞成用（页 500）。可惜陶涵未能理解到，杜勒斯显然要蒋撤守金马，以避免可怕的核子战争，故用言语来测试蒋，蒋之反应情见乎词而陶涵未能深入分析，自无法理解蒋氏想乘第三次世界大战来收复大陆的隐衷。陶涵提到，蒋经国亦曾奉父命赴美，建议与肯尼迪政府共同摧毁中共飞弹与原子设施，所谓"将那婴儿绞死在摇篮里"（strangling the baby in the cradle)(页 518—519),后因美国觉得兹事体大而婉拒。宋美龄于 1965 年 8 月又到美国,要求鲁斯克国务卿提供她丈夫摧毁中共核子设施之能力,但她并未成功(页 527)。此时,蒋自己正在积极制造原子弹,后来秘密为美国侦知而遭废止。于此可见,蒋对原子弹是望之弥坚的,直到中共试爆氢弹成功,他的核子梦才醒过来。其实,陶涵明白艾森豪威尔只是作核子恫吓,不可能真的动用原子武器。当法军被围困于越南的奠边府时,唯有用原子弹可以解围,当时连副总统尼克松都跃跃欲试,却被艾森豪威尔喝止(页 471)。原子弹确实是纸老虎,但纸老虎有很大的威吓力。美国不断在口头上作核子威吓,使得中共即使勒紧裤带,也要核子了。

美方显然欲以金马换取台湾与大陆的分离,因而毛泽东情愿不取金马,蒋因得以保住金马外岛,然而陶涵却认为蒋挺得住杜勒斯要求撤离金马的压力,又一次证明蒋具有行其所是的能力(页 501—502),完全忽略了客观情势。陶涵虽认知到艾森豪威尔与之前的杜鲁门都在寻求"两个中国"或"一中一台"政策,并不想帮助蒋反攻大陆,惹火上身,也不愿毛取得台湾,但未明确指出此一政策终于无成。到后蒋时代,再有人想要追求几十年来美国可望而不可即的政策,不仅为时已晚,而且更不切实际。

陶涵提到一些令人瞩目的事,很可以说明蒋介石的性格,但因没有作进一步的分析而无结果。例如朝鲜战争爆发后,蒋曾请愿提供三师兵力赴韩助战,但为杜鲁门所拒,不过麦帅仍不断要求蒋出兵。当美国 CBS 电台于 1950 年 12 月 8 日采访蒋,并以此事相问,蒋居然未重申前请,却改变主意要联军的海空军协助他进兵中国大陆以牵制在朝鲜的共军,而他做此要求时明知美国不会同意,而自己也没有准备好(页447)。但陶涵未能进而分析这种缺乏诚意、得寸进尺、漫天要价的表现说明了什么。又如,美国肯尼迪(John F. Kennedy)总统于1961年要蒋氏承认"外蒙",又要给"台独"分子廖文毅入境签证,于是蒋一方面经由美国大使庄莱德(Everett Drumright)转告白宫说,美国与"中华民国"简直就是主奴关系,如果继续如此,将有严重后果;如果美国让廖入境,更是对蒋以及蒋政权的阴谋。另一方面,经由CIA台北局主任克莱恩(Ray Cline)传达他对美政策之不满,或将采取自杀性登陆大陆的激烈行动。肯尼迪怕与蒋"同归于尽"(pull the house down on himself and on us),又有鉴于古巴导弹危机后余悸犹在,遂致函蒋无限期推迟廖入境与"外蒙"入会问题(页512)。这是蒋以玉石俱焚来要挟美国得逞的例子,但陶涵对此手段未加应有的说明。再如,当大陆三年"困难时期"发生后,蒋又声言无论美国同意不同意,他都要反攻大陆解救同胞,并告知美国人,如果美国要阻挡,台湾可能爆发反美暴动。当美国国务院远东事务助卿哈里曼(Averil Harriman)于1962年3月14日访问台北时,蒋又说,他若不反攻,将要失控,但是哈里曼揭穿蒋在"虚张声势"(bluff),台湾局面不会失控。陶涵说,美国人到最后才理解,蒋之所谓"反攻大陆"只是一种表演、一种语言、一种心理与政治,以及内部士气之所需(页515),并非真的要跨海作战,但他对这种自欺欺人的行为又无解析。陶涵如果能把蒋介石对付美国人的这些手法连同他如何对付陈洁如、汪精卫、张学良、李宗仁、叶公超等人合而观之，也许更能洞悉蒋介石前后相当一致的性格。一个人的性格自小养成，成长后仍会由不同方式表现，如果能够详细论证，才能将一个人的人格分析得入木三分。

语焉未详的逸闻

陶涵虽提到一些较为轻松而有趣的逸闻趣事，惜语焉未详。陶涵刻意写美国总统特使威尔基（Wendell Wilkie）访问重庆的经过（页 216—220），他指出威氏性好酒色，其中高潮是"号称与宋美龄有一夜的浪漫约会"（are puted one night romantic engagement with Soong Mayling），内容与李敖或芬比（Jonathan Fenby, *Chiang Kai-shek: China's Generalissimo and the Nation He Lost*, 2003，页 91—96）所述雷同，因故事同来自威尔基的好友考尔斯（Gardner Cowles），小名麦克（Mike）。陶涵知道此公来头不小，是著名《展望》（*Look*）杂志的发行人，于 1985 年出版《麦克回顾》（*Mike Looks Back*）一书。这本回忆录的初稿于 1982 年就已写成，其中记录了这段罗曼史。陶涵认为考尔斯是"保守的，在政治上支持蒋家者，绝非是一个喜欢揭露丑闻的人"（a conservative, a political supporter of the Chiangs, and not a muckraker by any means）；换言之，陶涵知其人，故不认为考尔斯是会造蒋夫人谣的人，但又质疑为何在渴望谣言的重庆没有其他外国人，包括外交官与记者在内，报道或传播此事。陶涵知道考尔斯是当事人之一,而其他的当事人都不可能承认这件事。考尔斯是事隔多年后的回忆,而此绯闻只是回忆的一小部分,并无政治动机可言,事实证明,也并无商业价值。如陶涵所说,当此一故事的节录本初次出现于 1974 年出版的《皮尔森日志》(*Pearson Diaries*)后,在美国并未引起多大注意,然台北当局曾代表宋美龄打民事诉讼,考尔斯道歉罚款了事。陶涵认为这位出版家很可能不愿在法庭上重述此事,也可能为了顾及著名的亡友,不愿再大肆张扬此事;然而十余年后,考尔斯为他家族所写的回忆录,仍然保存了此一逸闻。陶涵既说威尔基可能酒后夸饰,考尔斯添油加醋,但又说宋美龄与考尔斯分别在重庆和纽约两度见面的言行,一直没有得到解释(页 218—219),令人感到模棱两可。当代学者也各持己说,中国大陆的杨天石教授认为绝无此事,因威尔基的重庆公开日程无此节目;但是普林斯顿大学克劳士教授则相信,"威尔基与蒋夫人有一晚情人的约会是可信的"。

　　另一则逸闻是,当李公朴与闻一多在昆明被刺后,举世震惊,马歇尔也认为乃蒋或蒋政权所为(马的认知不错,国民党内部文献确定出自警备司令霍揆彰,并不是陶涵所说的两个低级军官)。蒋向马歇尔抱怨说:"抗议昆明谋杀案的那些哈佛教授们知道些什么当地的情况?"平常不苟言笑的马歇尔忍不住回答说:"他们不只是一群军事中学堂的毕业生。"(They were more than a bunch of military high school graduates.)(页 359)陶涵就此点到为止。

再一则陶涵描述的趣事是,当史迪威于 1946 年 10 月因肝病逝世后,蒋在南京举行盛大的追思会,许多在缅甸作战的官兵应邀飞来与会。约有 1 500 名中外人士济济一堂,灵堂布满鲜花,墙上挂满包括蒋氏本人在内重要人物所送的挽联,然而"蒋在当天的日记里,并未提到史迪威之丧"(Chiang's diary that day did not mention the passing of Vinegar Joe)(页 362)。陶涵既然认为此事值得重视,可惜未将此猫哭老鼠的事例做些人格上或心理上的分析,蒋恨史入骨,却刻意给史如此盛大的追思,贵宾云集,当然不是痛失良友或愧对故人,而是做给美国人看的,或是把丧事当喜事办,值得深入分析。

陶涵在书中也提到蒋经国在上海打老虎之事,蒋经国逮捕了囤积物品的孔令侃。宋美龄闻讯赶到上海,责备蒋经国不应兄弟相残,并立即发紧急电报给在北平的蒋介石。当时东北局势紧张,而蒋迅即飞返上海,处理家务事,使北平守将傅作义感叹:"蒋介石不爱江山爱美人。"(Chiang Kai-shek loves the beauty more than the throne)(页 387)陶涵写道:"孔令侃很快被释放,经香港转往纽约与其父母团聚。"蒋经国老虎打不下去,人心收拾不了,江山果然难保,却未进一步追究傅作义最后在北平不战而和,是否与此有关。

陶涵一再提到,周恩来是蒋介石的朋友,并说周氏逃过 CIA 策划的炸机之难后,蒋在日记里说飞机上所有的共产党都死了,可惜周不在飞机上,感到遗憾,但仍认为蒋很可能善意传话给周,说自己并未参与此案,所以周也不责怪蒋云云(页 483),但并无证据,无异道听途说。陶涵更无端猜测说蒋在大陆如有在台湾那样的政治控制,同样也能在那里实施土地改革(页485)。陶涵又说,蒋介石为顾忌美国的批评,只轻判了雷震十年(页507);雷震因为筹划组党,而入十年大牢,何来轻判? 正说明陶涵对雷案所知,极为有限。

不切实际的历史地位

陶涵的蒋传是一本厚重的书,长达722页,但质量并不厚重,主要问题有好几方面。首先,此书取材虽广,但对材料的考辨不够严谨,以致泥沙俱下,真伪相杂。此书出版前已有中西文蒋传多种,不无参考价值,但陶涵取用无多,中文著作更无论矣。英文近著如芬比之蒋传,也未提及。其次,为人立传自当客观,然客观并非善恶是非并举,而不加分析与评论。若谓蒋既是儒者又是现代人,既暴躁残酷而又勇敢正直,其间不无矛盾难协之处,有待作者说明。引录蒋之日记,应具批判眼光,以为佐证,不宜由其自说自话,视为定论。如谓从日记可知蒋为一诚实之人,即太天真。陶涵下笔之际,有时也会出一下蒋的"洋相",然随即加以粉饰,不能称之为公正。如何评价蒋这一号人物? 陶涵引了一些有趣的事证,惜未能深入分析其事来理解其人,却一再说蒋是新儒家。我们不妨听听现代浙东大儒马一浮对蒋介石的评语:"此人英武过人,而器宇褊狭,缺乏博大气象;举止庄重,杂有矫揉,乃偏霸之才;余以先儒所言,唯诚可以感人,唯虚可以接物勉之,正为其病痛所发;若是王者,必下拜昌言,然他全不理会。"

马氏于抗日期间讲学乐山复性书院时,在重庆亲自见过蒋,得此印象,乃是一位真正现代儒者的持平之言,故能明察秋毫,诚虚两字尤言简意赅。

陶涵所见显然与马一浮相差甚大,欲为蒋氏别立不切实际的历史地位,诸如机敏的战略家、精明的军事领袖、成功的外交操弄者、现代新儒家、诚实不欺的个人以及爱妻子的丈夫等,莫不令人质疑。由书名可知,作者更有意视蒋为启动中国模式民主现代化进程者,然而通读全书,蒋氏平生所作所为,殊少与民主进程有关,此书难免令读者有言多不实之感。作者陶涵认识蒋之不足,实与其对中国现代史事所知有限有关,诸多之事实谬误更证明其尚未能掌握中国近现代史的基础知识。此书对西方读者或感新鲜,但对华文读者而言,主要贡献只是提供了一些美方的数据与观点而已。

历史该如何评价蒋经国？

The Generalissimo's Son: Chiang Ching-Kuo and the Revolutions in China and Taiwan
by JAY TAYLOR
（Cambridge, Mass.： Harvard University Press，2000）

　　蒋经国(1910—1988)在台湾继承大元帅委员长大权的故事人尽皆知。大家都知道因为冷战和美国的保护，蒋氏父子维持了中国的实际分裂状态，并在台湾岛实施了长达 40 年的严厉威权统治。然而蒋经国饱受争议的生平依然引人入胜——他是蒋介石的弃妇生养的独子，在苏联留学时加入过共产党，回国后和父亲重归于好；他一生风流好色；虽然没能在大陆挽救其父的江山,但通过铲除异己、压制政治和知识自由在台湾保住了蒋家王朝的统治;他频繁造访普通家庭以示关心民生疾苦,借此积累政治资本;只有到了晚年他健康状况急速下降,来自岛内外的压力骤增,他才终于放松权力的缰绳。所有这些都值得讲述。

蒋经国去世后台湾的飞速民主化,让许多人倾向于怀念他,将他视为正面人物。但那些极度憎恶蒋家王朝 40 年残酷统治的人比如李敖,完全拒绝为这种在最后一刻企图洗清长期肮脏记录的行为唱赞歌。历史应该如何评价这样一个人? 这一核心问题使得对大元帅之子的新研究有十分的正当性。

陶涵带着这个问题,写了一本完备的蒋经国传记,也是传主的第一部英文传记。他使用的材料十分广泛,将传主置于宽广的历史语境中,娓娓道来,很有可读性。尤其是陶涵对美方材料的掌握,让我们对许多美蒋的反共情报活动有了进一步认识,其中的细节比任何现有的中文研究都要丰富。总体来说,陶涵带着巨大的同情(如果不是崇拜的话)呈现了一个全方位的蒋经国。从许多方面看,该书取代了中文世界很受欢迎的刘宜良的《蒋经国传》(1984),虽然刘著在分析复杂内斗将蒋经国推上权力宝座方面明显更胜一筹。

陶涵肯定想过要尽量客观,但他采访的一长串蒋经国的崇拜者无可避免地影响了他的主观感受。他时常对崇拜者们讲述的传奇故事信以为真。他似乎很不情愿让蒋经国卷入国民党特务的各类政治暗杀行动,其中包括蒋经国情妇章亚若的暴毙。陶涵居然还认为她可能是共产党下令暗杀的(页 108),即便蒋经国手下的特务已经公开承认了暗杀行动。请问有几个特务胆敢在没有老板批准的情况下刺杀老板的情妇？陶涵还很自信说"蒋经国本人对暗杀刘宜良的计划毫不知情"（页390），即便蒋经国手下的特务头子被抓，其子蒋孝武也卷入了在旧金山寓所内刺杀刘宜良的案件。像蒋经国这样精明能干的秘密警察头目怎么可能不知道手下的特务在恩主美国策划并实施暗杀？

陶涵还相信蒋经国是真正的改革家，有一步一步完成台湾民主化的抱负。他也和蒋经国一样乐观，认为台湾的民主化能为大陆立下榜样。但蒋家的总统世袭制直到最后一刻才终结，40年中并无真正的民主步伐。陶涵所谓阻碍民主的势力，比如爱国同心会和王升的刘少康办公室（陶涵误拼为刘小康"Liu Hsiao-k'ang"）实际上都是蒋经国的主意，为他的政治利益服务。这就是为何蒋经国能够无虞地突然罢免"有权有势的"王升。蒋经国炒掉王升不是因为他痛恨刘少康办公室，而是因为王升在访美时犯忌与美国中央情报局的代表见面。陶涵甚至还要为蒋进行拙劣的辩护，说过早地民主化会激起"军队右翼的政变，可能会导致内战"（页427）。要知道蒋经国通过苏联式的政委制度控制军队，所谓发生政变和内战，岂非天大的笑话？事实上，冷战时期在美国防御条约的保护下，他应该更安心地进行民主化，而不该等到美国外交风向从台北吹到北京之后嘛。

［原文发表于2001年12月《美国历史评论》（*American Historical Review*），盛韵译］

有关汪精卫的学术研究

《汪精卫·国民党·南京政权》
王克文 著
（台北：国史馆民国史学丛书
14,2001年版）

　　有不少作者很在意书名,有的甚至挖空心思,极尽巧思而后已;然而,书名至少要符合内容,庶免"文不对题"的困窘。初看这本书的题目,还以为是论述"汪精卫""国民党""南京政权"三个对等的议题,展卷之后才知道,从头到尾谈的是汪精卫,从汪之"不负少年头"到"最后之心情";然而又并不是一本研究汪精卫一生的完整之作,因为仅仅是作者单篇论文的合集,以致一方面不够详尽,另一方面又时而重复。全书根本上是平铺直叙的政治史论述,无多新意。克文自研究所即开始研究汪精卫,至今已历经二十寒暑,理当将多年的研究成果融会贯通,写一本如雷声般响亮的巨著,而不是只下一点毛毛雨。

　　汪精卫在海峡两岸都早已盖棺论定为汉奸,长久以来只见口诛笔伐,难以从事平心静气的客观研究。因而一般读者无从看到汪精卫的真相,对于所谓和平运动更是讳莫如深。不过,自60年代初,曾经参与汪政权的金雄白(笔名朱子家)在香港出版《汪政权的开场与收场》之后,在相当程度上揭开了汪政权的神秘面纱。金氏以相当坦诚的胸怀写作,而其文采佳妙更增加其可读性,不仅流传坊间,而且乐为学者们所引用,克文也不例外。早在70年代有两位美国学者 John Hunter Boyle 与 Gerald Bunker 都出了专书。他们不受国内意识形态与政治情绪的干扰,开启了客观研究汪精卫的新页。80年代以来,档案文献的大量出现,更为学术研究提供了有利的条件。大陆学者虽难摆脱所谓正确的政治观点,仍然要尽量贬低汪精卫,然而在档案文献的基础上论述,时而有可喜的新发现。因此,这本论文集很难说是"严肃冷静的学术研究"的"一个起步"(页1),"起步"已经有一段时间了。克文虽然对已经起步的学术研究有若干增补纠谬之功,并无重要的创获,反而有些颇值得商榷的地方。至于克文声称得睹的高宗武《身入虎穴》原稿,解答和平运动的"众多疑点"(页266);事实上,解答疑点无多,我们所知和平运动的来龙去脉大致仍不出金雄白所述。

　　汪精卫于辛亥革命前，以谋刺摄政王系狱而闻名，那首"慷慨歌燕市，从容作楚囚；引刀成一快，不负少年头"的五言绝句，更是传诵一时。克文似有意为汪氏的"英雄形象"与"烈士情结"作些心理分析，用意甚佳；可惜并没有借助"心解学"（psychoanalysis）方面的知识，但凭臆测，以致只能有这样的结论："谋刺不成，系狱未死，在汪氏心中也留下一丝遗憾。"此一遗憾使他"有愧于众多被他诗词所感动的崇拜者，这使他怅然若失"，甚至说"在潜意识里，他似乎总向往着再得到一次为国牺牲的机会"（页19—21）。刻画心中的遗憾以及怅然若失的神情，需要充分的实据与深入地分析，不能引几句话就可下定论。汪氏诗句如"头颅看自厌，髀肉叹重生"，自叹系于狱中不能与同志共同打拼，并无幸而不死的遗憾；"马革能酬愧不如"，所谓自叹不如这些同志马革裹尸，乃礼赞广州起义死难者的为国捐躯，未必针对自己幸而不死而致憾。至于30年后，回想旧事，感到"深以不获早死为恨"，则历经沧桑之余，心情更加复杂，更难以论断为"烈士情结"。类此绘声绘影的心理描述，即使出之于小说家之笔，也是败笔，因为烈士情结要能"勇者不惧"，并不是非死不可；幸而不死，再接再厉，有何遗憾之可言？汪氏诗词之所以感人，因颇具从容赴死、义无反顾的情怀，崇拜者岂会因其未死而致憾，使他有愧？再说，如果真如此自愧，如此遗憾，则有何英雄形象之足言？然则，所谓难分的"英雄"与"烈士"之间，岂非又产生了"矛盾"？

　　诗言志，很可透露诗人的心声，而汪精卫不仅诗才高超，而且多愁善感,所撰《双照楼诗词》无疑是探讨他早年、中年、晚年的宝藏,可惜王克文未能多加利用,借此深入分析汪氏的心境,以致连狱中诗都要转引自张江裁编的"蒙难实录"。王克文不直接引用原文而假手间接文献之弊,尚不仅于此,如引章太炎对汪精卫的评语(页 28),就是另一个明显的例子。此外,必须指出,这本国史馆印制的书,错字之多出人意料,书后的勘误表仍有太多的漏网之鱼;如将"式微"误作"势微"(页 183),把"高宗武"误植为"高宗正"(页 295),最有趣的是,把唐德刚教授误作"美籍华商学者"(页 265)。

关于汪精卫在辛亥年不赞成孙中山就任临时大总统一事,实与"忠诚"无关,胡汉民也不赞成孙去南京,所谓"忠诚的反对"(loyal opposition),未尝不是出自善意。孙坚持就任,汪"只得顺从",并为孙起草就职宣言,也在情理之中;然则,又说汪的动机是"不能放过执笔这篇历史性文献的难得机会"(页 27)。起草宣言的动机到底是为了"顺从"呢? 还是为了争取"难得机会"的虚荣心? 这又牵涉到汪氏性格的论定,从"汉奸"的先入之见论汪,必然是利欲熏心、恋栈权位等;克文虽强调汪之浪漫性格、烈士情结,突显理想主义的一面,但是对于汪氏的恋栈与追求名利,又多所着墨,未求调和以提出令人满意的解释,以致时而出现"跳火坑"的浪漫与热衷权位之间的矛盾论述。若谓促成汪氏"和平运动"的"政治困境",乃是由于西安事变之后,与蒋争权无望之故(页 260)。然则,汪氏此举全是赤裸裸的权力考量,何来"浪漫""理想"与"跳火坑"? 似乎又回到因与蒋争权而投敌的旧说。

　　汪精卫作为一个政治人物，当然有权力的考量；只是长久以来将汪定性为"汉奸"，则其人无处不是权谋，追求名利，以致卖国求荣。今欲作客观研究，正须去掉有色眼镜，作实事求是的观察，以汪氏的"理想面"来平衡他的"现实面"，至少不能把他的好处说成坏处。宁汉合流后，汪氏反对"特别委员会"，无非是坚持武汉政权为国民党的正统的原则，此一原则也是合乎历史事实，并非汪氏个人的"认为"（页110），更不能说"对于自己的领袖地位过于坚持"（页117）。蒋氏召开三全大会的用意，显然要突出南京政权的正统性，汪氏的所谓"护党运动"，也可说是维护原则。从这一段历史看，他若不讲原则，也许更能稳固他的领袖地位。说"中共对汪氏以怨报德"，也大有语病，"容共"说不上什么"德"，"分共"毕竟是"怨"。论及汪、蒋关系，克文也仍不免以蒋诎汪，例如中山舰事件，明明是（不是"似乎"）蒋以下犯上的夺权行为，从蒋氏没有删减的日记，也可看出汪氏因怒而出走，更因俄国人左袒蒋氏，遂拂袖而去，说汪"被蒋氏逐出广州"（页126，131），显然是曲笔。克文用词遣句，一再出现"汪氏及其党羽"云云，须知"党羽"一词，乃指恶势力集团及其附从者，又不免陷入主观的道德裁判矣。

　　王克文对汪精卫于抗战爆发前处理中日关系，特别注意其"一面抵抗，一面交涉"的政策。关于此一政策，许育铭在其1999年也由国史馆印行的《汪兆铭与国民政府》一书中有更详细的论述。不过，克文特别强调抵抗与交涉之间的相互关系，也就是说，汪氏认为"唯有一面抵抗，才能为一面交涉制造形势增

加筹码,所以两者相须(需?)而行,缺一不可"(页191)。克文更
指出,汪氏于抗战爆发后认为,既然抵抗了,就为交涉提供了契
机。换言之,汪氏于抗战后推行和平运动,仍是一本"一面交涉,
一面抵抗"的政策。克文没有指出的是,在两国实力差距太大的
情况下,这根本是行不通的政策。难道抵抗不住或抵抗失败会
增加交涉的筹码? 恐怕只会失去更多的筹码吧! 将不抵抗归罪
于地方军阀,也不公平;"不抵抗"乃是在中央的蒋介石的既定政
策。克文着墨于汪精卫与张学良的冲突,而不去追究汪、蒋合作
期间在政策上的矛盾,未免掩盖了一些实情。同时,也因而未能
深入探讨汪氏作为政治人物的严重缺失;有鉴于他一味追寻不
切实际的政策以及对西安事变错误的认知(页248),汪精卫即
使有良好的机会,恐怕亦未必是治世之能臣吧!

　　这本论文集行文,叙述多于分析,大致通顺可读,但亦颇有
可以改订之处,文句如"汪氏这些言论,显示清党后他'反军阀'
的立场虽未改变,而其目标已悄悄从北洋军阀转为党内的新'军
阀'"(页137),难称清通,应改写为"汪氏这些言论显示,他'反
军阀'的立场于清党后虽未改变,但针对的目标不再是北洋军
阀,而是党内的新'军阀'"。又如,"面对一连串的军事挫败,他
仍断定中国的军队不如人"(页217),有点不知所云。按逻辑
说,只能是"他面对一连串的军事挫败,仍断定中国军队并非不
如人",或"他面对一连串的军事挫败,不得不断定中国军队不
如人"。笔者无意挑克文文字上的小毛病,而是借此机会与写文章
的朋友们互勉。

"意译"才是正道

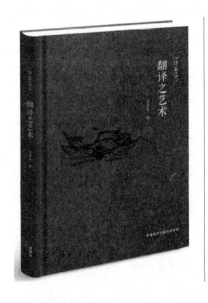

《翻译之艺术》
张其春　著
（北京：外语教学与研究出版社，
2015年版）

　　张其春的《翻译之艺术》初版于1949年，由上海开明书店出版，列入"开明青年丛书"。1957年，当我进台湾大学读书的那一年，台湾开明书店出了台一版。我在高雄市的百成书店购得此书，读后爱不释手，1962年的秋天赴美留学，为赶秋季留学生包机，临行极为匆忙，随身只带出此书。1963年岁暮，月夜重读此书，犹感余味无穷，不觉东方之既白，曾在扉页写道："翻译之谓艺术,艺术之谓美,今见之矣。"此后不时取阅,为我爱读的书籍之一。五十余年后的今日,此书仍然在我的书架之上。我注意到台湾开明书店曾于1963、1972年先后出了二、三版,中国大陆改革开放后的1991年,上海书店也出了新版。现在外语教学与研究出版社又要再出新版,足见众好,非我独好,好书一再重印,因有持续不断的读者,所谓名山之业,洵非虚语。

自海通以来,西学东渐,国人为了吸取西方知识,势必要勤学外文。然而能精通外文者在广大人口之中毕竟是少数,即使是世界通行的英文,虽学道者多如牛毛,得道者却凤毛麟角,翻译更显得是广泛传播外来知识的有效途径。不过,翻译要能完全正确传达原文的意思,并不容易,因不同语文之间有语法上的隔阂,若不能掌握两种语文到炉火纯青的境界,很难打通,以至于译文往往失真或走样,不能畅达原意,甚至不幸成"讹"。最严重之讹,莫过于识其字而不解其意,如耶鲁汉学家史景迁(Jonathan D. Spence)不知"莫逆"是好朋友的意思,竟从字面解作"平逆"(rebel pacifier);不解"仕女"即女士,竟将"仕女"译作"年轻男女"(young men and women),又将仕女"星星自散"译作"天上的星星散去了"(the stars disperse)。闹这种笑话的人固不止史景迁一人,凡只靠查字典翻译的人,往往会出此纰漏。

"五四"以后,白话通行,直译欲求其信,但直译往往迁就原文的语法,貌似忠于原文,实与译文有隔,未能达意,如张贵永教授所译《西洋通史》,将英国在非洲享有"Lion's Share"译为"狮的一份",在字面上不能说错,但一般华语读者就很难领会其意。

不同文字之间有隔，若不能消除隔阂于无形，虽有翻译作为桥梁，也难以沟通。

遗憾的是，难以与原文沟通的译文所在多见，所谓"外国中文"（pidgin translatorese）的问题十分严重，诸如"他热烈地摇动（shake）我的手"以及"箱子里没有多余的房间（room）"。类此"欧化汉语"，使原意在语法的束缚下不能妥善表达，不仅成为译文的灾难，而且直接影响到我们整个白话文的写作，造成强以外国语法来改变习用中文的惨痛后果。就在此时执笔之际，偶然看到一则富兰克林（Benjamin Franklin）在签订美国独立宣言时所说一句名言的译文："我们必须吊在一起，否则会分别吊着"（We must indeed all hang together, or most assuredly, we shall all hang separately.）。可知，欧化问题至今犹存。此一译文有点不知所云，即因困于字面，不知"hang"一字多义，"吊"或"挂"仅其一义，"hang together"别有所指，意谓"大家好好在一起"，即团结之意；后面的"hang"另有所指，意谓"吊死"，所以这句话若译作可读的中文，至少要说"我们若不团结，必然各无死所"，才能明达。富兰克林无非要大家"同舟共济"耳。

欲解决欧化汉语的问题，一言以蔽之，要能"得意忘言"，就是正确理解原文后，忘掉原文的语法，摆脱不同文字结构的束缚，以译文应有的语法，把原意畅快译出。信、达、雅三者应视为一体，如果不能达意，何来信之可言？诚如钱锺书先生所说，"未有不达而能信者也"，"不达"即无"信"之可言。雅才更能畅达，且具韵味，周密妥帖而恰到好处。名小说家茅盾译18世纪爱尔兰作家唐珊南(Lord John Dunsany)剧本《失帽记》(*The Lost Silk Hat*)中一语"faultlessly dressed, but without a hat",为"衣冠楚楚,未戴帽子",貌似雅言,却顾此失彼,造成事理与名理均不可能之讹。譬如画虎类犬,固然不雅;画犬类虎,亦大不雅。

　　这本《翻译之艺术》就是讲究信、达、雅三位一体的范本,于"雅"经营尤深,读者可从书中看到许多精妙的例子。我们如译"God knows"为"上帝知道",可称"信达";如译之为"天晓得",则更得"雅"字,因已跨越了复杂的中西宗教观的鸿沟,中国的宗教观向来不倾向于"一神论"(Monotheism),所以即使将英文中大写的"神"(God)译作上帝,亦不比中文概念中的天大,故译作"天晓得"不仅妥帖,而且传神,那就是雅。英语所谓"to drink like a fish",如照字面译作"鱼饮",令人茫然,有欠"信达";若译作"牛饮",才符合汉语语意,始称"雅达"。中西之间的谚语、成语表达的方式与习惯不同,亦须沟通,如西谚所谓"一头黑羊"(a black sheep),必须译为"害群之马",才合原意。"鳄鱼的眼泪"(shed crocodile tears),译为"猫哭老鼠",中西才能会通。类此将"鱼"易为"牛"、将"羊"易为"马"、将"鳄鱼"译为"猫鼠",并非不"信",而在摆脱不同文字的束缚,使译文与原文情意相投,异曲同工。再者"同行"(go side by side)可用"雁行"来雅达,破裂(to be creaked)可用"龟裂"来雅达。英语里的"羊头"(mutton head)等于汉语里的"猪头";英语里的"豹改不了它身上的斑点"(A leopard can never change its spots)正好呼应汉语里"本性难移"的成语;英人所说"烧上自己的手指"(burn one's fingers),岂不就是我们所说的"引火自焚"？洋人所说"老师的宠儿"（teacher's pet），固然可通，但译作"爱徒"或"得意门生"，才是地道的译文。西文里的"撒旦赶走撒旦"（cast out Satan by Satan），结果仍然是魔鬼当道，相当于中文里的"以暴易暴"。我们说"一将功成万骨枯"，乃历经战争惨痛经验之觉悟，而英谚同样有"百万生灵造就恺撒的伟大"（What millions died that Caesar might be great）的说法，即"恺撒功成万骨枯"，不过是以特指之"将"（恺撒），取代泛指之"将"。英谚"抛小鱼钓大鱼"（to throw a sprat to catch a herring），岂不就是汉语所谓之"抛砖引玉"？"班门弄斧"里的鲁班是中国的巧匠，外国无之，英国却有"教你祖母吃蛋"（teach your grandmother how to suck eggs）之喻，两者各引不同比喻以呈现相同的意义，可谓殊途同归。欧阳修说："醉翁之意不在酒，在乎山水之间也"，在英语里也有异曲同工的表达方式，说是"许多人亲吻婴儿为了亲近护士小姐"（many kiss the baby for the nurse's sake），若改用欧阳修的笔调，或可作"色徒之意不在吻儿，而在育儿之娇娘也"。类似的例子尚有"挂羊头卖狗肉"，洋人虽吃羊肉，但绝不忍心吃人类忠实的朋友，故用完全不同的"喊酒卖醋"（cry up wine and sell vinegar）来表达货不真、价不值的相同经验。英谚"以珠投猪"（cast pearls before swine），恰似中文里的"明珠暗投"。中国人以"掌上明珠"为贵，而洋人则以"眼中的苹果"（the apple of one's eye）隐喻"谢公偏怜女"。西方人所谓"柏拉图式爱情"（Platonic love），略近柳下惠的"坐怀不乱"。须知两种文字不同文化的表达方式，才能在翻译时牵引得恰到好处，成为一种艺术。

翻译者同时也须知两种不同文字也有情理相通、不谋而合的文字表达，不必他求，诸如"远见"（long view）、"空名"（empty fame）、"书呆子"（the bookish blockhead）、"弹雨"（a rain of bullets）、"坏蛋"（a rotten egg）、"笑柄"（laughing stock）、"雪白"（snow-white）、"血红"（blood-red）、"晴天霹雳"（a bolt from the blue）、"肤浅"（skin-deep）、"收回前言"（to eat one's words）、"火上加油"（to pour oil on the flame）、"光阴似箭"（time flies like an arrow）、"隔墙有耳"（walls have ears）、"一石二鸟"（to kill two birds with one stone）、"掌声雷动"（thunders of applause）、"一死百了"（death pays all debts）等，都是可以互通的佳句，大可信手拈来。

当然也会遇到许多反映中国特有文化的表述，难觅对等的用词，如"鬼混"，在英语里唯有说"混过去"（muddle through）了事，若将"鬼"（ghosts）摆进去，就非英国人所能够了解了。"滥竽充数"的精练隐喻，在西方也没有类似的成语，也只能译为"不要使不适任的人就职"（to foist an unfit person into a position）。"四面楚歌"是由中国特有的历史经验而来，转为英文也只能译作"被敌人四面包围"（to be surrounded by foes）。"琵琶别抱"以中国特有的乐器为喻，也只能译作"再嫁妇人"（a woman married again）。林语堂译"三寸金莲"为"three inch golden lily"，既不表出"脚"（feet），则洋人或瞠目不解。"管鲍之交"或尚可与"Damon and Pythias"互通。但我们常说的"人在江湖，身不由己"的"江湖"一词,至今犹难寻适当的英译。同时也有反映西方特有文化的用词,难觅适当的汉译,如"荷兰人的请客"(Dutch treat),要客人自己付账,在中国传统里没有这种习惯,唯有译作"各自付账",以通其意。西方的"雇佣兵式婚姻"(a mercenary marriage)中国亦无之,唯有视作"买卖婚姻",而晚近出现的"代理孕母"(surrogated mother),或可译作"借腹生子"。西洋美男子"阿多尼斯"(an Adonais),或可与"潘安"比美。严复在赫胥黎原文中遇到洋典曰:"白鸽欲自为施伯来爵士。"(The pigeons, in short, are to be their own Sir John Sebright)施爵士乃善于养鸽之人,严复遂转为汉典曰:"何异上林之羊,欲自为卜式;洴谓之马,欲自为其伯翳。""卜式"乃汉朝人,以养羊致富;"伯翳"亦称"伯益"或"大费",相传善于畜牧与狩猎。严复以卜式之羊,善畜牧的伯益之马,来替代施伯来之鸽,力求两者之间的互通,可谓煞费苦心。圣经典故甚多,如"Benjamin's mess"可略比"观音赐福";"Saul among the prophets"(先知中的扫罗),可通"国士无双"与"鹤立鸡群"之典。"Herculean labors"(赫拉克勒斯之力)可通"扛鼎之力",或最近走红的"洪荒之力"。又如"to dine with Duke Humphrey"(与韩福瑞公爵同餐),意指吃不饱饭,与项王之鸿门宴犹未尽相符。至于"Never wear a brown hat in Friesland"(永不在弗里斯兰戴棕色帽子)的洋典故,或可借"入境问俗"通之。然西方独有的新事物,亦有技穷难译之时,如昔年不得已而译的"德律风"(telephone),之后始得"电话"佳译。而今众多的西方学理新词如"governmentality""metahistory"等,犹难寻雅达之汉译。

中英文之间由于语法结构之异,在翻译时必须有所调适,译文才能纯正;欲其纯正,有时需要增补,如吃补药;有时需要省略,如吃泻药。有时中文宜重复而英文不宜,如"古色古香",重复古字,在英文里只宜作"古意盎然"(antique flavor);"大错特错",连用错字,但在英文里也只能表其意为"惊人的错误"(stupendous blunder)。有时西文重复而中文不宜,如 goody-goody(伪善的)、hush-hush(隐秘的)、so-so(平常的)等,能注意及之,翻译才成为艺术。林肯的名言"Do I not destroy my enemies when I make them my friends?"有人译之为"当我把敌人转变成为朋友的时候,不就已经将敌人摧毁了吗?"此一译文殊难当原文之雅洁,因为刻意顺从原文的语法而忽略了中文的雅洁。林肯之言是回答一位老太太质疑他为什么对应该被消灭(摧毁)的敌人那样好,对敌人好就是化敌为友,消灭敌人就是没有敌人,完全可用雅洁的中文来表达:"我既化敌为友,何来敌人?"使中文的意义更加明畅。

法国女作家斯塔尔夫人(Madamede Stael, 1766—1817)有名言说:"畅达足满人意。"(Tout Compredre rend très indulgent)畅达必须掌握不同语文的结构与文法以及文化背景,才能将超越语文的共通"思议",从一种语文转化为另一种语文来表达。这也就是金岳霖在其《知识论》一书中所说的"译意",他说"所谓译意,就是把字句底意念上的意义,用不同的语言文字表示出来",以别于"译味",或用不同文字表示感情上的意味。也就是严复所说的"达恉"。希腊文中"翻译"(Metaphrasis)一词，亦具"意译"(Paraphrase)之意，也就是文化间同情之了解，真可说东海西海、心理攸同了。难怪当金岳霖见到钱锺书能将中国俗话"吃一堑，长一智"译为"A fall in the pit, a gain in your wit"，形、音、义三美具备，且有韵味，大为叹服。翻译至此，确实已臻艺术的化境。

于此可知，由于文字语法与结构之异，直译实不可取，将英文直译，必然是"欧式中文"；将中文直译，必然是"菜英文"，许多菜单与路牌译名贻笑大方，也就不足为奇了。偶见台北捷运为老弱妇孺预留的座位写道"给爱心一个位置"，英译是"yield your seat to those in need"，不是直译，而是雅洁的意译，中英文俱佳，可称难得。足见意译才是正道，严复以文言意译洋书，名重一时，吴汝纶为严译《天演论》写序，赞扬备至。然于"五四"之后，已非时尚，视为古董，但就译文之典雅风格视之，仍然使人读之忘倦。钱锺书并不认为严译白璧无瑕，觉得严译与原作之间似有金色之雾，即使最细微之处，亦朦胧呈现，却隐藏难以言喻之美，直言"我从来没有停止过激赏严复转化原作的本领"，其雅译甚至能掩盖原文之平凡。严译受制于古文义法，时而难以施展，过于节译；时而力求译文之"雅"，不惜增饰踵华，文胜于词，皆有取"雅"舍"信"之嫌。然而救严译之弊，不应因哽废食，弃绝意译。

今之所谓意译，不是节译，而是译文能跨越不同文字间的隔阂，将原文的意思充分而妥适地转化为地道的译文。张其春这本《翻译之艺术》自称偏重由汉译英,认为国人熟悉国文,较易由英译汉,其实并不尽然。以外语译母语固然不易,以母语译外语亦未必能操纵自如,甚至受到外语之影响而"污染"母语,往往使醇厚之原文成为索然无味之译文。需兼备外语与母语的能力,始能左右逢源,不至于顾此失彼。张其春显然是中英两文造诣俱深者,故能将翻译提升到艺术的高度,所列举众多的例子莫不精彩绝伦,顾及音韵之铿锵、词藻之妥帖、风格之多姿,读之令人心旷神怡,有美不胜收之感。

信达且雅足令翻译不会像是一蹚浑水,也不会像是淡而无味的清水,而是像原汁原味的醇酒,诚如张其春在结论中所说:上乘的译品必然词简意赅而不失真、文情并茂而不杜撰、传神玄虚而不晦涩、流利畅达而不嚼蜡、惟妙惟肖而不貌合神离、神乎其技而不好高骛远。苟能如此,则译文本身就是艺术,可与原作并传而不朽矣! 至于是否有必要如泰勒(Alexander Fraser Tyler)《翻译原理》(*Essay on the Principles of Translation*)所主张的,要译出原作的风格,模仿原作的神情,则可待商榷。此一"翻译的照相理论"(the photographic theory of translation),若要实践,难度更高,更何况即使如照相之逼真,仍有东施效颦之虞,去艺术即远矣。

泰勒撰《美国六位总统与中国》读后

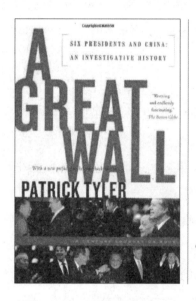

A Great Wall: Six Presidents and
China, an Investigative History
by Patrick Tyler
(New York：Public Affair，1999)

　　台海两岸的情势，一直左右中美关系及美对台政策的考虑。
自美国总统尼克松开启中国大陆的门户以来，在"一个中国"的
前提以及对台湾安全的承诺下，美国的两岸政策显得摇摆不定，
并产生一些悬而未定的问题。在《一座长城：美国六位总统与
中国》一书的作者近年来细心观察中美关系的发展，并查访当事
人、审阅相关数据下，将其始末完整呈现，从中可以窥见美国决

策者的矛盾和争执。

此书作者泰勒为《纽约时报》前驻北京办事处主任，居华五年，颇留意中国的现状与政情。唯此书并不仅仅是记者的观察，更阅读了大量的档案数据，以及访问了许多当事人，包括前任总统福特与卡特在内。当时的总统克林顿则因桃色纠纷缠身而未得访谈。总的来说，作者在取材上颇尽心力，对材料的处理亦称谨慎，时见附注，不同于一般记者撰述，不愧是一本信而可征的当代史。

美国重新与中国接触，以及完成建交到泰勒写书时，共历尼克松、福特、卡特、里根、布什、克林顿六位总统，涵盖时间约30年。30年间，中美关系风风雨雨，问题众多，但读本书可知最突出的莫过于台湾问题，几乎无所不在。建交之前是最大的障碍，建交之后也一直威胁到北京与美国之间的关系，且有与日俱增的趋势。作者此一论点，证明北京所谓台湾是中美关系中最敏感的问题，所言不虚，然而作者却认为一般美国人对此一问题的敏感性与严重性并不了解。不过，这本书并非仅为一般读者而写，对熟悉中美关系者而言也颇有看头。由于许多文件的解密使当年的秘言密行在此卷中一一曝光。对于参与美国决策者之间的矛盾以及钩心斗角也有细腻的描述，对尼克松与福特两位总统任内主持外交决策的基辛格（Henry Kissinger），于其人品与行事，颇有微词。

尼克松开启中国大陆的门户，完全为了权谋，为了解决越战，为了联华制苏，这是大家都知道的事。就北京而言，当时中苏冲突愈演愈烈,尤其 1969 年珍宝岛流血冲突事件之后,已到战争的边缘。中国打消苏联动用核武念头的,是由于毛泽东大胆的氢弹试爆。因莫斯科虽有能力摧毁中国核子,但难保没有漏网之鱼,承受不起万一的反击。于此可见,即使没裤子穿也要原子之远见,否则偌大的中国只能作霸权的附庸,联美根本无从谈起。然而,北京在苏联的威胁下联美,并非没有条件,条件有三,就是从台湾撤军、断交、废约,也就是美国必须要尊重中国在台湾的主权。作者特别指出,基辛格于 1971 年秘密访华时,已经承诺撤军以及一个中国的保证,只是跟台湾断交与废约一直难以解决,故建交迟未完成。足见美国人一开始就知道与中国关系正常化,必须要解决台湾问题为代价。

尼克松开启中国大门不仅具有战略目标,而且视为其个人的外交胜利以及竞选总统连任的筹码,代价是一定要付的,只是必须要安抚美国国内以及共和党的右派势力。美国右派有碍于台湾,主要是根深蒂固的反共意识形态,把台湾视为反共的前哨,故绝不愿承认台湾的主权属于中国。所以尼克松的难题不在承认中华人民共和国,而在否认中华民国。作者指出,美国的智囊包括基辛格在内,早就有两个中国的想法以解决此一难题,但是根本行不通。北京不仅反对美国在台设立任何官方机构,并坚持中国有权以武力解决台湾问题,以至于关系正常化长久无法落实。

难题既难解,矛盾遂百出,1971 年联合国中国代表权问题,美国国务院力保台湾席次,而白宫则担心行动过火,开罪中国大陆,影响尼克松的访华。结果,中华民国的代表权为中华人民共和国所取代,引起美国右派激烈的反弹。适印巴战争爆发,转移了视听,但难题只是冻结,并未解决。美国尼克松总统1972年2月之访问中国,全球瞩目,离华前发表《上海公报》,定下一个中国的基调,明确放弃了之前所谓"台湾地位未定论"的说法。这样的结果实无可避免,但在尼克松随从人员中的保守分子已大不以为然,认为"出卖"了台湾。作者对这一段内情的描述,颇为详尽:打开大门容易,走进去却处处荆棘,因关系正常化必循相互承认与建交的方向发展,而美国与北京建交必须与台北断交。建交之所以长达七年始完成,主要就是因美国的国内因素,右派势力阻挡与台湾断交和废约。尼克松当选连任后又碰上水门案,再难以摆平党内的右派势力。在台湾很多人认为基辛格亲共,其实他从白宫安全顾问到国务卿,一直想用权谋使北京在台湾问题上让步而无效,甚至于离职前失望地认为,关系正常化恐将永无完成之日。作者于基辛格的"失败"着墨甚多,尼克松与福特的共和党政权虽开启到中国之路,终无政治意愿与魄力完成建交。

卡特(Jimmy Carter)于1976年当选美国总统,与中华人民共和国于1979年1月建交。作者认为主要由于两个人的推动,一是卡特的安全顾问、极端反苏的布热津斯基(Zhigniew Brzezinski),二是美国驻北京联络处主任,长于谈判的伍德考克(Leonard Woodcock)。他们担心建交后的台湾安全问题,因一旦承认北京乃中国唯一的合法政府以后,北京万一对台动武,美国有何立场保护中国领土的一部分？但是北京坚决维持其主权立场，不对美国作任何承诺。最后伍德考克建议美国单方面宣示和平解决台湾问题的愿望，不必要求中国在主权上让步。当北京同意不驳斥美国单方面的宣示，建交便如快马加鞭，排上日程。哪知双方对建交后军售台湾仍有认知上的差距，美方以为废约之后，仍可军售，与中方的理解大相径庭，建交虽勉强如期完成，军售难题则悬而未决。更有甚者，悬而未决的难题，美国国会竟然单方面以通过台湾关系法解决之。邓小平为之震怒，溢于言表，但是为了抗苏惩越，为了国内的改革，只好接受卡特的空言保证。至于台北方面，反弹也甚强烈，特使克里斯托弗（Warren Christopher）访问台湾时饱受示威惊吓之外，据说安克志（Leonard Unger）大使把噩耗告诉午夜惊魂的蒋经国之后，蒋氏黯然落泪。作者描述中美建交前后这一段，错综复杂，高潮迭起，最值得一读。

　　卡特与邓小平尚有默契，然因伊朗占领美国使馆的危机，卡特只做了一任美国总统。继任的里根不仅反共的意识牢结，而且与蒋介石有深厚的私人友谊，故在竞选时就一再宣称结交新朋友不忘老朋友，要提升台湾的关系，直至当选后才知美国与北京之间已建立紧密的军事情报关系，共同对付苏联，绝无可能不遵守一个中国政策。对里根而言，可说是身不由己。然而由于心怀台湾与蒋氏，并无意认真执行与北京的协议。作者指出，里根政府虽签订了《八一七公报》，但是无论在私下或公开场合，都在贬低此公报的严肃性，故军售问题一直未得解决，中美关系也无多进展。作者指出，里根率领大批人员访华，主要是竞选连任的政治秀。当美国记者问邓小平访问的成果时，邓说与里根总统第一次见面就是成果，可见一斑。里根的继任者布什（George Bush），颇有中国渊源，曾是美国驻北京联络处主任，很想把中美关系搞好，但他当上总统，最后为了竞选连任，已顾不得有违《八一七公报》，售150架F–16战机给台湾，引起北京强烈的反弹。作者说，布什允诺当选后将补偿中国，只是布什落选了。

克林顿在竞选时，一意抨击布什的外交政策，尤其讥嘲他向"北京叩头"。他当选之后，偏重内政，外交委由安全顾问与国务卿会办，中美关系则由罗德（Winston Lord）主导。罗德力主对华强硬以为可使中国就范，结果国务卿克里斯托弗一行在北京，被羞辱而返。阅读至此，不禁为克氏悲，他老兄先受惊吓于台北，复受羞辱于北京，真是猪八戒照镜子，里外不是人。作者泰勒叙述这一段美国政策的失败，不作主观评论，然评论自在其中，盖罗德辈一意孤行又不识大体之故也。作者认为李登辉访美一事，亦显示了美国国务院的前后矛盾与举止失措，以及克林顿之轻忽此事，以至于造成台海飞弹危机。本书的结论是，美国最好朝中美关系好的方向发展，而不要将其推向坏的方向。至于什么是好的或坏的方向，可略见之于全书的叙述之中。

30年间六位总统，平均一位只做五年，对华政策难具远见。每位新任之初，中美总有摩擦，尤其是台湾问题。中美建交之初就未能完全解决，因而不时引爆，遂不断修补关系，而无长远的进程。但一个中国一直是中美关系的基础，除非不惜断绝关系，美国绝不会动摇此一基础,可见之于对"两国论"的迅速反应。至于台湾问题的解决,作者并无具体的办法,只是重述六位总统一贯坚持以"和平方式"解决的主张。然而,六位总统既没有也不赞助任何具体的和平方式,只是根据"台湾关系法"继续军售台湾,以保障台湾的安全。但是台湾关系法乃美国的国内法,实与中美三个公报的精神相抵触,绝非北京所能接受。而军售乃自建交以来,双方一直未决的悬案,迄今尚无解决的迹象。如何解决,实攸关台海的战争与和平。

疲于奔命的美国霸权

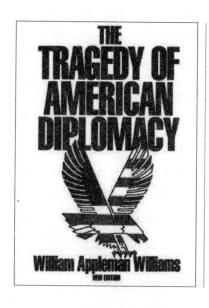

The Tragedy of American Diplomacy
by William Appleman Williams
(New York & London: W. W.
Norton, 1959, 1962, 1972)

　　美国大约在 1890 年已成为西半球的霸主, 当时尚未成为美国总统的老罗斯福(Theodore Roosevelt) 曾极其自豪地宣称下一个 100 年将是美国世纪。在欧战爆发之前, 美国已经"解放"古巴, 并以武力威胁英国与德国接受有关委内瑞拉与加拿大争议的美国立场, 更支持哥伦比亚叛军的分裂行动, 制造巴拿马国, 该国立即授权美国兴建巴拿马运河, 又试图推翻英国银行团支持的墨西哥政府。在此后的半个世纪内，美军干预中南美洲不下 30 余次，不是为了有利于美国的经济或领土纠纷，就是驱逐美国所不能接受的当地领导人，后来，又以武力夺取夏威夷与菲律宾作为殖民地，完全是欧洲老帝国主义的手法。

第二次世界大战之后，由于殖民地纷纷独立建国，联合国谴责帝国主义为侵略、剥削、高压以及侵犯人权的代名词。然而当"新帝国主义"（New Imperialism）在 20 世纪之初盛行之时，所有富强之国，几无不崇奉帝国主义，全力向海外扩张，夺取殖民地以获取资源、市场、劳力，并于激烈竞争之余，以胜出者为荣。强大的帝国主义国家大多来自欧洲，如大英帝国殖民地遍及全球，号称"日不落帝国"。帝国的扩张和帝国之间的竞争与爆发20 世纪的两次世界大战不无关系。第二次世界大战之后，德日两帝国相继灭亡，英法等国可谓惨胜，也无力维持帝国，西班牙、荷兰诸国更无论矣！帝国主义几乎已成为历史名词，但帝国主义的本质仍然阴魂不散。

二战后的冷战局势形成两极世界，美苏争霸，虽不再争夺殖民地，却各拥有附庸国或盟国，视之为"超强"（superpower），称之为两大帝国，也未尝不可。双方在冷战意识形态高涨时期，各以帝国主义相诋毁。美国一直以宣扬民主、自由、人权自豪，并以此标榜，似乎不符合帝国主义的作为。但美国无疑是在新帝国主义时代崛起的后起之秀，与其他帝国主义国家一样，向海外扩张、寻求经济利益。二战之后世局换新，帝国主义之名虽遭唾弃，实则美国与苏联各成为超级霸主，主宰全球。苏联崩解之

后，美国更独霸世界，原可凭其实力重整正义公平的世界新秩
序，环球同享和平红利，可惜美国不仅在意识形态上依然一意孤
行，强加其价值于别国，而且在行动上仍然拉帮结派，围堵遏止，
仍不脱帝国主义的霸权传统，以致介入诸多地区的动乱，代理战
争不歇，战祸未稍逊于冷战时期。美国既然以世界的领袖自居，
亦不讳言霸权，是不是自称的"无害的霸权"（benign hegemony），
值得我们检讨。

　　美国全球策略及其国家行为之所以值得检讨，因其有碍世
界和平，而其有害之举又往往自负具有道德的高度，故不惜强推
其国家意志，只顾及本国之利益，而不自觉地漠视他国的利益，
对别国之威胁过度敏感而对自己威吓别国往往无感，政策失误
而又欠深切的反省。美国建国元老原本反对欧洲王权，原有反
霸的传统；但于百余年间从美东蕞尔小国成为世界强权，却不免
重蹈帝国主义的覆辙，思维与行为不脱霸道本质。美国外交史
家威廉斯（William Appleman Williams）早在 20 世纪 60 年代就
指出："美国外交含有最基本的悲剧因素。"他认为美国持续不断
地向海外动用武力，却无法达到施展武力的初衷，其结果反而造
成冲突、危机与战争。威廉斯所关注的是 1959—1961 年的古巴
问题，但他已觉察到古巴危机足以象征美国在 20 世纪整个外交
的悲剧。威廉斯之见在当年被认为是左派观点、过激的论调，颇
引起争议；但从半世纪以后的今日看来，美国在东亚、中亚、中东
不时动用武力，几乎都以损人不利己的悲剧收场。我重读威廉
斯旧作，反观当前世界大势，深感他确有敏锐的远见。

　　所谓帝国主义是一种国家政策、行动,主张直接以武力扩张领土或以政治与经济实力控制其他地区。二战后,美国以其超强的实力在全球贯彻其所信奉的理念与制度,即以民主、自由、人权作为干预别国的理由。学者凯南(George Frost Kennan)是二战后著名的冷战理论之父,甚至想要以美国无敌的武力来改变苏联的制度。事实上,美国超强的军事实力连许多弱小国家的现实都改变不了,反而制造更多的乱源,所谓治丝益棼者也。诚如威廉斯所说,美国的崇高目标未达,反而增加动乱、仇恨、战争与苦难,最后果然引火上身,饱受恐怖攻击之祸,确实颇具悲剧效果。英国20世纪著名史家汤因比(Arnold Toynbee)曾公开说过:“美国像是一只在小房间内的友善大狗,每当它摇动尾巴,就会弄倒一张椅子。”这个比喻非常生动,庞然大物的美国,在整个世界里,当它不友善时,很可能会弄垮整个世界。

　　20世纪果如老罗斯福总统所料,是美国的世纪,但美国世纪对全球的影响如何? 如何说明美国霸权的悲剧性格对全世界已产生许多负面的后果? 美国以公平正义自许,是否不自觉产生并不公平正义的结果? 美国以其自身的价值为普世价值,而欲强加于别国,是否可以接受? 美国若以世界警察自居,执法是否公平? 归根结底,美国刻意贯彻其自以为崇高的意志,称霸世界,本质上是否也属于帝国主义? 走过必留下痕迹,答案不妨求诸历史。

美国人的特殊使命感

　　美国在19世纪领土扩张时,有句响亮的口号:“明摆着的命

运"(Manifest Destiny)，带有强烈的民族主义国家使命感，认为
领土扩张是命定的命运，一种充满自信与野心的教条，认为并吞
所有邻近的土地乃是完成上帝所授予美国的道德使命。此一用
词广泛地应用，始于期刊编者欧沙利文(John L. O'Sullivan)的
一篇文章，宣称包括英属俄勒冈在内的整个北美大地是属于"我
们的"(此文刊载于 1845 年 7 月的 *The Democratic Review*)，但其
原始含义早于殖民地时代即已有之。从新英格兰到佐治亚各州
人士都深信是上帝的选民，命定拥有新大陆广大的土地，并将民
主自由与基督福音在辽阔的荒原传播，最后遍布全世界。美国
杰斐逊(Thomas Jefferson)总统于 1801 年就职演说中就提到，
美国需要让千万年后子孙有足够居住的空间。诚如一位美国教
授所说："我们很像以色列古国，也是一个与生俱来的'弥赛亚国
家'(messianic nation)，独立宣言与我们的宪法都界定了此一使
命。我们生来就要推行民主、扩张疆域，将自主政府原则向全世
界，作为示范。"美国的"弥赛亚自觉"(messianic consciousness)
极具活力，其能量除来自杰斐逊所标举的"天选之国"(chosen
country)之外，温斯罗普(John Winthrop)所表达的"新英格兰清
教主义"(New England Puritanism)同样有推波助澜之功。认为
新大陆将是基督在地上的王国，点亮独立、革命、民主的热情。
所以"明摆着的命运"具有以救世自居的宗教热情，尊崇上帝意
志的选民只能是"白种盎格鲁-撒克逊新教徒"(White Anglo-
Saxon Protestants)，显然也具有"种族主义"(racism)的内容，我
族优于他族。此一根深蒂固的宗教信念加上自信为民主的典范

形成强烈的美国"国族主义"(nationalism)，扩张主义的动力来自情绪性的国族主义，而落实于美国的"最高利益"(paramount interest)，势必走上帝国主义之途。

坚信自己的制度极其优越，而且自以为善意地要别人采用，就涉及"明摆着的命运"是不是一种帝国主义思想的根源？哈佛教授牟克(Frederick Merk)受到美国著名史家透纳(Frederick Jackson Turner)边疆理论的影响，认为西进运动是民主向边疆的扩张，并无额外的领土要求，所以与帝国主义无关。牟克作此论断时，因未能生见19世纪末美国向海外的扩张，以及星条旗飘扬到菲律宾的情况，足见边疆可以从陆地再扩张到海洋的。"明摆着的命运"在19世纪40年代尚是自我优越感的民族情绪，到了19世纪90年代就成为扩张行动的精神后盾。耶鲁教授亚当斯(Ephraim D. Adams)在1913年面对美国在海外扩张的事实时，特别为"明摆着的命运"的理念作道德的解释，说是要与世界分享美国人所追求的生活方式：民主、自由与快乐。但另一位美国学者弗莱明(Denna F. Fleming)不以为然，断言"明摆着的命运"根本就是美国帝国主义的代名词。美国原是英国殖民地，厌恶并反对欧洲的帝国主义，但自命在道德的光芒下，不自觉地成为一丘之貉。美国总统杰克逊(Andrew Jackson)批评欧洲帝国主义最为严厉，却在任内扩充领土最多；美国国务卿海约翰(John Hay)于1901年高唱门户开放，实际上是要与其他帝国主义国家利益均沾；威尔逊总统出兵欧洲是要为确保世界的民主而战，已见到美国有领导世界的野心。美国霸权以道德自诩,自认为具有至高的社会价值、与众不同的高尚使命,因而有运用其道德原则的特殊权力。但这是不切实际的假议题,因道德是个人的品德与行为,有道德的人不可能是一自私自利之人,但在国际上美国最重其本国的利益,要求扩大其本国利益而损及他国利益,正与道德反其道而行。

美国的特殊使命感有好几个思想渊源:西方文化中早有"天赋人权"之说,所谓"天赋权利"(natural right)就是指由神明所赋予的包括道德与真理在内的"自然律"(natural law),根据自然律诉求诸如财产权、民权、民主权、主权之合法性。自然权利后来发展到国族主义的诉求,18世纪的革命运动就是受到国族主义的启发。更奇特的发展是"天赋权利"成为美国扩张主义的"道德依据"(moral rationale)。自由航行权作为在新大陆扩张的依据,更露骨的是"天赋的安全权"(the natural right to security),这是自我免于任何祸害的权利,却不顾践踏到别国的安全。类似的双重标准对上帝的选民来说就是他们享有的命运,他们标榜政府必须要得到被统治者的同意,但在取得路易斯安那(Louisiana purshase)大块土地时未必得到当地居民的同意。美国政府在1786年也曾保证不会取走一尺印第安人的土地,但到1840年密西西比河以东的土著有计划地被强迫迁走,清空而后夺其地。连当时的美国内政部长都承认"我们"对待印第安人极大部分的记录包括毁约、不公义战争与残酷剥削。墨西哥人的遭遇也好不到哪里,他们被认为是"堕落的民族",必须征讨而后夺其地。

　　但美国扩张主义者的道德天性从来没有承认过任何暴行，反而认为疆界的扩张是文明的扩张、自由民主的扩张。美国总统杰克逊在离职演说中有句名言："上帝选择美国人作为自由的捍卫者，使全人类获益。"

　　另一个渊源来自社会达尔文主义的"优胜劣汰"论，成为强者胜出的理论依据。扩张主义者很容易将适者生存的自然规律，用之于国家的存亡，唯强国才能生存。此又是"种族优越论"的依据，所谓"种族优越"指的是白人至上，尤其是盎格鲁-撒克逊种族之优越性，特别表现在所谓"公众自由"(civil liberty)和"基督精神"(Christianity)上。居住在美洲大陆上的土著被视为"劣等民族"，需要由白人拓垦者加以"消毒"(fumigated)而后"美国化"(Americanization)。不过美国化的重点并不在提升"劣等民族"，而在发展"优秀民族"。美国著名史家亚当斯(Charles Francis Adams, Jr.)自认"(我们)美国人对劣等民族根本无感"。史家费斯克(John Fiske)更公开宣称盎格鲁-撒克逊文化优于其他文化，英国人殖民北美，注定要将地球上旧文明尚未覆盖的土地用英国语文、行英国宗教、遵行英国政治习惯与传统。有一位美国联邦参议员公开说，白人知上帝的意志，所以是最有权利利用土地者。连讲人道主义的大诗人惠特曼(Walter Whitman)也说"美国领土增加的意义是人类幸福与自由的增加"。优秀的民族必然要控制整个世界，就与美国与生俱来的使命感有关，美国的传教士也带有向世界传播"优秀文明"的使命感。伯吉斯(John Burgess)曾把希腊、罗马、斯拉夫、条顿等各族文化加以比较后,也得出强者有权干涉弱者的结论。他的结论是,地球表面大多尚未建立有文明的国家,故世界应由盎格鲁-撒克逊与条顿民族来掌控。其意无非是征服者有利于被征服者之接受文明,"种族优越论"之偏见昭然若揭。

随着美国国力的增长,这种优越论越来越得到宣扬。马汉(A. T. Mahan)宣扬著名的"海权论",强调霸权扎根于海军实力。他于 1890 年发表一本论述海权史的专书,极具影响力,指出海上交通在国际竞争中越来越重要,要保护海外势力,建立霸权,就要控制海上的主要通道,甚至认为海权决定国家的兴亡,即所谓"海权至上论"。马汉的海权至上论在西方得到很大的重视,当 19 世纪进入 20 世纪时,西方大国果然大力发展海上实力,无论海军或商船队伍都有很大的增长。海上贸易得到海军的保护,亦因而在海外建立了一系列的海军基地、补给站、船坞等,作为一步步向海外扩张的基地,美国自不例外。

从扩张到帝国

美国有所谓"孤立主义"(Isolationism)传统,源自其先民离乡背井,渡海到新大陆垦荒,因不满故国的政治动乱与宗教迫害,所以刻意要脱离旧世界的羁绊而追求新生活,既不愿受外来的牵扯,也不愿干预外国事务,以维持行动上的自由。独立建国之后,开国元勋亦尽量避免卷入欧洲政治,首任总统华盛顿在著名的告别演说中,就规劝国人最好不要与任何外国签订永久的盟约。但这并不表示当时小国寡民的美国闭关自守,观诸其早期的外交政策,重点仍在"行动自由",绝非完全孤立。美国也有所谓"反武主义"(Anti-Militarism)传统,建国以后一直没有建立正规武装部队,只有民兵,到 1903 年国会才通过"迪克法案"(Dick Act),结束了历时百余年的"民兵法"(Military Law),正式建立了"常备国防军队"(National Guard)和预备役,并建立军事院校和"参谋系统"(General-Staff System)。这也不是真正轻视武备,一方面开国之初没有维持大军的必要,另一方面受到英国传统的影响,恐惧正规军会成为独裁者的工具,故强调军人必须控制在文人的手中,并严格限制在职军人干预政治,以防止军事独裁者的出现。但这也并不表示真正的轻视军事,1792 年的民兵法规定,各州的白人男性从 18 岁到 45 岁都有服兵役的义务。1802 年著名的西点军校成立,后来内战爆发,许多将校多出自西点。诚如一位英国史家所说,美国不是安详的瑞士,即使在 20 世纪之前的历史上,骚乱与战争并不少见,美利坚合众国根本就是在战争中诞生的。美国的独立革命不仅是要独立,也要扩张,扩张被认为是自由与文明的扩张,在战略上也有了惊人的改变,连旧日"反战"与"轻武"的陈腔滥调也完全抛弃,积极整军经武,即使二战胜利之后仍然维持庞大的军备,冷战以后也未稍歇,继续庞大的军事开支。军人出身的艾森豪威尔(Dwight Einsenhower)总统早在 20 世纪 50 年代就曾警告庞大的"军工业结合体"(Military-Industrial Complex)的危害性,但美国身不由己,不仅无法改变,而且有增无减。

美国独立建国后的领土不到九万平方英里,然而在短短百年之间增加到 350 万平方英里,成为横跨两洋的大国。美国人跨越密西西比河西进,并不是进入无主之地,而是刻意在北美大陆进行领土扩张,号称"命定的疆域"(geographical pre-destination),迫使英、法、俄、西班牙诸国让出殖民地,以及以推广文明为由从墨西哥的印第安土著那里用不同方式取得大块土地。这种"扩张主义"(Expansionism)被认为是"不可抗拒的美国成长法则"(the irresistible law of America's growth),甚至有"政治吸引说"(political gravitation),凡邻近的陆地与岛屿都须美国来吸收,要为后代子孙保障足够的自由土壤,大有并吞整个北美之势,只是最后仅兼并了加州与新墨西哥州而没有达到鲸吞墨西哥与加拿大全境的企图而已。所以,所谓国土的"自然增长"一点都不自然,实际是人为的夺取。

拓荒运动表现个人追求自由的精神,但个人的自由与各州以及全美国的自由都结合在自由随领土扩张的信念之下。不断扩张的美国拥有广大的国内市场,尤其在内战之后能够在一个较安定的环境下发展国内经济,加快工业化生产的步伐,生产的发展刺激科技的进步,而科技的进步又促进了生产的发展。经济遂得到蓬勃的提升,国内市场趋于饱和,美国国内政治和社会也起了极大的变化,为向海外扩张与竞争打下稳固的物质基础。到取得俄勒冈(Oregon)与加利福尼亚(California)后,前进太平洋更是势所必然,边疆已非限于陆地,也包括大洋,向海外扩张的要求越来越强烈,又以"自然增长"与"经济需要"为由走上向海外扩张的帝国主义之路。

英国经济学家霍布森(J. A. Hobson)的经典名著《帝国主义研究》(*Imperialism: A Study*),内容涉及包括美国在内所有 19世纪末的帝国主义国家。他的研究发现,帝国主义国家主要是应大财团与出口商的要求,以保障海外市场与投资利润。工业的成长需要进口大量原料,工业的成品又需要广大的市场,资金的大量累积更需要有利可图的投资。资本主义牟利之本质必定会求助于政府,政府为了保障国外市场,在压力下势必争夺殖民地。此说,近似马克思主义所谓扩张主义是资本主义发展的必然结果,由于资本主义国内市场不能适应其经济的发展,就会导致对外扩张的需求。列宁更认为帝国主义是资本主义的最后阶段。美国著名史学家比尔德(Charles Beard)接受了马克思主义经济学说的一些观点,也认为经济发展是扩张主义兴起的主要因素。由于经济的发展,工商界资本家要求市场,要求投资场所,要求扩大通商和对外竞争,这些都需要政府的保护,政府则对此承担了义务而实行扩张主义的政策,甚至连美国宪法也是由经济因素所决定。比尔德强调的经济决定论毕竟只是一个方面,而作为历史研究,则还必须从多方面来进行综合考察。曾任教于美国哥伦比亚大学的霍夫斯塔特(Richard Hofstadter)提出另一种看法,他认为扩张主义的兴起还有心理上的因素,美国的本土开拓于 19世纪末,已经到达了太平洋沿岸,没有太多新的廉价土地可以开拓了,于是在心理上造成恐慌,产生挫折感(frustration)和苦闷(agony)。这些心理因素刺激了扩张主义的冲动,以便释放挫折感与苦闷,其结果就是具有侵略性政策和行动(aggressiveness)的扩张主义。扩张主义不管如何解释,至19世纪末已是笼罩美国社会的"思潮"(Zeitgeist)。就此而言,美国的知识界,包括史家、记者、政客成为向海外扩张的代言人,有功于张大扩张的"意见气候"(the climate of opinion),形成当时社会舆论的主流。他们看到海外殖民市场的重要性,还早于资本家与商人。疆界已不限于陆地,海洋才是无限的疆域。

美国成为帝国主义的共和国

美国夺取海外殖民地夏威夷和菲律宾之后,终于成为名副其实的帝国主义国家。夏威夷早在19世纪50年代已由美国白人所控制,美国的商人、海员、传教士已经立足于夏威夷,从事各种活动。当地的商会已由美国人掌握,当地的糖业也由美国的路易斯安那糖业公司所独占。夏威夷不但有糖业资源,而且还有大量的廉价劳动力可资利用,更何况夏威夷的国王卡拉卡瓦(King Kalakaua)完全听命于美国,使白人在岛上拥有五分之四的财产。夏威夷成为经济殖民地后,正式并吞夏威夷只是时机的问题。兼并没有迫切性,主要是因为一旦并入美国,就必须执行所有的美国立法,根据美国的劳工法,就不能再获得廉价的劳动力。1869年美国国务卿西华德(William Seward)要求把夏威夷并入美国,至1893年公开宣称:"天赋此岛为防御北美大陆的一部分。"国会虽然没有通过,但仍将珍珠港作为海军基地。对美国言听计从的夏威夷国王去世后,由其姐利留卡拉尼(Queen Liliuokalani)接替王位,情况发生了变化。女王不仅厌恶当地美国人的控制,而且还要争取独立。她在 1893 年 1 月 14 日颁布了新的夏威夷宪法,要使夏威夷重新归于当地人统治,这就与在地的美国人发生了利害冲突。美国人赶紧组织临时政府发动革命,美国驻檀香山领事斯蒂文斯(John Stevens)调动了海军陆战队 150 人登陆,强迫女王退位,宣布夏威夷受美国保护。斯蒂文斯建议美国尽快兼并夏威夷,认为果子已熟,若不撷取,恐落入他国之手。美国总统本杰明·哈里森(Benjamin Harrison)遂将兼并案付国会讨论,但继任的克里夫兰(Grover Cleveland)总统采取保守谨慎的态度,并下令撤出海军陆战队,夏威夷的白人遂于 1894 年 7 月 4 日宣布独立并建立共和国。美国政府迟迟没有采取行动,直到美西战争后,美国取得了菲律宾,夏威夷作为通往太平洋和远东地区的战略地位越来越重要,而且日本也开始觊觎夏威夷,不得不先下手为强;再由于扩张主义的激荡,美国终于在 1898 年 7 月 7 日做出决策,正式并吞了夏威夷。对美国人来说,此乃无可抗拒的宿命,如马汉所言,"美国之扩张既自然,又有必要,更无可抗拒。"

高涨的扩张主义也是美西战争的大背景,导火线是古巴问题,使美西关系越来越紧张。美国早有意以"命定疆域"为由并吞隔海的古巴。当古巴的叛军以焦土政策来对付西班牙的殖民统治,美国在古巴有 5 000 万美元的投资,因利益所在,对古巴局势极为关注。当时美国的舆论同情古巴,所以古巴的叛军乘机在美国境内建立基地,并从美国得到部分武器装备,当然会引起西班牙的抗议,难免不把美国卷入这场冲突之中。西班牙于

1896年派韦勒将军到古巴镇压,并将许多古巴人关进集中营,引起美国报刊的注意,引发传统的使命感,大肆宣传西班牙"惨无人道"的做法,使美国舆论哗然,引发要求美国为古巴而战,为民主自由而战,实行人道主义等。毫无疑问,美西战争的爆发与舆论的鼓噪有极大的关系,刻意渲染、"耸人听闻的报道"(Yellow Journalism)和"好战的宣传"(Jingoism)起了极大的鼓动作用。时任美国海军助理部长的西奥多·罗斯福(Theodore Roosevelt)尤为好战。1893年2月15日发生一件突发事件,便如火上浇油,战争一触即发。当美国军舰"梅恩号"(S. S. Maine)抵达古巴执行护侨任务时,突然在港内爆炸,造成250多个美国官兵死亡。此一事件使群情激愤,报刊更煽风点火,虽毫无实据,却直指是西班牙所策划,老罗斯福乘此立即指控是"西班牙人肮脏的诡计"。美国国会遂决定拨款5 000万美元建造兵舰,此事又激怒了西班牙人,西班牙报纸指责美国人以此进行讹诈,骂美国人是"洋基猪"(Yankee Pigs)。平心而论,"梅恩号"爆炸事件至今仍是一个谜,最可能的是锅炉爆炸事故,但不管正确与否,一般认为绝非西班牙人所为。美国人岂会不知?很可能以此为借口,发动对西战争,夺取菲律宾,作为进入中国市场的跳板。

早期杰斐逊总统自称征服别国不是美国政府的原则,工商界也并不希望战争,因有碍商业利益,但19世纪末扩张主义声势浩大,竭力主张交战,如老罗斯福更力言:"我们宁可牺牲商业利益也要为古巴的自由而战。"麦金莱(William McKinley)政府在强烈的舆论压力下,向西班牙提出了两点要求:(一) 在 10 月 1 日以前给古巴叛军以特赦;(二) 停止关押集中营里的古巴人。这两点要求是美国的最低要求,但是在西班牙看来无异最后通牒,甚至是一种侮辱,无法接受。而麦金莱正在争取竞选连任总统,更不敢违背舆情,终于决定对西作战。美国国会也于 4 月 11 日通过以武力解决古巴问题,并于 19 日又通过四点决议:(一) 西班牙必须让古巴自由;(二) 西班牙军队必须全部撤出古巴;(三) 国会授予美国总统以武力实现上述两点的权力;(四) 美国无意兼并古巴。这实际上就是正式对西班牙宣战了。对于这项决议的第四点在国会中是有争论的,老罗斯福就力主要吞并邻近美国的古巴,以免留下后患,但最后没有被采纳。美西战争首次展示帝国主义的肌肉,在群情激愤下,一战而胜后确立了美国的世界霸权,获得了菲律宾,使美国的势力伸张到远东。然而,却有美国人认为将菲律宾从残暴的西班牙解放出来是他们的"责任",那责任是美国命定要使可怜的菲律宾人接受文明与基督教。事实上,美国于 20 世纪之初在外交方面高度推崇"海权论",并向太平洋采取积极进取的姿态,据有夏威夷与菲律宾两个殖民地之后,无疑已成为一个帝国主义国家。

美国虽于美西战争后成为西太平洋的新兴强权,但欧洲与日本等帝国主义国家已在包括中国在内的东亚划分了势力范围。美国对华北、东北与朝鲜兴趣较大,不免与占有先机的俄、日有矛盾,同时也关心如何保障八千里外的菲律宾殖民地,遂想在亚洲复制对中南美行之有效的"大棒"政策,参与了八国联军之役。美国国务卿海约翰于 1900 年两度宣布"门户开放说帖"（Open Door note），要求维持中国领土完整，貌似正义，但其主要目的是在"利益均沾"。假如列强瓜分中国，关闭其势力范围，美国便无利益可沾。但美国的主张孤掌难鸣，中国又无力配合，只能与列强玩合纵连横的帝国主义游戏。威廉斯称之为"门户开放的帝国主义"（Open Door Imperialism），目标就是为了夺取海外市场，因为这是美国的国内经济繁荣和政治稳定所不可或缺的因素，门户开放政策就是要在尽量不进行战争的情况下使美国的政经权力推向全球，获得广阔的世界市场。

日本自明治维新后崛起，先后打败中国与俄国，加入帝国主义俱乐部。美国在日俄战争期间还偏袒日本，之后由于利益冲突，美日关系逐渐变坏。日本利用欧战在亚洲大举扩充实力，先提出"二十一条"，欲在中国取得特殊的地位，又发动"九一八"事变，不仅违反 1929 年的非战公约，更关闭了整个东三省的门户，美国仅以消极的"不承认"应之。接着，1937 年"卢沟桥事变"后，日军全面入侵中国，美国也未因破坏中国领土与主权完整而对日强硬制裁，直到日本偷袭珍珠港祸及自身，才全力反击，以至有太平洋战争。所以，美国并不能真正将其使命感的崇高理念付诸实施，必要时更看不到自命的道德与正义，最实在的还是考虑本国的国家利益。

疲于奔命的霸权

美国于二战结束时，可称环球一哥，独领风骚，军备固然首屈一指,经济产量也高占全世界的 60%,主导战后新秩序势所必然。美国的使命感也随所负责任之大增而强化,欲将战后世界变成美式民主自由的世界。此一弥赛亚情怀一方面,要终结公然以侵略与剥削为目的的老牌帝国主义,不仅德、日法西斯帝国灭亡,战胜的大英帝国与法兰西帝国也难以继续,大英帝国变成"大英国协",法国海外殖民地也丧失殆尽。但美国却以其战后经济实力,缔造掌控全球的金融帝国,以美元与军力为后盾,称霸世界。另一方面,由于意识形态的差异与战时盟友反目,将共产主义政权视为邪恶势力,导致美、苏长期的冷战。美国深度介入朝鲜战争与越南战争,尽管都是他国内战,美国却认为必须要遏止由苏联幕后主导的共产主义扩张。结果朝鲜战争成为美国第一个打不赢的战争,徒劳无功。越战更成为历时最久而输得最惨的战争,除了给越南造成无尽的苦难,美国也死了近 5 万人,花费 5 000 亿美元,既损人又不利己,毫无正当性可言。冷战结束后,苏联瓦解,美国成为独步环球的唯一超强,当年的老布什总统曾说,人类将同享和平红利,何等美好。但美国所主导的后冷战时代已过了四分之一世纪,世界并不和平。美国居然又深度介入中东与中亚的战争,不再是反共产的"正义"之战,而是与伊斯兰国家的"文明之战",其根源则是扶助以色列在巴勒斯坦复国、立国。犹太人历经沧桑,二战期间遭纳粹屠杀六百万人,有其刻骨铭心的悲情,但巴勒斯坦并非无主之地,岂能据为己有而后在此复国? 当地人反对,即以武力与驱逐的方式处理,造成无数巴勒斯坦人流离失所,长年居住于难民营中,难民营遂

成为仇恨的渊薮,在那里成长的一代又一代的人,都是参与恐怖
主义的候选人。美国将以色列视为中东的盟友与基地,大力军
援与经援之外,无论在安理会或以巴战争,都刻意偏袒。在阿拉
伯人眼里,以色列无异于美帝的鹰犬,所以除了与犹太人长期斗
争之外,不惜用恐怖手段攻击美国。最触目惊心的是"9·11"恐
怖袭击事件,伤亡数千人之多。事后,美国对阿拉伯人为何要采
取玉石俱焚的激烈手段,基本上未做反省与深思,而以人道主义
与打倒专制为名,积极采取赶尽杀绝的报复手段。报复之余,问
题并未解决,恐怖事件仍然层出不穷。中东问题本已无解,却又
制造新的问题。伊朗革命推翻亲美政权,美国仍然不惜保护被
推翻的伊朗国王,导致使馆被侵占,两国绝交,又在两伊战争中
偏袒伊拉克,导致百万人以上的伤亡。战后,伊拉克借故攻占科
威特,美国组联军驱走伊拉克,师出有名,但数年后,小布什总统
当政,却又借故攻占伊拉克,自认为推翻萨达姆(Saddam
Hussein)独裁后,自由民主的高尚目的便可以在伊拉克实现,其
结果使伊拉克分崩离析,动乱不已,最后不负责任地铩羽而归。
更有甚者,又煽动中东"春天革命"(Spring Revolution),想一举
使中东国家民主化、自由化,结果更是一团糟,不仅战乱不已,民
不聊生,而且冒出更加穷凶极恶的恐怖集团"爱杀师"(ISIS),不
仅滥杀无辜,而且手段残忍。岂不是天大的悲剧? 今日犹目睹
二战以后欧洲未见之大难民潮,孰令致之? 美国在"道德上的自
负"(moral pretension),反而造成极不道德的后果,眼见中东人
民的苦难,谁能无动于衷?

　　美国赢得冷战,已无敌国,原可按自诩的高尚使命感,领导和平与和谐的世界,让人类共享由和平带来的红利。孰料美国没有敌国,却要制造敌国。冷战期间,"北约"与"华约"军事对峙,紧张万分;紧张关系于冷战后结束,"华约"解除,然而"北约"不仅依然存在,而且不断东扩甚至要乌克兰加入,直逼俄罗斯边境,导致俄罗斯总统普京强力反制,借机收复克里米亚半岛(帝俄时代原属俄国,苏联时代始划入乌克兰)并介入乌东内战。美国又自认站在道德的高度,谴责并制裁俄国,全不理会谁是始作俑者,自不免引发"北约"与俄罗斯的紧张关系,不断相互军演威吓,天下得不到太平。

　　美国于冷战时期,借中苏交恶联中制苏,加速苏联的解体。中美建交后,关系并不顺遂,要因美国又以其"道德的自负",以人权干预内政,欲以民主自由来改变政权。即使中国大陆改革开放,于30年间经济快速成长,亿万人生活得到改善。以道德自负的美国,少见其喜,多见其忧,虽说欢迎中国和平崛起,实则处处遏止,甚至不惜挑衅中国主权的红线,以及鼓励日本极右翼势力,默许废止和平宪法,更加强美日军事同盟,明言对付中国,激化东海、南海问题。号称"亚洲再平衡"的军事战略,其实又在制造地区动乱与冲突。

　　最令人难以索解的是,在后冷战时代,美国还要搞军事同盟。略读史书便知,军事结盟,相互对峙,乃两次世界大战爆发的要因。美国拉帮结派,不断提升军备,难道还想准备大战? 略有常识者皆知,核大国之间不太可能发生战争,在冷战时期美、苏在古巴危机一触即发的战争,最后化解于无形,即因双方皆知核战无赢家。美国要在亚洲再平衡,又如何跨越核武"恐怖平衡"的雷池? 既然不可能,又一再要与俄、中等核大国为敌,除了虚张声势、制造事端之外,只能图利军火商,将和平红利移作巨大的军火红利。美国耶鲁大学史家保罗·肯尼迪(Paul Kennedy)于20世纪末叶研究五百年来帝国的兴衰,认为经济与军力关涉到兴亡。国家须按其经济资源发展军事,但发展军力的花费,即使再雄厚的经济体,也难以无限制地供给。尤其当新兴经济强权兴起时,势必取代旧的经济与军事霸权。中国大陆自20世纪90年代以来,一心一意发展经济,近又提出一带一路宏伟的经济计划,积极欲与美国建立双赢的大国关系,而美国却要增强军备来遏制中国,并以日本为马前卒,张其声势,来刺激中国,然当今中美关系错综复杂,牵一发而动全身,安能不考虑投鼠忌器? 中国人对日本军国主义的侵略记忆犹新,值抗战胜利七十周年之时,印象必更为深刻,历史与现实相遇,旧仇新恨,情何以堪? 难免不会引发反对美日帝国主义的情绪。美国感受威胁之余,必然更加整军经武,又回头走军备竞赛的老路。按耶鲁大学肯尼迪教授之说,美国经济已难负荷军费的开支,中国又是美国的最大债权国,美国霸权走上不归路,岂能久乎?

结语

早在1903年,欧洲人斯特德(William Stead)就有"世界将美国化"之预言。美国化确已相当普遍,美国至今仍认为世界由其管控才感到安全,彻底美国化才是使命的完成。美国化固然有异于古典式的帝国主义,并不是赤裸裸地靠武力征服与政治统治别国,而是在神圣使命感的激荡下,借由思想、文学、音乐、电影、饮食、科技等文化渗透,以及间谍监听、操弄外国政府与干预别国内政,以便达到美国化的最终目的。就此而言,美国化可以说是一种"隐性帝国主义"(Covert-Imperialism),自然要比老牌的"显性帝国主义"(Overt-Lmperialism)高明得多。君不见,当今许多国家与地区望风向慕而浑然不知,不知美国在道德上的自负产生莫名的"政治褊狭",以其强势,炫耀武力,挥舞大棒,却自认是为了执行普世价值的正义行为,如在中东以推翻独裁,推行自由民主为己任,却造成无可否认的事实:失控的混乱与人道灾难。美国的有识之士早已洞悉美国一意孤行的外交,可称之为悲剧。更有学者指出,美国于二战后五位总统持续的错误政策使得一连串的错失成为无可避免的希腊式悲剧。

附录

当中国遇到美国霸权

　　近年由于中国之崛起,美国人感到其霸权受到挑战,哈佛大学肯尼迪学院的艾理森(Professor Graham Allison)教授就有鉴于中国将要成为全球最大经济体,势必会挑战美国的"太平洋世纪"("Pax Pacifica"),而中国之崛起既全面又快速,在一个世代的时间总产值从小于西班牙成为全球第二大经济体,因任何快速兴起的强权必然会动摇现状,故作文警告不要掉入"修昔底德陷阱"(Thucydides Trap),引起广泛的讨论。连中国领导人习近平于2015年秋天到美国作国事访问时还提到此一名词,他认为中美之间可以避免这一陷阱。

修昔底德是古希腊史家,《伯罗奔尼撒战争史》(The Peloponnesian War)一书的作者,该书指出那场长达27年的希腊城邦战争(公元前431—前404年)之所以不可避免,即由于雅典(Athens)之崛起,挑战当时的霸权斯巴达(Sparta)所致。今日所谓"修昔底德陷阱",就是指新兴强国或引发"当道霸权"(ruling power)的疑虑与恐惧而导致两国最终不可避免之冲突,或因新兴霸权不满既定现状而发难。不论何种情况,在激情、妄自尊大、莫名恐惧、过度荣誉感以及自以为是的意识形态煽动下,往往是两国交战的爆发点。新旧强权之战确实是无可忽视的历史教训,古代既有雅典与斯巴达之争,之后从1500年以来15件类似案例中有11件导致战争,再想想德国统一后超越英国成为欧洲的最大经济体,于是在1914年以及1939年德国挑战,英国反制,爆发了两次世界大战。其实新兴的日本与美国爆发太平洋战争亦复如此,当下中国之崛起又将如何?

艾理森之意希望中美两国能知前车之鉴,互作调整以免冲突。历史可以影响到一个国家解释其当下情势与战略目标,中美之间历史经验迥异,价值观与战略矛盾也大,冲突状态虽然形似,但情势与前史大异,无论时空与政经都不可同日而语。今日中美之间的经济密切相关,有异于希腊城邦各自的贸易系统。雅典与斯巴达为两个比较孤立的城邦,不像中美之间千丝万缕的大国关系。两国虽异而相互竞争,但有太多在经济、社会、文化上的合作与互动,更何况还牵涉到许多其他国家。更重要的是两国都拥有威吓性的核子武器,谁也不敢承担挑起核战的风险。冷战期间美苏关系紧张,连古巴危机都没有导致战争,即归功于恐怖平衡。当前中国在东海与南海伸张海权,确保主权,虽触动美国海洋霸权的敏感神经,但斗而不破之势,显而易见。此外中美两国都有诸多亟待处理的内部问题,诸如经济改革、人口老化、社会福利、贫富不均、提升教育、环境保护、气候变暖、国土安全等等。换言之,国内的挑战比来自境外的挑战更为严峻,双方都希望维持国际上的稳定,势必要努力寻求和平解决争端,美军的强势,作态而已。

与中国崛起相对的是美国衰退,美国人自己已经在讨论美国霸权能否长久,多年来的紧缩能否重振? 黑人总统奥巴马(Barack Obama)于 2012 年提出的"国防战略指针"(Defense Strategic Guidance)就曾被批评为缺乏威力,软弱不振。若美国国内的政治与经济问题不能成功地解决,干预国际事务不够公平正义,军费开支不能节制,美国的国力非仅不能重振,整个结构性迈向衰落,势不可免。至于中国是否有意取代美国的霸权? 霸权转移是否必然会引发冲突? 霸权之间冲突的例子大多见之于崇尚军国主义与强权政治的近代欧洲。中国作为新兴强权长久以来自称不称霸,立场甚是一贯,美国人或不信是真话。如果中国真讲王道而不讲霸道，真正是和平崛起，美国也能调整其态度与行为，和平相处的大国关系未尝不能建立并持久，更何况今后的世界已不可能任由一国独霸，无需争霸，也就不会坠入修昔底德陷阱。作错误的类推是误读历史，有负于慎行之睿见。明代史家于慎行慧眼认为历史经验非不可学，唯须得法，若谓"天下之事，有异情而同形者，当曹操伐吴之时，则降者亡而战者胜；及魏鼎既成之后，则战者败而守者全。何也？前之形未成而后之势已定也"。如只知其势而不知情，正好学错了历史经验，反之亦然。同理，"天下之事有同事而异功者"。春秋时代晋文公围曹，威胁发曹人冢墓，使曹人惧而入曹；然而燕攻齐，燕军真尽掘城外冢墓，激怒齐人而败燕军，用计同而成败异。相同的一件历史事件，由于情势的不同，会有完全不同的结果。如果学习历史先例而不知情势有异，很可能适得其反，反而学错了历史经验，甚至造成难以挽回的灾难。

一个历史学家的历史

《读史阅世六十年》
何炳棣 著
（香港：商务印书馆，2004年版）

　　美国著名史学家老施莱辛格（Arthur M. Schlesinger）在哈佛大学执教30年后，于1963年75岁生辰的时候出版了一本回忆录，称之为《一个历史学家的历史》（*In Retrospect: The History of a Historian*）。历史学家不太写自己的历史，老施莱辛格是他那一世代史家写回忆录的第一人。中国近、现代史学家也不太写个人的历史，顾颉刚的《古史辨自序》历叙治学经过与生活感受,虽曾传诵一时,然写于1926年,只不过是他早年的回顾。陈寅恪的《寒柳堂记梦》自传,因"文革"之故,只剩下断篇残章。相比之下,何炳棣的《读史阅世六十年》难得的完整、细致和深入,把一个历史学家的历史写得淋漓尽致,坦诚率真,不仅留下精彩的记录,而且保存了可贵的史料,给我们提供了一席丰富的知识飨宴。

何炳棣先生是当今利用社会科学、结合传统考证方法,研究中国历史最有成就的历史学家,他的主要论文以及专著莫不读如严谨的社会科学报告,成为经典之作。他的这些英文著作才真正是"国史海外开新篇",主要靠中文著作是无法在海外开新篇的。他的成就固然得力于他的勤奋好学,孜孜不倦,例如,他从来不回避问题,不惜自修钻研;他也常常为了讨论问题,可以在电话上与世界上任何地方的专家长谈,颇有打破砂锅问到底的气概。说到气概,何先生南人北相,长得人高马大,望之俨然,即之也温。做学问既有关公耍大刀的气势,也有其绵密的细心。我仍然保存着他于1962年到台湾出席第二届亚洲历史学家会议时的访谈剪报,他向记者特别强调一个历史家不仅应该使大刀阔斧,也应该能用绣花针。所谓"大刀阔斧"者,宏观的理论也,而"绣花针"者,乃多维度的细密考证;"绣花针"与"大刀阔斧"正是何炳棣作为史学巧匠的利器。

何炳棣作为历史学家也有其一定的幸运,他享有一个伟大历史学家必须要有的长寿。他年登八秩之后,精力依旧充沛,不仅另起炉灶研究中国古代思想史,而且从容写作这部回忆录。

他生长在动乱的中国,在他那一世代里不知有多少精英在洪流里不能完成或继续学业,而他却能在当时中国最好的学校受教育,像南开清华;亲炙到最优秀的老师,像雷海宗、蒋廷黻、陈寅恪、冯友兰,又得以留美深造,在美国第一流大学研习而后执教,在史学研究的领域内驰骋数十年,"业"成名就,而他的这部回忆录足以为他在学术上的成就佐证。我们读此书,可以感觉得到,他有一股在史学领域内大显身手的强烈使命感。

何炳棣叙写读史阅世,基本上仍以编年时序为主,从家世到入学,从清华到联大,从国内到国外,从纽约到温哥华,从芝加哥到尔湾,但在时间的直线上不时出现重点深入的"专忆",一共追忆了十几位人物,以及在相关的时间点与线上,延伸出横切面似的"附录",对特定时间里发生的事做了及时的补充说明,并保留下珍贵的史料。这种颇有创意的写法也许会迟缓了叙事的进展,或亦不免偶有重复之处,但作为高度学术性的回忆录,却有其必要性,否则相关的师友与学术问题只能浮光掠影地点到为止。

全书以"读史"与"阅世"并列,但分量显然前者重于后者,因为作者刻意把记忆的重点放在学术,不愿于世道人心多所着墨,过于月旦人物,唯与学术相关的人物臧否,亦不讳言。何炳棣乃学院中人,生活大都在院校内,活动鲜出学术圈外;然因其身处新旧交替的大转变时代,亲历动荡中国的内乱外患,特别是日本之侵华以及长期冷战的东西对抗与结束;风声、雨声多少会撼动书斋里的读书声,时而不免卷入象牙塔外的纠纷,故其所阅之广阔世界,亦颇有我们这一代以及下一代所"阅"不到,也感受不到的经验,记录下来,当然也极具史料价值。

何氏像他那一代的其他学人一样,学成时山河变色,不能归国,不免有背负多难故国十字架的感觉,在异乡每多故国之思,希望中国富强,是很自然的事。何氏因其性格上的强势,只是在爱国情操上表现得更为强烈而已。犹忆1981年的秋天,在武昌出席辛亥革命70周年学术讨论会上,我遇见何先生并为他拍了一张照;翌年,接到他的来函说:"蒙摄扬子江边濯手一照,至感至感! 波兰天才音乐家肖邦远赴巴黎时,曾携故乡沙土一袋。余以炎黄子孙,决心一亲长江之水,正此意也。"爱国之情,情见乎辞。然而,有人在学术论辩无话可说时,以"民族主义"作为攻击何氏学术的武器,不过是黔驴技穷后的焦点转移。事实上,何炳棣的爱国不会减轻他史学的分量,就像杨振宁爱国不会减轻他物理学的分量一样。法国伟大史学家布洛克(Marc Bloch)是两卷本经典著作《封建社会》的作者,也是法国伟大的爱国者,他曾说过"他是彻头彻尾的法国人,完全沉浸在法国的精魂与传统之中,使他不可能在另外一个国家自由地呼吸"(He was so thoroughly French, so impregnated with the spirit and tradition of France, that he did not think he could breathe freely in another country)。没有听谁说过,"年鉴学派"(the Annales)大师布洛克的民族主义会影响到他史学著作的水平。

作者似乎没有记日记的习惯,然而却能记忆往事既详尽又细微,诸如童年时家里的对联,父亲在作业上题的诗句以及"不要在狗洞里称天王"的训斥,小学级任老师的姓名、籍贯、形状、声貌,少年游伴不渝的友情,南开中学求学时的"成长痛苦"、学习细节,因参与反威权学潮而被开除以及山东大学难忘的一年,都栩栩如生地呈现在读者的眼前。

清华岁月决定何炳棣成为历史学家,对这一章分上中下三段描述,颇为详尽,对于清华园"优美的自然环境和充裕的物质资源",60余年后回顾,犹感如在"天堂";当然还有精神上的享受,30年代的清华名师如云,图书充足,而作者又能充分利用,力争上游,在课业上也求完美。他在清华大学那样有计划的自修苦读,足可供今日历史系在校同学的榜样,切莫光阴虚度。他与雷海宗教授的师生情谊最笃,数十年念兹在兹,虽海天相隔,积极探询,终于取得联系,书中所附雷氏1962年复作者函,读来亲切感人。作者也用了相当多的篇幅,纪念雷海宗,发先师之潜德。

"留学"如作者所说,在当时已成为"新科举",为学子跃龙门之所必需,亦作者预立之志向,言之甚详。新科举之难,较之旧科举,有过之而无不及;自费留学除了富商巨贾外,几无可能,而公费无论学科或名额均极有限。作者于1940年第一次参加清华庚款留美考试,只有"经济史"一科可考,结果以些微分数落榜;过了两年,第二次考试又多生波折,先是"西洋史"一科可能取消;幸而未取消,又一再延期,最后从沦陷区出来,只剩下三个月的备课时间,主要凭久蓄的实力,考取这唯一的名额,而且成绩名列各科考生之冠。作者从多方面分析其致胜的原因,除了西洋史是他的强项之外,科目试题之得当,有备而来的丁则良却因病未能应考,在在使他感到有"一只看不见的手正在安排凡世间人的命运"。最值得指出的是,作者并未将这一段叙事局限于个人的得失,而从宏观的角度讨论试题的得失与国家抢才的谨慎,并观察历届中美、中英庚款考试,发现"20世纪新登科录中创下最高荣耀的是学兼东西、文才横溢的钱锺书"。走笔至此,不禁感到:庚子赔款乃中华之奇耻大辱,然而部分庚款转为公费留学之资,培养了像钱锺书、杨振宁、何炳棣等第一流的学者,不啻是把大坏事变成了大好事!

　　作者于抗战胜利后的1945年的年底到达纽约,开始他人生的"海外篇",读史阅世自此移到北美。他描述初莅的纽约,细说饮食与居住的情况,午餐一元二角,单身公寓每周五元半,地铁仅五分,数字记得如此清楚,简短地重建了40年代的纽约时空,读之不胜今昔之感。

　　何炳棣选择纽约哥大的主要目标是完成博士学位,他对导师的选择、课程的研读、两次口试的经过,都有详细的叙述,尤其是口试,无论是日期、地点、对答的具体内容、心理状态等,可谓巨细靡遗,展现了惊人的记忆力。前人提到博士口试,往往一笔带过,从来没有这样细微,不啻为博士口试留下一则完整的记录,值得读者仔细玩味。作者当年对答不仅如流而且还多所增益;顺利通过,自不在话下。作者今日回顾,俨然有自豪之感。

　　博士论文是学者的一个里程碑,也是学术研究的一个重要起步,本书提道:"上世纪炎黄子孙博士论文一出立即被誉为国际名著者只有两部"，即萧公权的《政治多元论》(*Political Pluralism: A Study in Contemporary Political Theory*) 与陈体强的《有关承认的国际法》(*The International Law of Recognition*)。炎黄子孙所写有关西洋史的博士论文，不知有几部，谅必甚少，何炳棣的博士论文《英国的土地与国家》(Land and State in Great Britain, 1873—1910: A Study of Land Reform Movements and Land Policies) 一如其导师所说，"是值得自豪的成就"，仅因细故，延误了正式出版，令英国农业史权威学者感到"遗憾"。不过，这部史料充沛、"具有思维魄力"的论文，功并"未"唐捐，为他转向中国史研撰打下了坚实的基础，用西洋史的观点来研究中国史，对他来说，不再是空话，而是有丰盛的实际经验可据。

从英史到国史，用何先生的话说，像跃龙门；一跃而过的处女作则是《两淮盐商与商业资本之研究》，接着是《美洲作物传华考》《中国历史上的早熟稻》《明清人口史论》《明清社会史论》《中国会馆史论》等一系列论著，源源而出。这些论著几全用英文写作，读者阅读这些论著的内容，不可能知道这些内容是如何形成的，而这本回忆录回顾学术写作的经过，从问题的提出、资料的搜寻到如何在图书馆里"开矿"、如何写作、议题之展开以及原创之所在，莫不娓娓道来；读者若再回头看原著，当更有会心。读者同时也可以注意到，作者"跃过龙门"之后，就力图超越"大杂货铺"式的"汉学"(Sinology)传统，而吸收其考证的精髓。作者见证二战后在西方勃兴的"中国学"(China Studies)，认为无论在范畴与观点上均较汉学宽广，然亦不偏废传统汉学之长。何氏志向远大,更将其研究课题与特定的学术专业接轨,他的美洲作物论文发表在第一流的人类学学报上,他的早稻论文发表在第一流的经济史学报上,个人跻身顶尖学人之林的"虚荣心"事小,打破"大杂货铺"的陈规事大,笔者认为作者是利用社会科学结合传统考证方法研治国史最成功的史家,即在于此;至于开这一方面的风气之先,尚属余事。

何炳棣钻研多年的明清人口史论,终于在 1959 年问世,定名为《中国人口史论,1368—1953》,为此一重要课题的"开疆辟土"(ground breaking)之作,除了学界的佳评之外,不寻常地赢得《泰晤士报》的主要社评,受到国际间普遍的重视。早在这第一本书出版之前,第二本书已在进行之中,那是有关明清社会流动具有原创性的研究,于 1962 年由哥伦比亚大学出版社出版,书名是《明清社会史论》(*The Ladder to Success in Imperial China: Aspects of Social Mobility, 1368—1911*)。此书被全美学术联合会评选为整个史学范围内最主要的七百五十部书之一,除了引起西方中国史学界的极大重视外,也影响了在台湾研究社会经济史的好几代学者。作者主要根据三四万进士和举人的三代履历所呈现的社会流动而成书,但仍遭遇到有些西方学者的质疑,特别是哥大的海姆斯(Richard Hymes);不过,由于海氏对"家""族"等基本概念的混淆,模糊了新进士向上流动的社会与制度意义,以致怀疑科举能促进统治阶层与平民之间"血液循环"的论点。最近艾尔曼(Benjamin Elman)有关明清科举的专著,于科举制度本身之研究,史料多样而完备,颇有参考价值;然有关社会流动问题,仍然延续海氏的论点,认为何氏低估了家族与婚姻对向上社会流动的功能,以至于所得出三代平民出身的进士比例,失之过高。其实,何氏回顾家世时,特增"附录"以借今证古,指出唯有从中试者祖上三代履历,才"最能反映社会阶层间的上下流动",而艾尔曼在日本辛勤搜集的 11 种具有三代履历的进士录,如其表 5.1、5.2 所示,平民出身的中试者的百分比与《明清社会史论》同时期的统计"大都符合,甚或稍高",恰恰可以证明:科举考试在相当程度上仍然是明清社会阶层上下流动的主要渠道。然而,艾尔曼却回避了这些统计数字的意义,以避免证实平民中试者百分比之高,有碍其书中的主要结论。何氏借力使力,用艾氏自绘之表,明快驳之,特别值得读者留意。

明清人口与社会两部专著的出版,奠定何氏坚固的学术地位,结束了在英属哥伦比亚大学 14 年的教职,移讲芝加哥大学,开启另一段学术路程。何氏对于美国学界聘任的过程,讲演、对答、社交、签约,作了要言不繁的描述。芝加哥大学是美国的名校,何氏对在该校发展中国史研究原有壮志宏图,曾拟拉哈佛的杨联陞过来,使瑜亮同校,天下无敌;之所以未成,除了有趣的瑜亮情结外,亦可略见美国学界挖角以抬身价的效果,此笔有趣的实录,不可不看。作者在芝加哥的 24 年期间,精心设计课程,收到很好的学生,学术活动与交流,也大大扩展,用徐道邻的话说,"辩才无碍,游刃群雄间";然专心研撰,忽略了系务,以至于因内部"暗斗"使芝加哥大学新建之东亚教学与研究,呈现衰象。作者于此,颇耿耿于怀,痛惜之情,溢于言表。

作者于芝加哥时期的研撰，除了北魏洛阳与南宋以来的土地数字外，主要在探索中国文化的起源。先后完成中文本《黄土与中国农业的起源》与英文本《东方的摇篮》(*The Cradle of the East: An Inquiry into the Indigenous Origins of Techniques and Ideas of Neolithic and Early Historic China*, 5000－1000 B.C.)。此外，英文论文《黄土与中国农业的起源》(The Loess and the Origin of Chinese Agriculture)于 1969 年 10 月在著名的《美国历史评论》(*American Historical Review*)登载，为华裔学人前所未有之殊荣。

吾辈深知，探讨任何起源问题，都是头等的难题，作者自选最困难的题目攻坚，而且还涉及专业以外的许多专业，其艰苦与毅力可以想见，然未能想见的是英文书稿完成之后，无论出版过程的曲折以及出版后的纷争，真可说是"赞美"与"攻忤"齐飞，毁誉绵绵无尽期。作者对这部书的写作、出版、辩难，以及对方以放弃答辩终，都有详细的说明，读者可以略见论证中国文化本土起源之艰辛，亦为我们留下学术史上一则值得深思的佚闻。

作者于 1987 年自芝加哥大学汤普逊讲座教授退休已 17 年，于 1990 年尔湾加州大学杰出访问教授退休也有 14 年，相当于他早年在英属哥伦比亚大学执教的时间。这一段时间虽从教职上退休，但在学术上又开一春，即本书《老骥伏枥：先秦思想攻坚》所述。作者转攻思想史，好像又是一个飞跃；其实，从钻研文化起源到钻研思想起源，自亦有其一定的逻辑。从黄土的特性发见华夏原始农耕的特性，又从此特性发展出村落定居农业以及家族制度和祖先崇拜,可见自仰韶一直到西周其间"血缘链环"之形成,以及之后借宗法制度的推广以控制广土众民。秦汉大一统在政治形式上固然变成郡县,但在精神上仍然延续宗法,皇帝实乃超级之宗子。华夏文化中延绵不绝的"宗法基因"之发现,为作者近年最重要的创获;窃以为以此基因为主旨,足可写一部崭新的中国通史。

何氏攻先秦思想之坚,立即在考证上有重要的突破;其要端有二:其一,考出《孙子》成书于公元前 512 年,早于《论语》,为吾国最早的私家著作,故亦早于《老子》,而且《老子》之辩证思维实上袭《孙子》,首发孙老易位的"石破天惊"之论。其二,重新考定老子年代,从司马谈与老子后人李解之关系与李氏谱系之获得,上推李解父祖,估算老子李耳约生于公元前 440 年,晚孔子约 111 年,晚墨子约 40 年。并驳王国维《太史公行年考》一文中所谓司马迁生于公元前 145 年说,而确定为公元前 135 年,拙著《史传通说》亦不以王说为然,甚喜何先生更加细密地考定司马迁的生年。何氏又进而从孙老之文本,论证老子的辩证思维实祖述孙子。

作者重新定位先秦思想,一旦确定,势必对中国学术思想史有革命性的影响;然而定位之工作尚未竟全功,仍在进行之中。《孙子》一书既被定位为吾国最早的私家著作,而作者孙武又是"人类史上最彻底的行为主义者",对后来诸子百家的影响,当然不仅仅老子一家而已。本书篇末指出,《孙子·计篇》所谓"道",乃"令民与上同意也",已发一元化政治机制的先声,而《墨子·

尚同》的篇名，正是孙子论兵要旨的忠实简化，而其内容则表达了由"同"到"一"的语义转化，已出现"一同天下"的语句，所谓"同天下"者，即"一天下"也，亦即是将整个天下"一以同之"，甚至进而推论治国若治家，使全民若使一夫，圣王为了使天下大治，莫不以"尚同为政"。足见生于孔子与孙子之后的墨子，已认识到政治机制之"一元化"乃时代趋势之必然，而此一元机制也就是允许圣王无条件统治无知民众的专制机制，最后成之于秦始皇之手。此外，墨子学说更将《孙子》残刻阴森如同"行为主义"的理论体系，诸如"若驱群羊，驱而往，驱而来"，加以伦理化或宗教化，诸如讲"列德而尚贤"，说"兼爱"，敬"天鬼"。墨子大讲伦理道德迫使行将争鸣的诸子百家，也披上伦理道德的外衣。百家学说固然有异，但其核心莫不是君人不择手段的南面统治之术；然而"外衣"毕竟是装饰，其核心思想仍是专制一统。百家争鸣的最后胜利者是讲究严刑峻法的法家，自孙武到商鞅的"兵法"直到韩非集法家之大成，再发展到秦汉以降两千年的专制政治与文化。此一思想史上的轴心，已经隐约可见；然而有关法家的渊源以及其中错综复杂的思想关系，犹待何氏详考。吾辈于作者"读史阅世"的最后丰收，有厚望焉。

叶嘉莹的诗艺人生

《红蘨留梦——叶嘉莹谈诗忆往》
叶嘉莹口述，张候萍撰写
（北京：生活·读书·新知三联书店，2013 年版）

　　叶嘉莹教授，字迦陵，出身世家，家学渊源，自幼勤读诗书，进大学后又得名师传授，对中国传统诗词有极深的造诣。随夫婿迁台后受到政治迫害，备历艰辛。幸凭其在诗词上的造诣，先后受到台湾大学、哈佛大学与不列颠哥伦比亚大学的赏识，桃李满天下，扬名中外。改革开放后，自动请缨回国讲授诗词，引起极大的反响与成效。今迦陵先生定居南开大学，主持诗词研究。

新屋也已在校园建成,美观舒适,经早年的坎坷后,终得晚年安居迦陵学舍。这本口述自传,道尽迦陵先生的遭遇及其在苦难中的不懈奋斗,如何受到专家学者的敬佩与广大读者的喜爱,如何对中华古典诗词的传播作出巨大的贡献,值得大家细读。

回顾历史,中国自鸦片战争以来,门户洞开,外力入侵,屡遭挫败,不免在心理上由排外而惧外,由惧外而媚外,一意倾心西学,视旧学如敝屣,于是,自唐、宋、元、明至清所建立的政治与文化秩序,终于崩解。庚子事变后,清政府即已下令书院改制为学堂,此后为了推广学堂,卒于 1905 年废除科举。其间外来势力也起了推波助澜的作用,如西方传教士就想要清除科举,以便以基督教来取代儒教,在宣传上也起了作用。科举废止后,学堂遽增。新式学堂的性质不同于古之学校,无论是小学、中学或大学,在学制与教学内容上,莫不兼取日本与欧美,都来自外国。其结果学制与课程一律西化,传统学问被视为封建文化,统而攻之,自然造成传统资源与新时代价值之间的重大文化断裂。国人喜读西书,视西洋实学为当务之急,认为旧学无用,是新学的障碍,甚至有人要把线装书扔进厕所里。所谓知识结构在现代的转换,实际上只是以西学取代中学,中学并无转化的余地。连梁启超也说,学者原来好像生息在一个漆黑的房间中,海通以后忽然看到窗外从未见过的灿烂,有云"于是对外求索之欲日炽,对内厌恶之情日烈"。

职是之故,民国以后经学既已被污名化,史学也被贬为一家一姓的历史而遭鄙弃。"五四"新文化运动更以传统文史之学为攻击的对象,全盘西化似乎已成为大势所趋。教育部于 1920 年以白话取代文言,古籍渐成天书,旧学花果飘零。甲午战争前后出生的一代,以陈寅恪为例,接受了西学,但国学的根基犹在;辛亥革命前一年出生的钱锺书学到精湛的西学,仍然有国学的底子。然而陈、钱两个世代学人的国学,靠得都是家学。出生于"五四"之后的叶嘉莹又如何获得旧学的根底呢?也是靠家学。

迦陵先生不像她的同学一样进新式学校,她小时在家里读四书,开蒙第一本书读的就是《论语》,她有幸出生于传统的书香之家。她的曾祖父在清代咸丰年间官至二品,在北京西单附近,有一座很大的四合院,她的祖父为光绪年间翻译进士,在工部任职,所以大门上原来曾有一块题写着"进士第"的横匾,迦陵先生就在这座院子里出生、长大,度过她小时候的时光。在古雅宁静的庭园内,藏有丰富的古籍,她的伯父尤喜藏书,用三间南房作为书房,一排排的书架,充满书香。身处此一环境,若不喜欢读书,未免宝山空回。迦陵先生自小偏爱读书,则犹如鱼之得水,自称"把所有的精力都用去读书了",遂打下读古文的坚实基础。与她一起生活在大院里的长辈又多喜吟咏,连伯母与母亲也都读诗,耳濡目染之余,习于背诵吟哦,多有体会。当她 11 岁,同龄的儿童仍在读白话文的时候,她已能作出合乎格律的七言绝句。之后,诗艺日进,得到伯父的赞赏与怜爱。战后,她离家南下,伯父有赠句曰"明珠今我攘,涸辙余枯鲋",依依不舍之情,溢于言表。所以迦陵先生虽出生于民国,仍拥有一个传统士族家庭,在充满传统人文气息的氛围中成长(页 5—19)。值得指出的是,他们叶家原是蒙古族旗人,虽仍然保留满人习俗,但在文化上已高度汉化,于汉文化浸润之深,不下于旧时代的汉家名门望族。

迦陵先生对于她的书香之家,印象深刻,一辈子记忆犹新,怀念那"静静的院落",孕育了她的"知识生命与感情生命",自认深受故居中古典诗词气氛与意境的影响,直言"这所庭院不仅培养了我终生热爱古典诗词的兴趣,也引领我走上了终身从事古典诗词教学的途径"(页9)。她幼承的家学使她迈向成为一位古典诗词大家的第一步。

迦陵先生在中学时代,兴趣已经养成,于课余之暇,勤于读诗与写诗之外,特别喜欢阅读古典小说,以及对纳兰性德的《饮水词》与王国维的《人间词话》发生极大兴趣,因而既爱诗又爱词,终于在诗词两道,涵养俱深。她于15岁时就能写下许多佳句,如《秋蝶》一首:"几度惊飞欲起难,晚风翻怯舞衣单;三秋一觉庄生梦,满地新霜月乍寒。"小小年纪不仅用典妥帖,而且对自然与生命具关怀之心,俟人生阅历渐多之后,诗情当然益发真挚感人(参阅第二章)。

日本侵华,迦陵先生沦陷在北平,于1941年考上辅仁大学国文系,而没有选择原想考的北大医学系。这当然是她人生极其重要的抉择,如果读医,古典诗词的底子大概只能作为她业余的嗜好。毕竟她选择了中国文学,又因进入辅大,得到清河顾随先生的教诲,结下难得的师生之缘,使她在诗艺上更上层楼,令她终生感念。师徒相得益彰,成为学界一段佳话。

顾随先生，字羡季，当代词学大师。犹忆 40 余年前我在美国西雅图华盛顿大学读研究所时，业师萧公权先生虽是政治思想史权威学者，然兼擅诗词，撰有《迹园诗稿》与《画梦词》。萧先生曾告诉我，他在燕京大学教书时，觉得该校英文程度优于中文程度，但也有例外，如中文系的顾随就很有才华，尤工填词。他最欣赏顾氏在燕京周刊上发表的一阕《采桑子》："赤栏桥畔携纤手，头上春星，脚下春英。隔水楼台上下灯。栏杆倚到无言处，细味人生，事事无凭。月底西山似梦青。"萧先生接着说，当你来到燕大的未名湖畔，更能体会"隔水楼台上下灯"的妙处。

迦陵先生虽还是大二学生，因已有家学所奠定的诗词根底，一旦接触到像顾随这样的好老师，特为惊喜，此美国人格心理学家罗特（Julian Rotter）所谓新旧生活经验的交互影响。她接触到顾随的新经验，又受到来自伯父旧经验的影响，而新旧经验的差异，使她有更上层楼之感。她日后在《顾随诗文丛论序言》中说："伯父的引领，培养了我对诗词之读诵与写作的能力和兴趣，羡季先生的讲授则开拓和提高了我对诗词的评赏与分析的眼光和境界，先生对诗词的感受之锐，体会之深，其灵思睿智，就我平生阅读交往之所接触者而言，实更无一人可相伦比。"她又说："顾先生在课堂讲授中所展示出来的诗词之意境的深微高远和璀璨光华，更是使我终生热爱诗词，虽至老而此心不改的一个重要原因"（页 70）。迦陵先生受教于羡季先生后在知识上的喜悦，使她不仅在辅大读书时得以领受老师的教诲，而且毕业后仍去旁听老师的课，在六年之间得到说不尽的"启发、勉励和教

导"，于诗歌里的生命感发，领悟尤深(页 65, 69)。诚如缪钺在
《迦陵诗词稿》序言中所说，叶嘉莹蒙其业师顾随"知赏，独得
真传"。

顾随先生又如何看待这位与众不同的学生呢？他倾囊相授
之余，视之为尽得其所学的高弟，更于书翰中殷勤期盼她"于不
佞法外，别有开发，能自建树，成为南岳下之马祖，而不愿足下成
为孔门之曾参也"。顾先生眈于国学，不废西学，希望他的女棣
亦能通外语，进而吸取西学。顾先生执教于日军铁蹄下的北平，
爱国之心见乎诗情，此心于迦陵先生感受也深。弟子不负师望，
将老师的期盼不仅实施，且能发扬光大，只可惜恩师不及见之，
而骤归道山。然弟子不忘师恩，不懈地努力收寻遗泽，于相隔
40 年后的 1986 年出版了 40 余万字的《顾随文集》。晚年，弟子
又从退休金中拿出 10 万美元，设立"驼庵奖学金"以纪念顾随老
师，师复因弟而显于世，岂非人间难得的佳话？

抗战胜利后，迦陵先生南下结婚，顾老师家宴送行，且先赠
诗惜别，情见乎词："蓼辛茶苦觉芳甘，世味和禅比并参；十载观
生非梦幻，几人传法现优昙；分明已见鹏起北，衰朽敢言吾道南；
此际冷然御风去，日明云暗过江潭。"黯然惜别之余，亦欣喜"鹏
起北""吾道南"，于迦陵先生寄望之深，溢于言表。弟子惜别之
情亦不逊于乃师，南下后于 1948 年 7 月 2 日即驰长信问候，并
附照片，老师于 7 月 7 日回函说："像片自当收藏，信则一口气读
完，虽然有六页之多，寂寞极难破除。"孰料时局急转直下，山海
阻隔，连通信的机会都没有了，更无论师弟之间的唱和之乐。

迦陵先生在宁静安详的大宅院里长大,即使在日军占领期间,生活虽艰困,仍有师友亲人相聚之乐。然而南下之后,适逢内战,遍地烽火,夫婿赵钟荪任职海军,随战败的蒋介石政府败退台湾。蒋氏退守台湾一隅之后,犹如惊弓之鸟,严行戒严令,对逃难来的知识分子尤不信任,往往以"匪谍"名义逮捕甚至枪决,而海军又发生巡洋舰"重庆号"事件,牵连甚广。在这一背景下,迦陵先生全家,包括吃奶的女婴在内都难免牢狱之灾。出狱之后,丈夫仍下落不明,又遭失业,孤苦伶仃,无家可归,带着女婴寄居在亲戚家的走廊上,无论在物质上或精神上都备尝艰辛,难以言喻。

在忧患中求生尚且不暇,更无作诗填词的雅兴,然而迦陵先生身陷困苦之时,满腹的古典诗词给她无比的生命力,得到莫大的精神安慰。同时她所遭遇的诸多不幸,感而发之,言之有物;内涵既丰,意境在胸,益增其高超的诗艺,所谓"困而致之"。钱锺书先生在《诗可以怨》一文中,畅述诗必穷而后工之旨,从钟嵘所谓"使穷贱易安,幽居靡闷,莫尚于诗",到周楫所谓"发抒生平之气,把胸中欲歌、欲哭、欲叫、欲跳之意,尽数写将出来。满腹不平之气,郁郁无聊,借以消遣",到李渔所谓"惟于制曲填词之顷,非但郁借以舒,愠为之解",到弗洛伊德所谓"在实际生活里不能满足欲望的人,死了心作退一步想,创造出文艺来,起一种替代品的功用,借幻想来过瘾";愉悦之人没有幻想,故不能造艺,唯恨人有之,古来才士多厄运,而后始能建楼阁于空中,遂有所成。

　　迦陵先生亦不例外,在救死不遑之中,虽少雅兴,但偶尔触发,辄不同凡响,于最困苦时期留下的二词一律,莫不能于旧格调中展现新的生命力,伤时忧身,销愁纾愤,感人极深,诗艺又更上层楼。当她在南台湾过着最凄苦的日子时,不时见到高大茂密的凤凰木,填了一阕《浣溪沙》:"一树猩红艳艳姿,凤凰花发最高枝。惊心节序逝如斯。中岁心情忧患后,南台风物夏初时。昨宵明月动乡思。"开笔写景,写出绿叶红花盛开的凤凰木,随即触景生情,惊心动魄的岁月又过了一年。当时迦陵先生虽尚未及而立之年,已有中年人的沧桑之感,身心俱惫。独对异乡的景色,孤苦难诉,犹忆昨夜明月如昔,往事历历,触动绵绵不尽的乡思(页 124—26),读来令人动容不已。

　　另一阕词《蝶恋花》也是迦陵先生孤身带着女婴在台南时候填的:"倚竹谁怜衫袖薄。斗草寻春,芳时都闲却。莫问新来哀与乐。眼前何事容斟酌。　　雨重风多花易落,有限年华,无据年时约。待屏相思归少作。背人划地思量着。"首句自比老杜《佳人》诗中,天寒孤苦无依的女子,再也没有从前与亲友们一起寻春的美好时光,更不必问新的哀乐,因已一无所有,眼前没有任何选择的余地。自身犹如在风吹雨打下的杨花,未开先落。青春的年华有时而尽,看来自期的理想已经落空。此时此地少年时所有美丽的梦想,俱往矣! 只能私下回味一下旧梦(页126‐127)。把一时的感触,写得这样的刻骨铭心,非有真实的痛苦经验,安能出此?

　　所谓台湾的"白色恐怖"已成历史名词,但在那个年代国民政府败退海岛,风声鹤唳,侦骑四出,对单独逃难来台外省人的思想,察问尤密,宁枉勿纵,受难者数以万计。连迦陵先生以一从不涉政治的女教师,亦不能幸免被怀疑而入狱,可见一斑。她深受其害,岂能无感? 曾写过以《转蓬》为题的一首五言律诗:"转蓬辞故土,离乱断乡根;已叹身无托,翻惊祸有门;覆盆天莫问,落井世谁援;剩抚怀中女,深宵任泪吞。"诗人离乡背井,自比无根的蓬草,随风飘转,与故乡音讯全断,不得联系。夫妻两人先后被捕,已别无栖身之所。语云"祸福无门",但对她而言,祸似有门,不请自来。罩在头上的无妄之灾,无语问苍天,就像是掉落在井里的人,无人拯救。眼下独自养育怀中的婴儿,只好在深夜里暗自忍泪吞声。这首在 1950 年写的诗,在那个时代不能也不敢发表,直到几十年后,台湾解禁后始得出版《迦陵诗词稿》以传世 (页 127-129),此诗可作史诗读。

以迦陵先生的才学,若继续在中学教书,岂非大材小用? 然而当时大学教职僧多粥少,更何况曾被戴上"有思想问题"的帽子,人人避之若吉。幸有昔日师长许世瑛与戴君仁两位教授的推荐而入上庠,但推荐者并非由于私谊,而是深知被推荐者在诗词上的造诣。迦陵先生在《许世瑛先生挽诗》中所说"先生怜才偏不弃,每向人前多奖异;侥幸题名入上庠,揄扬深愧先生意"虽多谦词,确实是"怜才不弃",遂得在台湾大学中文系从 1954 年到 1969 年执教 15 年。事实上,迦陵先生除讲解细腻之外,就诗词创作的才能而言,当年台大中文系的同侪固无出其右者,即与老一辈的师长相比,亦有过之而无不及。中文系台静农主任之看重迦陵先生,屡请代写联语,即此之故。今日在大学讲解中国旧诗词者,不论国内外,同时有此等创作能力者,恐绝无仅有。我在台大求学期间,正值迦陵先生执教的十五年之内;今日回顾,未能追随学习,实属平生一大憾事。

迦陵先生不仅为台大中文系的老教授所推重,更得到域外汉学家们的赏识。按:美国于二战后,凭其丰沛的国力,百事齐举,在学术领域内,将中国研究学院化,以中国为主的东亚研究纷纷在重要大学设立,如雨后春笋。及神州变色,为了反共,美国政府需要知己知彼,更积极鼓励研究中国。故在20世纪五六十年代的冷战时期,许多美国学者,不论老少,去不了大陆的,都来到台湾,不是学习汉语,就是研究各类有关中国的专题。研究中国古典诗词者,多半会去听迦陵先生的课,无论腔正字圆的北京话或深入细密的讲解,都会给老外留下深刻的印象,她被邀请赴北美讲学是迟早的事。邀请最积极的无过于哈佛大学汉学教授海陶玮(James R. Hightower)。他在哈佛的东亚文明系主讲中国古典诗词,对陶渊明尤感兴趣,难怪在访问台北时偶然与迦陵先生聚谈之后,就极力邀她去哈佛与他长期合作。只因迦陵先生已有密歇根大学之约,后来又因签证问题,不得已接受加拿大大不列颠哥伦比亚大学(University of British Columbia)之聘,翌年就成为终身教授,但海教授不肯放弃,每年暑假仍请她到哈佛两个月,多年不辍。1968年迦陵先生如约回台执教,海教授坚留未果,迦陵先生赋诗辞别,有云"吝情忽共伤去留,论学曾同辩古今",海教授译此联为:"Reluctant on impatient, stay or leave, someone's hurt; We have studied together, debated past and present"（页173,179）。"伤去"之人之情，译文中更能见之。

海教授的汉语、汉文显然有限，理解中华古典诗词也有障碍，需要迦陵先生为之讲解疏通。有此需要的汉学家当然不仅仅海氏一人，当年常闻西方汉学家的"壁橱里藏有老中"(hiding a Chinaman in the closet)之说。海教授找到迦陵先生，不肯轻易放过，可说颇有眼光；但海教授很公开地与迦陵先生共同研究，并极为尊重，并没有把她当研究助理看待，最后完成英文《中国诗研究》一书。迦陵先生说："这本书署名是我跟海先生，当然我是非常尊重海先生的，所以把海陶玮先生的名字写在前边"（页175），显然将第一作者礼让给海陶玮。我们可以想见，除了英文写作之外，主要的内容应出自迦陵先生。不过，海先生对迦陵先生确实很好，把好几篇她的中文论文译成英文发表，帮助她在异国建立学术地位。19世纪的传教士理雅阁(James Legge)翻译中国经典，几无大谬，靠的是王韬的帮助，却无王韬的署名。20世纪李约瑟(Joseph Needham)写多卷本《中国科技史》的前几卷是与王玲合写的，却在署名上，把王玲当作"研究助理"(with the research assistance of Wang Ling)。海先生就不一样，待迦陵先生如上宾，他退休时特别要她接他在哈佛的位置，可见迦陵先生在海陶玮教授心目中的分量。

迦陵先生在帮助洋人研读中国古典诗词之余，也从洋人学到西方诗学里的许多概念与理论。她有此用心，应是顾随老师的话言犹在耳。顾老师要她学洋文、问西学，借他山之石，开拓眼界,使中国古典诗词研究,更上层楼。她到北美研究与教学之后,为实践老师的期盼,提供良好的环境与机缘。她困而致之,不但在教学上一直大受欢迎,在研究上也发表了不少极有分量的学术论文,可略见之于其《中国古典诗歌评论集》一书。她退休后于 1991 年当选为加拿大皇家学会院士(Fellow of the Royal Society of Canada,这是与英国皇家学会并列的在加机构),获得该国学界的最高荣誉,实至名归。

　　从迦陵诗词里可以感觉到人生无常,祸福难料。她的生平确实一再遭遇到难以预料的磨难,横逆为何而来,似不可解,只能归之宿命。中国传统智慧常言,“福”依靠“祸”来,迦陵先生的确苦尽甘来,然而她的“福”,她的种种机缘,绝非偶然,与“祸”无关,完全靠她的真才实学。她在中国古典诗词上的造诣以及在教学上的成绩,当今能有几人可以比肩? 自然为识者所珍惜。

　　迦陵先生不能掌握祸福,她所能掌握而绝不放弃的是强烈的乡愁,以及想要消解乡愁的强烈愿望。她的故乡是燕都北京,她身不由己随夫逃难到台湾,在陌生的地方又屡遭磨难,独自在明月之夜倍增乡思,想念亲友。但在两岸剑拔弩张的时代,不仅返乡无期,连音讯也全无,真所谓“故国音书渺天末,平生师友烟波隔”;“我本欲归归不得,乡心空付水东流”。她初到美国,仍然故乡路赊,不是重洋相隔,而是冷战未歇,东西鸿沟犹深,而中国大陆“文革”方殷。她看到新英格兰的秋霜与红叶,一如故乡北京的景色,在哈佛校院内感叹“秋深客梦遥”“天涯人欲老”“从去国,倍思家”“曰归枉自悲乡远,命驾真当泣路岐”。1971 年迦陵先生有欧洲之旅,欣赏美丽的山光水色之余,仍然眷恋未能重返的故土:"早知客寄非长策,归去何方有故庐?"这些诗句俱见《迦陵诗词稿》,无不透露出浓厚的乡愁。

加拿大于1973年就与中国建交,迦陵先生立即申请回国探亲,于翌年终偿夙愿,兴奋之余,写下长达268句的《祖国行长歌》,开笔即云:"卅年离家几万里,思乡情在无时已,一朝天外赋归来,眼流涕泪心狂喜。银翼穿云认旧京,遥看灯火动乡情。"许多人久别返乡,都会有这种激情;我7岁离开上海,41岁首次返回,飞机抵达虹桥机场上空时,也不禁落泪。然而许多人离乡太久,不得不把他乡作故乡,迦陵先生与众不同,她心心念念要回来,极想报效祖国。她去北美讲学乃彼邦大学礼聘,她要回国教书则由她自己请缨。当时"文革"刚过,百废待举,迦陵先生的愿望居然很顺利得到回报,最后在天津的南开大学定居。迦陵先生更得道多助,有心人资助在南开成立中华古典研究所,出任所长,使她平生的理想有了一个可以永续经营的根据地。

迦陵先生自幼热爱中华古典诗词,复因家学渊源,获得良好的歌诗教育。进入大学之后又幸遇名师顾随,得其真传,诗艺益进。因时局骤变,身不由己,迭遭苦难,唯有从满腹诗书中,略得宽解,吟咏自得。满腹诗书也使她转祸为福,受到上庠的青睐,且受聘域外,声誉日隆。然其家国之思未尝稍减,雅不愿飘零海外,故一旦国门开放,即自请返国执教,定居南开,收研究生,成立研究所,宣扬诗词教育不遗余力,使久遭冷落的中国古典诗词得到新的生命。

　　迦陵先生的成就扎根于她在诗词上的造诣,于年事尚轻时,即以诗才、诗艺为前辈学者所推重。当今有不少人在海内外的大学教授中国诗词,但很少人能有她创作旧诗词的才能,甚至有很多人根本不能动笔;当今有不少研究中国古典诗词的学者,写作论文,但很少人既能在象牙塔内有所建树,又能走出象牙塔外推广所学。迦陵先生走遍寰宇,演讲旧诗词的场次数不胜数,各年龄的听众更不计其数,出版说诗讲词之书之多,足称等身;其书销售之广,亦属罕见,其热心与努力可比宣教士,故能于古典式微之世,继绝学于不坠,使中国古典诗词得以新生,厥功至伟。这本由迦陵先生亲自讲述的回忆录,不可不看。

台美学术交流秘辛

《郭廷以　费正清　韦慕庭：台湾与美国学术交流个案初探》
张朋园　著
（台北："中央研究院"近代史研究所，1997年版）

　　"中研院"近史所研究员张朋园于及龄退休之际出版此书，述往事、付来者，甚具意义。他是此一学术交流个案的局中人，但此书并非他个人的回忆，而是用写学术专书的功夫，勤搜材料、详加注释、谨慎叙事，完成一本信而可征之书，使局外人风闻的许多事，得到澄清或证实，为学术交流留下一页信史，值得称道。

　　孙子兵法有云，知己知彼，百战不殆；然而，我们中国人往往忌讳谈敌人，甚至不愿意去了解敌人。例如在冷战期间，无论中共研究或苏联研究在台湾都是禁区。但美国人却愈是敌人愈要研究，投下大笔资金研究中国大陆与苏联集团。美国的研究者在五六十年代进不去大陆，福特基金会乃提供"中研院"近史所40余万美元，在台湾建立中国研究的基地。在近史所初创艰困时期，得此一大笔美元，可称"及时雨"，但当美国尼克松总统访问中国大陆之后，与中国大陆交往渐多，福特基金会便不再援助台湾了。张朋园对此功利主义式的学术交流，言之甚明。

给钱的与拿钱的既然各取所需，原是两相欢喜的事，却引发了一连串的不愉快，纷扰不已。事因在台湾经济困难时期，人穷不仅志短，而且易犯红眼病，见不得郭廷以领导的近史所有如此大饼可吃，于是交相指责，认为天下没有白吃的午餐，终于祭出"出卖资料"的罪名。最稀奇的是，义正词严指责别人不应吃此大饼之人，居然已大口分吃了三年大饼（页33—34）。张朋园的春秋笔法，不为贤者或不贤者讳，可见一斑。

不仅如此，指责者之手更指向费正清。老费何人也？美国一蛋头尔！然因其被认为是美国首席"中国通"，故对中国研究大饼的分配有一言九鼎之效，他更有其政见。他主张承认新中国，因而说了不少中共的好话，然而他又主张两个中国或一中一台。这些不一致的主张万变不离其宗都是为了美国的国家利益，他无疑是美国的爱国者、美国的民族主义者。但是主张承认北京，很容易被台湾当局扣上亲共的帽子。台湾的红帽子岂能吓到老费？显然是项庄舞剑，意在"郭公"！郭廷以虽有国民党

党籍甚至可达天听,但在当时白色恐怖的阴影下,郭公仍不得不
落荒而逃,一去不返,客死异乡。分不到大饼的攻击者至少得到
某些心理上的补偿。

　　费正清无疑是此一个案的焦点人物;如没有他,此案要平淡
得多,张朋园对费着墨也最多,完全适当。不过,费正清作为中
国通,未必甚通,当年刘子健教授向他汇报正在研究范仲淹,他
竟问范是什么人,可见一斑。他一生的著作可称等身,但除了他
的博士论文《中国通商口岸之开启与外交》(Trade and Diplomacy
on the China Coast)之外,其余大多是根据二手资料的综述,无
多创见,算不得是严格的学术研究。虽因其英文写得漂亮,吸引
不少读者,但他晚年自我否定了许多已发的宏论。有人赞美他
"觉今是而昨非",然而钟摆从一边摆到另一边,未必是真通,我
曾有打油诗记之:"隔岸江山妄点评,大言炎炎自纵横;昨非未必
能今是,一类糊涂两样情。"费正清作为学术领导人的业绩远远
超过他在学术上的成就,他的门生遍美国,占据了中国研究的主
要基地。他强调要客观研究中国历史,意指中国学者受各种教
条的影响,不够客观。他甚至公开主张华裔不宜在美国著名大
学讲授中国近现代史,以免美国年轻学子接受到扭曲的观点。
张朋园在书中也引到费正清在一封私函里透露对郭廷以政治立
场的不满,认为"郭不属于我们为自由奋斗的一群,以后不会再
为他们搞钱了"(页115)。这当然不是"学术归学术"的态度,不
自觉透露了他自己的政治偏见,自由主义也可能成为教条,已有
学者将英国辉格党以自由主义解释历史的偏见写成专书。事实

上,费正清的左派学生早已指责他们的老师是帝国主义的代言人了。

曾几何时,台湾的钱淹脚目,倒过来经援美国学界了,如蒋经国基金会资助美国研究中国的机构和个别学者,在数目上远超过福特基金会对近史所的援助。福特基金会当年资助近史所为在台湾建立了解中国大陆的基地,以便知己知彼来对付敌人,以其预设的史观来掌握对中国历史的解释权。蒋经国基金援美又是为了什么? 除了彰显蒋经国之名外,似乎看不出有哪些实效。最近以巨款换取以蒋经国命名美国著名大学的研究所也不成功,然则连虚名也捞不到,山姆大叔的美元可使台湾推磨,而台湾的钱不能使洋鬼子推磨,又是何故? 值得深思。

追寻半世纪的踪迹

《台湾史学50年,1950—2000:传
承·方法·趋向》
王晴佳 著
(台北:麦田出版社,2002年版)

　　这本书从题目看,显然要总结50年来史学在台湾的总体发
展,也就是要写一部20世纪下半叶的台湾史学史通史。然而,
本书作者在序言里却说,无意对台湾史学"作一总体评述"。固
然,没有一本史学史通史能够包含各个方面,巨细靡遗,但必须
对整体有所观察、有所了解、有所分析、有所识见,然后取样作重
点述论;而所取之样,自然应是半世纪来台湾史学在各方面的代

表作。作者谦称："因为限于学力,笔者无力作此类(半世纪来的台湾史学)的概括和评介",然同时又说"希望能指出其发展的渊源、变化之原因和未来之趋向",则又是何等抱负!但是如果对整体不能有所概括和评价,作者自期的抱负又如何能够付诸实现呢?其结果是,全书在相当大的程度上依靠对某一些史学工作者的访谈,不仅内容受到被访者的牵引,更缺乏批判性的独立论断,至于访谈不到的部分,也就只好付诸阙如了。

　　历史如江水东流,固不能抽刀断流;然为了彰明历史的发展,史家必须断代分期。但是分期并不容易,因各时期必须名实相符,又必须确定一个时期到另一个时期的分水岭。50年来的台湾史学不是一个短时期,自然需要分期,以看出发展的过程。作者分之为三期: 20世纪50至60年代中期为初创时期,即上编所述;20世纪60年代中期至1987年为社会史兴起时期,即中编所述;1987年以后为台湾史兴起时期,即下编所述,然作者自称"在篇幅上则厚今薄古"。的确,全书200余页,下篇占了100余页。这与题目并不很相称,要写半个世纪的台湾史学史,当然要讲究平衡;否则,何不径称"台湾本土史学的兴起",以前两期作为陪衬呢?

何谓初创?

　　所谓"初创时期",并不甚恰当;1950年之前,台湾已有史学,不能谓之"初";若不算日本殖民时代,台湾之重归中国版图是1945年,1949年中华人民共和国成立,大陆迁台史家在此之前或稍后均已抵达，作者以 1950 年为断，似乎只是要取半世纪的一个整数。作者既以此一时期的主流为傅斯年一派的所谓"史料学派"，来自大陆，则又不能称之为"创"。其实，迁台的大陆史家不只是以傅斯年为首的北大、清华派，南京中央大学一派由于朱家骅的关系，实先已占领了光复后台湾的史学阵地；旋因种种缘故，北派反客为主，独领风骚，而此种种缘故正待史学史作者考而得之，仅靠访问某一些史学工作者，不可得也。

　　饶有趣味的是（这是在本书里常见的口头禅），以"史料学派"为主流的"初创时期"，也就是此书上编"科学传统的建立"所述；按题目所示，居然建立了科学传统，该是何等成就！然本书作者对科学的概念，显然是十分宽广的，所以他把康、梁的进化论史观、梁启超提倡的"新史学"以及马克思主义史学都算作科学的史学（页 8—9）。但是傅斯年对科学的理解是英文字的定义，他要把史学建立成像自然科学一样的科学，不仅仅是考订史料、追求真相为目的而已，胡适于 20 世纪 50 年代在台大法学院礼堂讲史学方法，敝人曾躬逢其盛，他讲了一大堆化学方法，至今记忆犹新。这种科学史学近代西方也有，傅斯年实借自西方，但早已证明是走不通的死巷，若谓科学的史学已经建立，未免耸人听闻。

　　王晴佳既然肯定科学史学已经建立，当然不必去追究其失败，而失败乃无可否认的事实。傅斯年一方面将史学等同史料学，另一方面又要建立科学的历史，两者之间的关系此书并未交代清楚,亦因而看不到其间的谬误与错乱以及严重的后果。什么严重后果?傅斯年心目中的科学史学既未建立,而史学已经沦落为史料编辑学,史家认为史料自己会说话,误以为收集资料就是研究。大家一意赞美傅斯年而不肯去批评他,又如何能洞悉问题的症结所在呢?

五六十年代是冷战时代,两岸对峙,白色恐怖笼罩,然而对白色恐怖给整个史学界所造成的影响和后果,本书却着墨无多,甚至认为白色恐怖的压制造成反效果,自由派史家反而被年轻学子奉为学术的正统,"这一'正统',就是要以追求纯粹学问为目的,不曲学阿世,不急功近利,完全以科学的标准出发来面对事实,保持客观的态度和严谨的治学风格"(页34—35)。我们真希望五六十年代有这样一个伟大的"正统",可惜只是水中月、镜中花而已。整个学术界除了极少数几位敢于挑战当权派的意识形态外,就史学界而言,在白色恐怖下是望风披靡的,不敢碰禁区,不敢很客观,不仅出版须经过严格的审查,有时甚至曲学阿世。即使到1985年,台湾七个历史研究所的所长仍在政府的动员下在报上发表联合声明,驳斥一位外国作家所写的《宋氏王朝》(*The Soong Dynasty*),使这本原无多大学术价值的通俗作品,反而声名大噪。类此史学家"身不由己"的事例应该是史学史作者饶有趣味的题材,但均不见于本书。在那个时代,不肯曲学阿世的历史学者,也许只能不表示意见,不作历史解释,于是史料的收集与编辑正好成为一种躲避白色恐怖的"避风港",而非作者所说,只是因为推崇胡适等人的自由主义而接受史料学派(页 38)。于此可见,在戒严时代的环境里,所谓"史料学派"尚有抗拒政治压力的因素在焉!

如何转折?

中编的标题是"科学史学的转折",内容叙述如何自 20 世纪 60 年代中期开始转折到社会科学史学。令人不解的是,如果科学史学已经建立,为何有此转折? 显然是因为想要以史学等同史料学的办法来建立科学史学是失败之举,导致不满,而后才有转折。史学史作者理应要将此转折的发生、过程、影响以及落实,说清楚,讲明白。但本篇一开头就提钱穆,说是钱穆在 60 年代的影响,与史学界反省"史料学派"有关,接着便无下文;随即转到殷海光,肯定殷先生是"历史科学化运动开路的先知",而这"历史科学"并不仅仅是社会科学(页 45)。以钱、殷两先生为此一转折的渊源,实在令人费解;因社会科学既与钱先生无缘,而史学又殊非殷先生之所长。

此外,以 60 年代中期为转折的开始,似乎也没有严格的标准。作者主要以 1963 年创刊的《思与言》,1971 年复刊的《食货月刊》以及 1979 年创刊的《史学评论》作为标志。这些期刊的作者大都曾在西方(特别是美国)留学,自然介绍了一些当时正在西方兴起的社会史研究以及社会科学方面的知识;然而这种译介既无系统,也不够深入,作者也认为真正能运用新的社会科学方法研究历史的,并不太多(页 75)。既如此,则又如何落实社会科学史学的兴起呢? 难道"史学不仅要'叙述',而且要'解释'"(页51),就算是社会科学史学吗?

本书作者提到沈刚伯《史学与世变》一文,惜未深究其意义(页54—55)。此文原是"中研院"史语所成立40周年纪念会的学术演讲,其内容有不少费解之处,若谓"世变愈急,则史学变得愈快",并不尽然;近代中国之世变,不可谓不急,而史学似乎变得并不快,只是在欧风美雨下慢慢地在变,所谓"乾嘉余孽"之讥,不一定公平,但至少可见近代中国史学之变也,殊缓。不过,沈先生在这一场合,明确地质疑所谓"史料学派"。他说史料无法求全,也不尽可靠,所以"史学很难成为纯粹的科学",清楚地否定了傅斯年所倡导的史学即史料学。沈文发表在1968年的史语所《集刊》第四十本上,也许我们可以说:"史料学派"在这一年象征性地结束了。

沈先生否定傅先生的"史料学派",是史学内在理路的自然发展呢? 还是由于外烁的因素呢? 沈先生的"内在理路"似乎发展不出社会科学史学,就在这篇演讲稿里,他认为经济学、社会学和心理学的"科学基础还没确立","所以我们现在还没法使人类的历史也同自然界的历史一样,成为一门完全信而有征的科学",足见沈先生心目中的科学仍然是纯粹的自然科学,而他仍寄希望于科学的史学。此外,我们须知沈先生一直是台湾大学的文学院长,可说是史学界一位重要的领导人,在威权体制下,他的压力要比一般的史学工作者大得多,威权体制要他带头学以致用,在蒋公领导下为反共抗俄大业尽一份心力,他能始终坚守"避风港"吗? 沈先生的演讲未尝不是对压力的表态,那一期史语所集刊封面印有"恭祝　总统蒋公八秩晋二华诞"字样,恐非巧合。至 1976 年之秋,蒋介石已经逝世一年多,沈先生仍然在"《中央日报》"撰写《纪念蒋公九十诞辰颂词》,四言 48 句,头四句是"天佑中国,笃生蒋公;允文允武,立德立功"。这与郭沫若歌颂毛泽东有何基本上的不同呢? 基本相同的是史学家在政治高压下,鲜能不曲从表态。在解严之前,政治与史学研究的关系密切到不可忽视的地步,任何认真的史学史作者如何能够轻忽呢?

　　转折之后兴起的社会科学史学的具体成就如何? 本书作者于浮光掠影式的介绍之余,即作结论道:这一期社会科学史学,虽用新方法写历史,但"并不多见","成果也良莠不齐"(页 76);然则所谓"科学史学的转折"亦不甚成功。既然如此,如何能称之为"社会科学史学之兴"呢? 不过,作者话锋一转,说是由于留美华裔教授回台讲学,促使台湾史学界在 20 世纪 70 和 80 年代,对西方学界的兴趣,"有一浪高过一浪的趋势",增加对新方法的"敏感度"(页 76)。照此说法,60 年代的转折的主要动力,又来自华裔教授。不过,他所举的这些华裔教授,莫不是用一些西方社会科学理论来研究中国史,这也是当时西方汉学界治史的风尚,而开风气之先者,乃华裔教授何炳棣,先后写出基于社会科学的中国人口史论与用社会流动理论写出的明清社会阶层两书,后书虽至今尚无完整的中文译本(现已有徐泓完整的译本——笔者补),但英文原本对这一时期台湾史学界研究社会经济史者,早已有很大的影响,而写这本史学史的作者却漏了这条大鱼。

既说以社会科学治史之不足，又要写社会科学史学之兴，当然十分辛苦，亦不免矛盾错乱。如谓"在当时史学走向自然科学的风气影响下，他们都倾向认为历史著述不应再以叙述故事为满足"（页57），读来真似一头雾水，似乎忘了"当时"已是60年代中期以后，怎么又回头走向自然科学？不论自然科学或社会科学难道只要求史家不叙述故事？而前一期所谓"史料学派"当道时，并不主张"叙述故事"，何"再"之有？接着，又说到余英时宣扬"史无定法"，否定社会科学方法的重要性，由于余氏在台湾史学界的影响极大，对社会科学史学"无异是当头棒喝"（页80—81）。然则，60年代中期以来所谓"转折"的意义何在？在"不足"与"否定"下，社会史如何"兴起"呢？史学领域又如何"扩大"呢？总要有一个明确的交代吧。

其实，中编的第五节"乡土文学与认同意识"已不谈什么社会科学史学，大都是节外生枝，大谈乡土文学而并没有扣紧与史学的关系（页117—119）。第六节"政治变迁中的历史意识"，亦溢出中编的主题之外，实已提早进入下编的范畴，在在显示作者谋篇之不够严谨。

认同什么？

篇幅特长的下编是"走向民族认同"，此期从1987年开始，乃因该年是解严年，不仅史学界，整个学术界自然会有一个前所未有的自由而宽松的新环境，由本土化运动促使台湾史的兴隆，也是顺理成章之事,只是此编所述有不少是谈政策与计划,读如制度史而非史学史,也有不少是所谓台湾史与中国史对抗的统独论争,又不厌其详地谈台湾历史的主体性,以配合台湾独立的主张,则读如政治运动史。解严之后,台湾史在没有压力的环境里得以发展,乃50年来台湾史学的一个新里程碑,史学史作者自应搜集台湾史纯学术的新收获,对其数据的运用,理论的采择以及书写的方法作深入地分析与介绍,但这些议题在此下编,着墨无多,着墨较多的是台湾史如何成为台湾与中国大陆分离的学理基础,但又不欲明言以论带史之事实。史学为政治服务的现象,史不绝书,近代尤盛,史学史作者正应效南董之笔而书之啊。

本土运动促进台湾史研究,其势必然;然而,说台湾因为失去"正统中国"的地位,所以中国史研究面临"前所未有的挑战",则甚离奇。若谓"如果台湾不再能代表中国,不再是中国研究的'实验室',外国研究中国的学者也不再到台湾从事研究与培训,那么台湾仍然坚持中国史研究,还有什么意义?"(页184)难道在台湾研究中国史的意义是为了培训外国学者以及为外国人提供"实验室"吗? 这岂不是太离谱了! 又说大陆开放之后,发现资料既繁又多,因畏难而不愿从事中国史研究(页184),更是不可思议,盖治史者无论中外,只患史料寡而不患多,史家处理史料如韩信点兵,多多益善耳,岂有畏多之理? 又说,年轻学者对政治军事史已不感兴趣,所以档案开放对他们并无多大吸引力云云(页185),作者似不知近年开放的档案提供了丰富的社会经济史料,据之而成的著作,亦已颇为可观。

至于下编提到的近史所"中国现代化之区域研究",无论就时间或内容而言,应该放在中编述之,因为这是用社会科学方法治史的一大计划,规模庞大,历时长久,但并不很成功,主要是理论与数据之间难以配合,往往只能排比堆砌史料,国际学界评论也有微词,整个计划亦未完成。而该书作者誉之为"不仅在台湾史学界声名遐迩,而且也名闻海外",并于 1990 年"画下了一个光彩的句点"(页 201—202),未免溢美过甚。

此编最后集中讨论认同问题,详则详矣,唯颇多枝节,未尽扣紧史学,大都可视为统独论争。作者见到杜正胜的"同心圆"理论,惊为"首创"(页 220);其实,以史观而言,乃是一种古已有之的"我族中心论"(Ethnocentrism),近代欧洲中心论昌盛,即以西欧为同心圆的核心,以中东为近东,即同心圆的中层,以东方的中、日、韩为远东,即同心圆的外层。中国人像欧洲人或美国人一样,也以本国史为核心,不足为奇,而同心圆理论在 90 年代台湾的意义乃是以台湾人取代中国人,以台湾史为核心,并驱中国史于核心之外,实不足以称之为史学理论。统独论争,众说纷纭,莫衷一是,故认同也无交集,以致所谓"走向认同"者,实际上是走向不认同,恰与题旨相反,不亦怪哉。

结论

本书叙论 50 年来台湾史学的发展,经过三个时期,到书末突然看到这样一段结论:

台湾史学的发展，一直朝着科学化的方向发展，而这一科学化倾向，又一直未能真正摆脱"史料学派"的模式。20世纪60年代中期以来，社会科学予以史学以强大的冲击，但持续十年以后，便开始为人所不满，加以反省。而反省的结果是寻求"社会科学的中国化"，也即把"史料学派"所代表的考证史学重新扶为正统（页255）。

如此结论，真是看不懂，如果"一直"朝着科学化的方向发展，"转折"又从何而来？如果"一直"，应该贯穿三个时期，何以见不到"一直"的线索？所谓社会科学的冲击，不过是用一些社会科学的理论与方法来研究历史，照作者中编所说，搞这一套的人并不多，又"良莠不齐"，则何从对社会科学有所不满，又如何寻求"社会科学的中国化"？皆无说明，更不知社会科学中国化与史料学派所代表的考证史学扶为正统之间的逻辑关系，实在令人无限迷惘。

附录

汪荣祖对王晴佳回应的回应

我于30余年前就曾与文史界的一些朋友，提倡书评写作；然而这么多年来，由于人情世故以及其他种种原因，华语世界里的书评风气至今仍远远不如西方世界那样蓬勃。各类学术期刊即使有书评亦寥若星辰、聊胜于无。今次"中研院"近史所集刊改版，大事增强书评的篇幅，令人鼓舞。学术书评不仅仅是与作者商榷，更有助于学术标准的建立，使草率与严谨之作有所区别，使出版作品中可能有的错误事实、混淆的概念、不通的逻辑得到纠正，以嘉惠广大读者。

我应集刊编者之嘱，评论王晴佳的新著《台湾史学50年》，虽集中书评，不提作者，但毕竟书是人所写，难免不牵扯到人情。晴佳很客气地提到我们相识几二十年，并尽量心平气和的讨论问题，避免意气，令人感佩；遗憾的是"意气"仍然不断外露，以致视我的评论为"教训"，为"文革"式的语言，说我的评论"似乎没有讨论什么实质性的问题"，而又抱怨我"给予"太多，而他"愧不敢当"，客气地拒绝了我的批评，甚至影射我的评论"为了展现自己的学问"。晴佳回应的心态以及他的"反唇相讥"，我全能理解，也不以为意。但是他的回应引起更多的问题，必须要说清楚、讲明白。晴佳所谓见仁见智，并不能回避真假对错；说一个没有完成的学术计划，"画下了一个光彩的句号"，绝对是不合适的，绝无见仁见智的余地。其实我在书评中为王晴佳提供不少他不知的讯息，也指出许多实质问题，如科学史学以及史学转折诸问题，应可补其不足，可惜他一概拒绝，令人遗憾。

写一本50年的台湾史学通史，理当对整体有所了解；我在评论时指出，若不能作"总体评述"，至少要对"整体有所观察、有所了解、有所分析、有所识见"，尤其作者"希望能指出其发展的渊源、变化之原因和未来的趋向",更不能不对半世纪以来的台湾史学有所"概括和评介"。晴佳在回应中却说他不作"总体评述"而别有所指,因此说我的评论"脱离语境",还加注说就是"断章取义",但因"言太重,此处不用"。说不用而用之何其高明?晴佳在书中所述,常令人感到"雾煞煞",今更令人感到茫然,不知断了何章,取了何义?

历史分期难以精确,只是为了叙事的方便,原本无多可议,并不是晴佳所说"实质"所在;可议的是从一期到另一期的发展、转折与走向。晴佳可以只谈五十年来的台湾史学但不能说五十年前台湾没有史学,因为殖民地时代的史学就像殖民地时代的历史,仍然是台湾史的一部分。晴佳认为,这一部分的史学与50年来的史学毫不相干;即使如此,也应有个交代,是否台湾史学在 1950 年仍然是一片荒芜,必须"初创"? 再说所谓"初创"的史学,既然于战后来自大陆,就史学本身而言,已非初创,只是将创之有年的史学转移到台湾;既然认为台湾史学是民国史的一部分,更不能视为"初创",更何况战后是 1945 年开始的,为什么到 1950 年才"初创"? 初创在此乃作茧自缚的用词,实在没有必要再强作辩解。

傅斯年在初创时期提倡所谓"科学史学",有其明确的内容;傅氏是要借充分而可靠的史料,把史学建设成像生物学、地质学等自然科学那样严谨的学问。此并非傅氏初创,因早在 1903 年英国史学家布雷(J. B. Bury)就在他著名的演说里说过"历史是科学既不多也不少"的话。布氏所谓的科学指的就是自然科学,他认为史家应据可获致的史料,像自然科学家一样,建立严密的历史因果关系,这当然是无法实现的高贵梦想。因而傅斯年原想要借史料建立的"科学史学",也不幸成为以史料编辑为主的"史料学派",引起"乾嘉余孽"之讥,才有60年代以后走向社会科学史学的转折。如果按照晴佳所说,科学史学成功建立之后才有转折的话,则成功建立的"科学史学"又是什么? 收集、编排、考订史料也是"科学史学"? 若然,则中国在乾嘉、在两宋就有了"科学史学"? 晴佳在回应里仍不能理解此一转折实在令我困惑。他自己也用"社会科学史学"一词,以与"科学史学"有所区分,却混为一谈,造成紊乱,以致未能理解我提沈刚伯先生的用意。他又说"胡适、傅斯年等人的科学史学,归为民族主义史学的一种",则又是什么"科学史学"? 晴佳如肯再想想傅斯年的科学史学何所指,就不至于说我的理解单一与狭隘了。

　　我认为,一本总结50年来台湾史学的作品,尤其标榜"传承、方法、趋向",内容应该讲究均衡,然而,晴佳在回应里坚持"厚今薄古"有理,并举司马迁等人为例。太史公有鉴于上古渺茫"荐绅先生难言之",所以从略。晴佳"薄古"的理由只是他"个人的兴趣"。他的"古"很"近",又标出"传承"为主题,如何"薄"得? 我所能想到的是,晴佳虽走访了至少有36人之多,但已经访谈不到傅斯年那一辈人。晴佳说用了100多种文献,但就此大题目而言,绝不能说多,只嫌少。文献无疑是经过选择的,而选择难免不受到访谈的指引,更何况有些资料根本没有好好去读。所以我在书评中才说,此书在相当程度上依靠访谈。晴佳若不依靠访谈,独立判断,文责自负,也不至于在回应中会担心"连累"访谈者的声誉。使我感到意外的是,他在回应里把与我的"闲聊"也算作访谈。我一直以为学术性访谈犹如口述历史有一定的步骤与方法,是很正式的。希望他声称的 36 个以上访谈,不至于像我和他的闲聊那样随便。

我与晴佳闲聊时,的确提醒过他不能忽视何炳棣对台湾社会科学史学的影响,可惜他在回应里仍然坚持何先生只值得他在一个小注中一提。晴佳似乎不知何先生另有中文著作,如在香港出版的《黄土与中国农业的起源》以及在台北出版的《中国会馆史论》。何先生的两本英文专书,《中国人口史论》虽然最近才有译本,《明清社会史论》虽然尚无完整的中译本(按:今已由徐泓全部译出),但英文原书并不是障碍。据我所知,数十年来,在台湾凡治中国社会经济史者,鲜有不曾读过何氏这两本英文著作者,晴佳不妨对台湾的社会经济史学者作一全面的访谈,看看有没有人没有读过何先生的书。就是为晴佳作序的许倬云先生所著《先秦社会史论》(*Ancient China in Transition: An Analysis of Social Mobility*, 722—222 *B. C.*)也受到何先生英文著作的启示与影响,并在序文里"非常感激 P. T. Ho 教授的鼓励"(页 viii)。

晴佳在回应中又说"何先生由于众所周知的原因,并不喜欢在台湾各大学演讲",根本是道听途说。记得,早在 1959 年,我在台大读书时何先生就曾在文学院二楼的大教室讲中国的人口问题,由文学院沈刚伯院长亲自主持。系内外教授与学生们济济一堂,我也躬逢其盛。1965年,何先生访台报章曾大篇幅地报道(我尚留有剪报),前两年何先生到南港作萧公权讲座之余,又到台大作了一次公开演讲,这仅仅是我所知道的何先生的演讲。他在台湾所作的演讲绝不止这几场。何先生既然没有不喜欢在台湾各大学演讲,则所谓"众所周知的原因",就令人费解了。何炳棣对台湾史学界的影响力绝非黄仁宇所能匹比。何氏于1995年由联经出版的《中国历代土地数字考实》一书就是献给包括台湾在内"已故、健在攻治中国经济、社会史的三代学人"。何炳棣岂仅是美国的"汉学家"而已,更何况何先生一向不以汉学家自居。

王晴佳在回应中忽然提到李敖,说是"其志博大,并不会栖身于区区史学界",这是客气的说法,如肯坦白地说,就是李敖与史学无关,所以不提。其实,晴佳在书中谈乡土文学时提到的那些人恐怕也不会栖身于"区区"史学界罢。李敖不仅是史学科班出身,他的大学毕业论文有关宋代婚姻法的研究,已见他在史学上的功力,他受到胡适与姚从吾的青睐,不是偶然的。他所写的《胡适研究》《胡适评传》《孙逸仙与西化医学》等书,难道不能算作史学著作而一笔不提?他又是60年代台湾中西文化论战的主角,论战的内容也不能说与史学无关。李敖固然"其志博大",不愿做专业史家,但他强烈的社会与政治批判,也未尝与史学无关。也是台大历史系出身的杨照就有慧眼在文章中写出李敖言必有据的骂人风格,具有乾嘉考据的功夫。李敖是台大历史系同学中最特立独行之人,应是史学史作者饶有趣味的题材,可惜晴佳不以失之为憾。

　　最出乎我意料的是,王晴佳在回应中说我"提拔"钱锺书为史学大师,真不知今日谁能"提拔"钱先生。晴佳认为我仿照钱先生的文体(俗称文言)写书就是"俨然把钱锺书视为当代一史学大师";这种逻辑实在难懂。如晴佳翻过《管锥编》,应知钱先生如何讨论史学经典以及提出自己的看法,他为什么不能涉足史坛? 史学家是否也可以涉足文坛? 以史学史研究为专业的人都知道,从中外史学的旧传统到后现代,文与史都有密切的关系。文学家论史,一定要"提拔"他为史学大师吗? 我曾长篇介绍钱锺书对史学的看法,明言"邻壁之光,堪借照焉",也就是说,作为文学批评家钱锺书的史学观点,值得史学家参考。晴佳应悔失言才是。

　　王晴佳为旅美的大陆学者,有勇气研究台湾史学,写成专书,值得肯定。但是我深感此书所述,过于片面,而且有欠深入理解与仔细查证。我在书评中只论及荦荦大者没有提到的许多细节,例如,晴佳想当然耳,故误以为胡适研究《水经注》为了"考订版本"(页 16),不知他实为审判戴震是否抄袭赵一清《水经注》校本此一公案,目的是为了白冤止谤。杜维运的《与西方史家论中国史学》一书,内容是针对若干西方史家误解中国史学而有所辨正,并不是如晴佳所说"希图在西学冲击的背景下探讨中国史学发展的前景"(页 68)。类此未读原书而骤下断语的现象,岂不也值得警惕?

附录:汪荣祖书评选集未收篇存目

1. Huaiyin Li(李怀印), *Reinventing Modern China: Imagination and Authenticity in Chinese Historical Writing* (Honolulu: University of Hawaii Press, 2013),载《汉学研究》31 卷第 3 期(2013 年 9 月),页 369 - 76。另刊《上海书评》。

2. 熊秉真:《童年忆往:中国孩子的历史》,台北麦田出版社,1999 年版,载《历史月刊》,151 期(2000 年 8 月),页80 - 82。

3. 吴学昭编:《吴宓与陈寅恪》,北京清华大学出版社,1992 年版,载《历史月刊》,71(1993 年 12 月),页 57 - 61。

4. 余英时:《戴震与章学诚》,载《中国时报·人间副刊》,1979 年 11 月 9 日。

5. 黄彰健:《戊戌变法史研究》,载《中央日报·副刊》,1971 年 1 月 10 日。

6. 吴相湘:《孙逸仙先生:中华民国国父》,台北文星书店,1965 年版,载《思与言》,6 卷 3 期(1970),页 151 - 52。

7. Qian Mu, *Zhongguo Jinsanbainian xueshushi* (Chinese intellectual history of recent three hundred years). Taibei

(Taipei), 1957, 1996; Shanghai: Shangwu yinshu guan, 1937), 2 vols. Published in *H-Net Reviews* (August, 2000).

8. Xiaobing Tang, *Global Space and the Nationalist Discourse of Modernity: Historical Thinking of Liang Qichao* (Stanford: Stanford University Press, 1996), in *Journal of Asian Studies* Vol. 56, No. 3 (Aug. 1997), pp. 786 - 88.

9. Charles W. Hayford, *To the People: James Yen and Village China* (New York: Columbia University Press, 1990), in *Journal of Asian and African Studies* Vol. XXX, 3 - 4 (1995), pp. 212 - 13.

10. Denis Twitchett, *The Writing of Official History under the T'ang* (Cambridge: Cambridge University Press, 1992), in *Journal of Asian and African Studies* Vol. XXIX, 1 - 2 (1994), pp. 150 - 51.

11. Stephen S. Large, *Emperor Hirohito and Showa Japan: A Political Biography* (New York: Routledge, 1992), in *The Historian* Vol. 56, No. 2 (Winter, 1994), pp. 385 - 86.

12. David Strand, *Rickshaw Beijing: City, People, and Policy in the 1920s* (Berkeley/L. A. : University of California Press, 1989), in *The English Historical Review*, Vol. CVIII, No. 428 (Jul. 1993), pp. 763 - 64.

13. Sidney H. Chang and Leonard H. D. Gordon, *All Under*

Heaven: Sun Yat-sen and His Revolutionary Thought (Stanford: Hoover Institution Press, 1991), in *The Journal of Asian Studies*, Vol. 51, No. 1 (February, 1992), pp. 142 – 43.

14. Kevin J. O'Brien, *Reform without Liberalization: China's National People's Congress and the Politics of Institutional Change* (New York: Cambridge University Press, 1990), in *The Historian* Vol. 54, No. 2 (Winter, 1992), pp. 359 – 60.

15. Shimada Kenji, *Pioneer of Chinese Revolution: Zhang Binglin and Confucianism*, translated by Joshua A. Fogel (Stanford: Stanford University Press, 1990), in *Asian Studies Review* (Australia), Vol. 15, No. 2 (1991), pp. 296 – 98.

16. William T. Rowe, *Hankow: Conflict and Community in a Chinese City, 1796 – 1895* (Stanford: Stanford University Press, 1989), in *Journal of Asian and African Studies*, XXVI, 1 – 2 (1991), pp. 152 – 53.

17. Roger T. Ames, *The Art of Rulership: A Study in Ancient Chinese Political Thought*, in *Journal of Chinese Philosophy*, 12 (1985), pp. 93 – 95.

18. Charlotte Furth, *The Limit of Change: Essays on Conservative Alternatives in Republican China* (Cambridge,

Mass.: Harvard University Press, 1976), in *Modern Asian Studies*, Vol. 13, No. 2 (Apr. 1979), pp. 347 – 50.

19. Joseph Esherick, *Reform and Revolution in China: The 1911 Revolution in Hunan and Hubei* (Berkeley: University of California Press, 1976), in *China Quarterly*, No. 73 (Mar. 1978), pp. 174 – 77.

20. Don Price, *Russia and the Roots of Chinese Revolution* (Cambridge, Mass.: Harvard University Press, 1974), in *Pacific Affairs*, Vol. 49, No. 1 (Spring, 1976), pp. 127 – 29.

21. "The Intricate Mentality of May Fourth", a review of *The Reflections on the May Fourth Movement* edited by Benjamin Schwartz (Cambridge, Mass.: Harvard University Press, 1975), in *Modern Asian Studies*, Vol. 10, Part 2 (Apr. 1976), pp. 305 – 06.

22. Paul A. Cohen, *Between Tradition and Modernity: Wang T'ao and Reform in Late Ch'ing China* (Cambridge, Mass.: Harvard University Press, 1974), in *Monumenta Serica*, Vol. 31 (1975), pp. 618 – 22.

图书在版编目(CIP)数据

阅读的回响：汪荣祖书评选集 / 汪荣祖著. —上海：文汇出版社,2017.2

ISBN 978‑7‑5496‑1908‑5

Ⅰ. ①阅… Ⅱ. ①汪… Ⅲ. ①书评－中国－现代－选集 Ⅳ. ①G236

中国版本图书馆 CIP 数据核字(2017)第 024048 号

阅读的回响：汪荣祖书评选集

作　　者 / 汪荣祖

策划编辑 / 周伯军
责任编辑 / 鲍广丽
特约编辑 / 盛　韵
封面设计 / 王　峥

出 版 人 / 桂国强

出版发行 / 文汇出版社
　　　　　　上海市威海路 755 号
　　　　　　(邮政编码 200041)
经　　销 / 全国新华书店
排　　版 / 南京展望文化发展有限公司
印刷装订 / 启东市人民印刷有限公司
版　　次 / 2017 年 3 月第 1 版
印　　次 / 2017 年 3 月第 1 次印刷
开　　本 / 890×1240　1/32
字　　数 / 185 千字
印　　张 / 9.5

ISBN 978‑7‑5496‑1908‑5
定　　价 / 38.00 元